The Anthropological Museum of Nanzan University

南山大学人類学博物館オープンリサーチセンター研究報告第3冊

保美貝塚の研究

大塚達朗 編

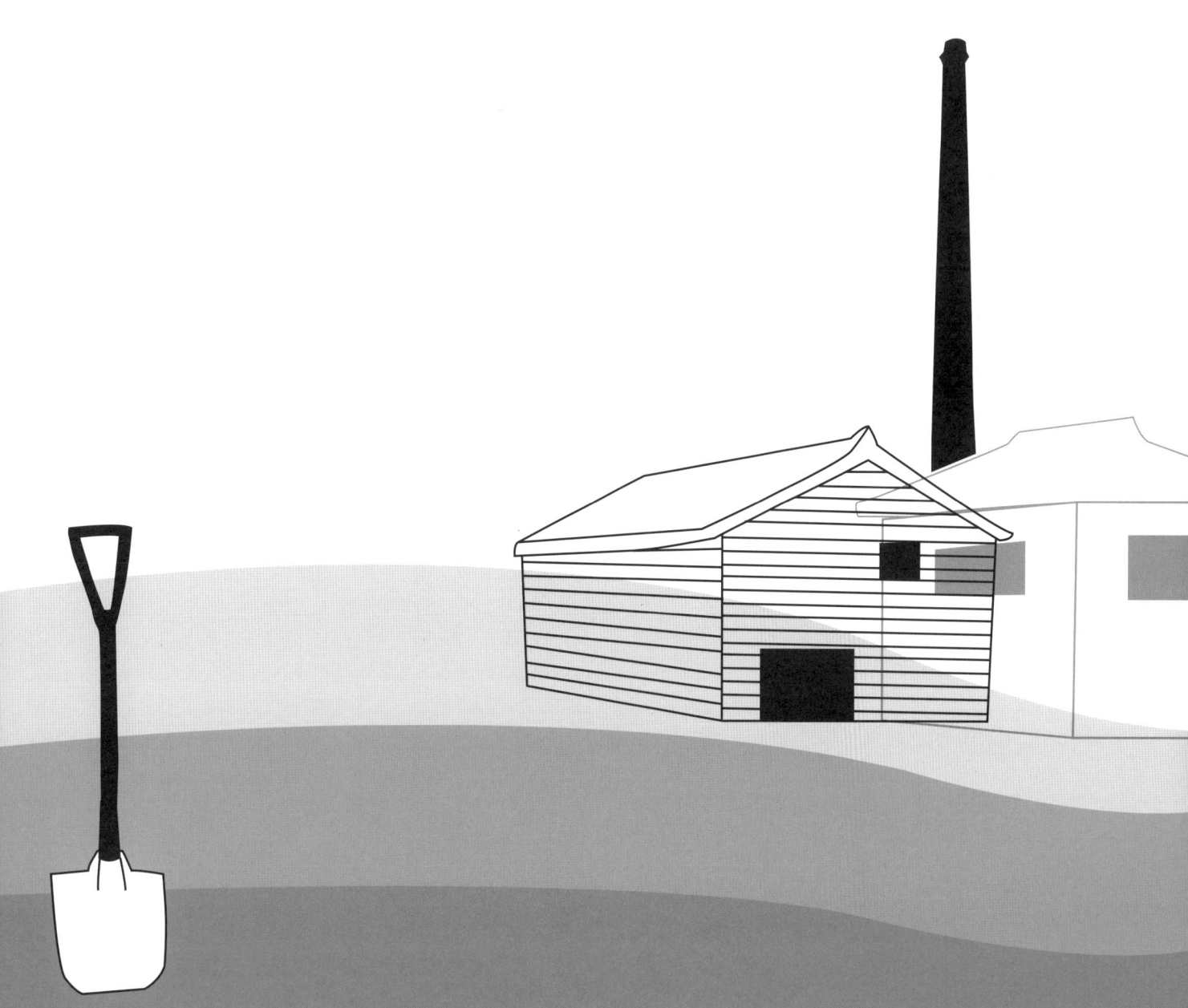

六一書房

カラー写真図版1

保美貝塚出土貝輪群

同　鹿角製装身具類

カラー写真図版2

石冠　　　　　　　　　　　　　　土偶

小型石棒類・土偶・石冠写真（すべて約1/2）

序

　本書『保美貝塚の研究』は、南山大学人類学博物館オープンリサーチセンター事業として文部科学省私立大学学術研究高度化推進事業に2006～2010年度採択された「学術資料の文化資源化に関する研究」成果を公開する目的で刊行される研究叢書の一つである。

　大学における研究成果が、知的財産として広く共有化されることが求められている今日においては、従来の学問的枠組みを超えた「文化資源学」が有効に機能する可能性は高いといえよう。「文化資源学」を考えるときに欠かせないのは、学術資料・学術標本である。そして、そうした実際の資料に関する研究と公開によって、知的関心を充足させ、より豊かな社会を築いていくための「資源」とすることが、「文化資源学」の主たる目的であるべきだろう。そのような観点にたって、本研究プロジェクトにおいては、南山大学人類学博物館収蔵資料の研究と公開・活用から、学術資料をいかにして「文化資源」化していくかについての総合的な研究を立ち上げた。また、その目的を達成するために多くの部会が設けられた。

　その一つである縄文部会は、人類学博物館収蔵の縄文時代遺跡の資料の再検討を通じて、日本列島の狩猟採集民のもつ物質文化の多様なあり方について研究するプロジェクトを担ってきた。とくに、人類学博物館で収蔵・展示されている保美貝塚発掘資料を再整理・再検討の対象に選んで、2006～2010年度にわたって一連の作業をおこなってきた。その間、シンポジウム（2007年度、2010年度）や公開研究会（2008年度、2009年度）を開催して、再整理・再検討途上で得られた知見の公開のために、中間的な成果発表をおこない、多くのご教示を得ることができた。

　ここに『保美貝塚の研究』が刊行に至ったことは、人類学博物館オープンリサーチセンターにとっては望外の幸せであり、関係各位のご助力の賜であることを銘記して、感謝の意を表したい。

南山大学人類学博物館

館長　青木　清

南山大学人類学博物館オープンリサーチセンター研究報告第3冊

保美貝塚の研究

目　次

カラー写真図版

序　………………………………………………… 南山大学人類学博物館 館長　青木　清

* * *

序　説　……………………………………………………… 大塚達朗・邊見秀子　　1

研究篇 第Ⅰ部　遺跡・遺構・遺物　……………………………………………… 11

第1章　保美貝塚調査史と南山大学調査地点の意義
　　　　　………………………………… 坂口　隆・奥野絵美・大竹孝平・大塚達朗　 13

第2章　1965年調査出土土器群とその編年的位置
　　　　　………………… 坂口　隆・佐野　元・邊見秀子・大竹孝平・松本泰典・大塚達朗　 35

第3章　骨角器・貝製品の様相 …………………………………………… 川添和暁　 71

研究篇 第Ⅱ部　さまざまな分析　………………………………………………… 99

第1章　橿原式紋様土器と安行3ｃ式土器からみた保美貝塚 …………… 大塚達朗　 101

第2章　小型石棒類からみた保美貝塚 …………………………………… 長田友也　 113

第3章　保美貝塚出土動物遺体 ………………………… 新美倫子・蜂須賀敦子　 125

第4章　特　論──保美貝塚出土土器付着炭化物の絶対年代
　　　　　……………………………………………… 山本直人・佐野　元・奥野絵美　 133

総　括　……………………………………………………………………… 大塚達朗　 137

写真図版 ……………………………………………………………………………… 143

序　説

大 塚 達 朗 ・ 邊 見 秀 子

はじめに

　本書『保美貝塚の研究』は、序で述べられているように、南山大学人類学博物館オープンリサーチセンター事業として文部科学省私立大学学術研究高度化推進事業に2006～2010年度採択された「学術資料の文化資源化に関する研究」成果を公開する目的で刊行される研究叢書の一つである。具体的には、人類学博物館オープンリサーチセンター部会の一つとして結成された縄文部会が、人類学博物館収蔵の縄文時代遺跡の資料の再検討を通じて、日本列島の狩猟採集民のもつ物質文化の多様なあり方について研究するプロジェクトを担ってきた、その成果をまとめたものである。

1　縄文部会の構成員と活動

　縄文部会は、以下の陣容（研究協力者、保美貝塚遺物整理作業参加者）で、日本列島の狩猟採集民のもつ物質文化の多様なあり方を究明するために、とくに、人類学博物館に収蔵・展示されている保美貝塚発掘資料を再整理・再検討の対象に選んで、2006～2010年度にわたって一連の分析・検討作業をおこなってきた。

研究協力者年度別（2006～2010年度）一覧
　2006年度：大塚達朗（南山大学）、山本直人（名古屋大学大学院）、新美倫子（名古屋大学博物館）、
　　　　　　川添和暁（愛知県埋蔵文化財センター）
　2007年度：大塚達朗（南山大学）、山本直人（名古屋大学大学院）、新美倫子（名古屋大学博物館）、
　　　　　　川添和暁（愛知県埋蔵文化財センター）、長田友也（名古屋大学大学院生）
　2008年度：大塚達朗（南山大学）、山本直人（名古屋大学大学院）、新美倫子（名古屋大学博物館）、
　　　　　　長田友也（南山大学非常勤講師）、川添和暁（愛知県埋蔵文化財センター）
　2009年度：大塚達朗（南山大学）、山本直人（名古屋大学大学院）、新美倫子（名古屋大学博物館）、
　　　　　　長田友也（南山大学非常勤講師）、川添和暁（愛知県埋蔵文化財センター）、佐野　元（瀬
　　　　　　戸市文化課）
　2010年度：大塚達朗（南山大学）、山本直人（名古屋大学大学院）、新美倫子（名古屋大学博物館）、
　　　　　　長田友也（南山大学非常勤講師）、川添和暁（愛知県埋蔵文化財センター）、佐野　元（瀬
　　　　　　戸市文化課）、奥野絵美（愛知県埋蔵文化財センター）
保美貝塚遺物整理作業参加者（チーム保美）年度別（2006～2010年度）一覧
　2006年度：松本泰典・中里信之・林　佑（南山大学大学院生）、蜂須賀敦子・高取　綾（南山大学人
　　　　　　文学部生）、奥野絵美（名古屋大学大学院生）、邊見秀子（一般）
　2007年度：松本泰典（小牧市埋蔵文化財発掘調査員）、林　佑（南山大学大学院生）、高取　綾・荒

　　　　　　木理子・北川藍子（南山大学人文学部生）、奥野絵美・蜂須賀敦子（名古屋大学大学院生）、
　　　　　　大竹孝平（三重大学人文学部生）、邊見秀子（一般）
　2008年度：松本泰典（小牧市埋蔵文化財調査員）、奥野絵美（名古屋大学大学院生）、荒木理子・北
　　　　　　川藍子（南山大学人文学部生）、大竹孝平（三重大学人文学部生）、邊見秀子（一般）
　2009年度：松本泰典（豊橋市美術博物館）、大竹孝平・北川藍子（南山大学大学院生）、奥野絵美・
　　　　　　蜂須賀敦子（名古屋大学大学院生）、邊見秀子（一般）
　2010年度：大竹孝平（南山大学大学院生）、蜂須賀敦子（名古屋大学大学院生）、坂口　隆（二友組
　　　　　　調査員）、邊見秀子（一般）

　その間、シンポジウム「山内清男縄文晩期研究と東海地方」（2007年11月10日）、シンポジウム「東海地方晩期前半突帯文土器出現以前の地域性の多角的分析」（2007年12月8日）、公開研究会「突帯文土器研究の最前線―突帯文土器の「さいはて」を如何に捉えるか―」（2008年7月19日）、公開研究会「保美貝塚出土資料の再整理から縄文晩期研究を展望する」（2009年12月19日））、シンポジウム「縄文晩期社会―渥美半島保美貝塚遺跡の研究より―」（2010年12月8日）を開催して、再整理・再検討途上で得られた知見の公開のために、中間的な成果発表をおこない、参加者から多くのご教示を得ることができた。

　人類学博物館収蔵保美貝塚資料に関しては、慎重に仕分け作業をおこなった。最大の理由は、1950年中山英司教授（当時）調査資料と1965年小林知生教授（当時）調査資料があると伝え聞いていたが、どの資料がどの調査によるのか、判然としない状態で収蔵されていたからである。したがって、仕分け作業には多大な労力をさいた。むしろ、かなり手間取った、というのが正直な感想である。

2　資料再整理

(1) 人類学博物館での保管状況

　保美貝塚出土考古資料は、再整理開始の2006年11月時点で、一部人類学博物館の第一展示室に展示されているものがあるほかは、すべて人類学博物館東側にある収蔵庫に収納されていた。当該収蔵庫には、黄色コンテナ32箱があり、箱には保美貝塚のアルファベット略称である「HB」と箱番「001～032」を組合せたものが付されていた。以下参照（なお、HB-007・022は元々別のコンテナに収納されていた二つがそれぞれの梱包のまま一つに収納されていた。少量のためかと思われる。HB-023-1、HB-023-2は箱番自体に枝番がふられている）。

　　HB-001、HB-002、HB-003、HB-004、HB-005、HB-006、HB-007・022、HB-008、HB-009、
　　HB-010、HB-011、HB-012、HB-013、HB-014、HB-015、HB-016、HB-017、HB-018、HB-019、
　　HB-020、HB-021、HB-023-1、HB-023-2、HB-024、HB-025、HB-026、HB-027、HB-028、HB-
　　029、HB-030、HB-031、HB-032

　これまで南山大学収蔵の保美貝塚資料について、1950年中山英司教授（当時）調査資料と1965年小林知生教授（当時）調査（小林ほか　1966）資料があるとひとづてに聞いていた（以下、職階は省略）。収蔵資料の詳細は、土器・石器・骨角器・貝製品・人骨・獣骨・魚骨・貝類などの遺物である。しかし、その発掘年次を区別する台帳類はないため、数パターンある土器注記や石器注記、コンテナに入っていたメモ類を手がかりに、慎重に整理作業をすすめることとした。その間に、対象資料ごとにつぎに記した担当者が資料研究をおこなった。縄紋土器（大塚達朗、松本泰典、奥野絵美、大竹孝平、佐野　元、坂口　隆、邊見秀子）、貝器・骨角器・石器（川添和暁）、石刀・石剣・土偶・石冠（長田友也）、動物

遺存体（新美倫子、蜂須賀敦子）、年代測定（山本直人、奥野絵美）、である。

　遺物資料以外は、1965年小林知生調査時の第1トレンチ・第3トレンチ・第4トレンチ平面図および第1トレンチ土層図・第4トレンチ北壁土層図、発掘日誌、35mmネガフィルム、荷札類（ビニール袋に纏めて一括）、手でちぎった紙（約2×5cm）数枚に貝類の名称を記入したものがあった。また1970年代中頃に、整理作業に取りかかったようであるが、詳細は分からない。

　1950年中山英司調査の記録類は、南山大学人類学博物館に存在していない。後日、本学名誉教授の『伊藤秋男先生古希記念考古学論文集』において、中山英司調査記録の35mmネガフィルム、調査坑設定図の存在が明らかにされた（安藤　2007）。オープンリサーチセンター縄文部会は、遅まきながら2010年に、この中山英司調査保美貝塚の記録が現存することを、安藤（2007）文献によって知った。その文献で公開された13枚の写真は、遺跡の外観や貝層堆積状況や人骨の出土状況などを撮影したものであって、いくつかの重要な情報を提供していた。

　資料整理する中で、1950年中山英司調査時の出土状況写真中にある土器を収蔵資料から見つけ出した。その土器は、「保美貝塚8　人骨出土状況（上層）」と「保美貝塚13　調査風景(4)」（安藤　2007：494-497）の写真中にある、人骨の腰の付近に正位に出土していた土器底部である。発掘は、8→13と進行して、当該土器底部が写っている。8では重層する人骨の腰の上方向に、13では調査者（中山英司）の左膝に接するように写っている。その土器底部の注記は、「HOBI・A・貝層上部479」である。13では石器(置砥石)が腰の上に置かれた状態で当該土器底部が横に写る。その石器の注記は、「HOBI」「S305」である。

　これらにより、「HOBI」が記載されるパターンの土器・石器注記は、1950年中山英司調査資料と推定した。また、安藤（2007）文献中の「保美貝塚6　貝層堆積状況(1)」「保美貝塚7　貝層堆積状況(2)」は、貝層の厚みを示している。以上の写真から、貝層に関する注記内容（詳細は後述）を裏付けてくれる根拠が、この安藤（2007）の写真中にあったといえる。これらによって、1950年中山英司調査資料の注記記載方法が「HOBI」と決められていたと推定すると、注記の頭に「保美」「ホビ」と記載（白字・青字）する別パターンの方法（1965年小林知生調査資料）は、この「HOBI」とは区別するための書き方と推定できる。また、注記の色によっても分かれる場合があった。

⑵　資料再整理の方法

　黄色コンテナに付けられた箱番を使用して、各梱包材によって小分けされたごとに枝番をふり今回の番号を付けた（例　HB-001-1、HB-001-2）。また、展示資料についてHB-Dと名付けた。

　保美貝塚とされるすべての土器の注記に、念のためニス塗り後、洗浄を行い、新しく番号を付ける注記作業をおこなった(2006年12月～2007年7月)。小分けされた梱包毎に記録をとり接合した。その後、注記パターンを3つに分けて分類作業をおこなった（～2008年10月）。つぎに、注記パターンごとに縄紋土器を次のように分類した。器種〔深鉢（突帯紋・無突帯屈曲形・屈曲形）・浅鉢・壺・異系統・鉢・皿・無紋粗製〕、施文〔沈線紋・半截竹管紋・櫛描紋・刺突紋・押引紋・口端押圧・縄紋〕、部位〔口縁部・頸部（条痕・無紋）・胴部（磨き・削り・ナデ・巻貝条痕・二枚貝条痕）〕の分類基準を松本泰典が設定し、院生・学生と分類作業をおこなった。さらに、層位ごと・数字のみ・日付や人物名のある記載といった項目ごとに、カウント作業を実施した。合計6254片(1965年小林資料と1950年中山資料の合計。詳細は割愛する）となった。併せてすべての口縁部破片・並びに頸部破片の写真撮影（～2009年5月）、接合作業（～2009年11月）、1966年報告の資料抽出と図面作成作業、発掘日誌の文字おこし、「保美貝塚の地形及び発掘地点実測図」デジタルトレース、ネガフィルムのスキャン（～2010年3月）、突帯紋土器などの図面作成作業（～2010年6月）を実施した。

2010年6～7月のころ、『渥美郡史』（山村ほか編　1923a）編纂と同時に刊行された『渥美郡史　附図』（山村ほか編　1923b）に掲載された「保美平城貝塚」出土土器が人類学博物館の展示資料と収蔵資料から見いだされた。『渥美郡史　附図』掲載資料が、『南山大学人類学民族学研究所』の標識番号が付けられて、保美貝塚資料中にあったことを確認した。また、当初、中山資料と考えていた特定の注記が『渥美郡史　附図』資料と断定でき、『渥美郡史　附図』には掲載されていないが、『渥美郡史　附図』資料の注記と近い注記のものとした。そのような注記の分析を済ませて、先述の安藤（2007）文献の写真からも追認された1950年中山資料と1965年小林資料の分離作業を本格的に実施した（～2010年7月）。その後、実測・拓本図作成の完成、様々な資料のデジタル化作業（～2010年12月）などをおこなった。以上が、整理作業の大まかな流れである。

　ここで土器注記を以下のように整理すると、

　　【1965年小林知生調査資料】：「保美 '65　105」、「保美 '65　8・6第二トレ一層」、「保美 '65」、「ホビ91」、「ホビ '65・8・6」、「小林トレ　ホビ65・8・11　1区2区の壁」、「64」（数字のみ）など（白字・青字）（赤・黒ペン）。

　　【1950年中山英司調査資料】：「HOBI・A 表土853」、「HOBI・A 第一貝層1074」、「HOBI・A 貝層101」、「HOBI・A 貝層上部476」、「HOBI-A 貝層下43」、「HOBI ガケ下区上層1037」、「HOBI・A 一号人骨1057」、「HOBI 第二層人骨1070」、「HOBI・A 区カクラン貝層541」、「HOBI・B 表土880」、「HOBI 第一有機土層A区387」、「HOBI・A・最下層38」「HOBI 1017」「HOBI」など（白字）（なお、中山資料は土器片数を数えて注記しているように推測できる。破片の数を割り振るようなメモ書き1枚が存在する）。

　　【注記なし資料】：多量にある。部位はまちまちだが、特に胴部破片が多い。土器の割れ口から判断して、調査時に壊された中山資料の可能性もある。中山資料と同一個体が見つかっている。

　　【『渥美郡史　附図』掲載資料（1923）】：「保美平城　Saito」、「保美　Saito ○」、「保美平城 Saito ○」、など（赤の筆書き、黒の筆書き）。

　　【『渥美郡史　附図』掲載資料に近い注記のもの】：「保美」、「保美 k」、「保美A　上部貝層」、「平城」、「保美　表」、「ホビ平城」など（赤の筆書き、黒の筆書き）。

　以上のように、注記が5つに分けられる。そのうち、「注記なし」資料は、「中山資料」と接合する事例があるので、同じ調査の資料とみなし、①1965年小林知生調査資料、②1950年中山英司調査資料、③『渥美郡史　附図』掲載資料（1923）、④『渥美郡史　附図』掲載資料に近い注記のものの4つに分けることとした。

　特記すべきは、『渥美郡史　附図』「第十七図　亀山尋常小学校蔵　保美平城貝塚土器」（山村ほか編　1923b）に掲載11片のうち、計7片〔展示資料（HB-D）3片・収蔵資料（HB-021-2）4片〕を確認したことである。その中には、山内（1930）文献の「第五図　三河保美貝塚発見土器-2」を含む。そして一番重要な点は、1950年中山英司調査資料と1965年小林知生調査資料が分離できたことである。

　調査年に応じた資料分離を踏まえて、研究については、それぞれを担当した者に応じて、中山資料が中心の場合、小林資料が中心の場合、両方を含む場合に分かれた。

⑶　一括性の再検証

　安藤（2007）によって公開された写真により、1950年中山英司調査が良好な状態の貝塚を対象としたことが推定できる。実際に人類学博物館に収蔵されている土器資料の接合を試みた結果、接合する資料が多くあったことは、良好な状態の貝層であったと窺える。接合の結果、五貫森式を中心とした突帯紋土器が貝層の主体であることが判明した。五貫森式には大洞A式並行の浮線紋土器が伴うことがこれ

序　説（大塚達朗・邊見秀子）

までに指摘されているが、中山調査地点でも、五貫森式には大洞Ａ式並行の浮線紋土器が伴うことが確認できた。1950年調査の貝層の時期は、突帯紋土器の時期、晩期後半に比定できるであろう。

　一方、1965年小林知生調査に関しては、人類学博物館に、調査時の第１トレンチ・第３トレンチ・第４トレンチ平面図および第１トレンチ土層図・第４トレンチ北壁土層図、発掘日誌、35mmネガフィルムなどが残っているので、これらの記録類および遺物注記および安藤（2007）文献を利用して、二回の遺跡調査の再検証をおこない、1950年中山英司調査と1965年小林知生調査地点および第１トレンチ・第３トレンチ・第４トレンチなどを図上で復元した。（研究篇第Ⅰ部第１章参照）。結論的には、完全とはいえないが、記録類がある1965年小林知生調査地点の特徴として、一括性を示す良好な遺物出土状況はみられないと再確認した。時期判定では土器資料が重要であるが、1965年小林知生調査地点の出土土器は後期後半から晩期前半とバラツキが大きい。後期後半から晩期前半の在地土器（伊川津式、寺津式、蜆塚Ｂ式、元刈谷式、桜井式など）、および晩期後半の少量の突帯紋土器以外に、晩期初頭安行３ａ式土器と橿原式紋様土器と大洞Ｂ２式土器と大洞ＢＣ式土器と安行３ｃ式土器、さらには神奈川杉田遺跡の杉田Ｅ類類似の壺型土器もあることが確認できたことから（研究篇第Ⅰ部第２章、研究篇第Ⅱ部第１章参照）、単一の時期ではなく、時期的バラツキが大きいと結論づけた次第である。

　このように出土土器が時期的にばらつくことについて、1965年小林知生調査地点の出土土器は単一な型式ではない旨が1966年の報告（小林ほか　1966：9）において明記されていた。増子康真は、晩期の第１段階に「吉胡ＢⅠ式」をあてることを前提に、「保美貝塚では吉胡ＢⅠ式から晩期全般に及ぶ土器の存在をみるが、晩期の第２段階に遺跡形成の中心がある。したがって、これを保美Ⅱ式土器と呼称し型式名とすることは妥当であろう」（増子　1980：15-19）と仮定して、1966年報告土器をもとに晩期第２段階の「保美Ⅱ式」を提唱した。1965年小林知生調査地点の出土土器は、時期的にバラツキがあり、むしろ目立つのは、在地や異系統も、晩期初頭に位置づけられる土器であり（研究篇第Ⅰ部第２章、研究篇第Ⅱ部第１章参照）、「晩期の第２段階に遺跡形成の中心がある」という増子の時期認識は誤認ではないか。「保美Ⅱ式」の提唱される根拠が成立しないと判断した。

　ひとことでいえば、1965年小林知生調査地点の考古資料は一括性に乏しい、である。それをより明瞭に伝えるために、「1965年保美貝塚発掘調査　出土遺物表（検証データ１）」と「1965年保美貝塚発掘調査　４トレンチ出土遺物平面分布図（検証データ２）」を作成した。

　作成経緯を述べると、遺物資料の注記を中核に、荷札（大・小）およびメモ類（1966年報告時に整理作業後も破棄されずにコンテナ内に残されていた）などの記録を基に「出土遺物表（検証データ１）」を作成した。４トレンチの出土遺物の「平面分布図（検証データ２）」には70点のドットが記入されていた。それらに対応する４トレンチ地区（１〜５区）を「出土遺物表（検証データ１）」に記載した。

　1966年報告時の図版番号・本書『保美貝塚の研究』追加資料（Ｋ）・人類学博物館展示資料（HB-D）・第Ⅰ部第３章―表３骨角器・４貝製品（1965調査資料）および本書『保美貝塚の研究』追加資料以外の土器資料それぞれの注記が、「出土遺物表（検証データ１）」の注記番号にそれぞれ対応する（石器は川添氏からの御教示による。第Ⅰ部第３章には未掲載）。さらに、諸記録を精査して、土層図の層位・遺物の取り上げ方や掘り進め方の確認作業をおこなった結果、特に層位的調査に関して以下の所見を得た。

　【１トレンチ】：３層に分層され、２層に土器資料20片（細片・小片）検出。ピットから４片（細片）検出。発掘日誌は８月５・６日とあるが土器注記は８月４日が明記される。

　【２トレンチ】：撹乱とあるが、実際には、３層に分層。１層・３層から資料検出。「２トレ第三層n8/6」石器の中に無紋の（細片）土器１片が検出。

【3トレンチ】：8月7・8日　平面図にはドット番号47の1点のみ記載がある。

【4トレンチ】：3層に分層しているが、点のみ記載がある。層位的にとりあげていない。8月7～11日　平面図にはドット番号4～115までのうち70点（2点重複68点）の点がおとされたが（番号がとびとびになる）、実際にある遺物資料注記番号は1～124（番号がとびとびになる）の注記がある。注記番号41：K-17（4トレ1区第3層-20）の有紋土器は、3層出土の記載がある。

以上をまとめると、さまざまな再検証作業によって、1965年小林知生調査地点では、考古資料は混在し層位的に有意な出土状態はみられずという1966年報告時と同じ結論に達した次第である。

3　本書研究篇の構成

南山大学人類学博物館収蔵資料は、大きくみて、1950年中山英司調査資料および1965年小林知生調査資料と、それ以前の時期におこなわれた調査などで得られた資料に分かれる。南山大学人類学博物館に発掘調査の記録類があるのは、1965年小林知生調査時のものに限られた。

少ないながらも、その記録類をフルに活用して、外部記録（安藤　2007）を加えると、それなりに、南山大学が調査した地点の意義が見通せることが分かったので、保美貝塚が人骨の調査で有名な研究の流れと合わせて、検討することを手はじめとした。そして、相対編年上の土器型式の在り方の検討、土器以外で顕著な遺物である骨角器・貝製品の検討報告を第二の課題とした。それらの検討結果・結論を研究篇第Ⅰ部に当てた。

近年の日本先史考古学の編年研究動向では、放射性炭素年代測定値に大きな関心がよせられているが、とくに調査時の記録類を有さない1950年中山英司調査資料について、土器資料が凸帯紋土器を中心としたもので、しかも獣骨類が比較的良好な資料といえたので、それらをもとに絶対年代を求めることとした。方針は、1950年調査で得られた土器破片の表面に付着した炭化物と、同じく1950年調査で得られた獣骨の中からアシカを選定し、その骨から析出したコラーゲンを対象にして年代測定を依頼した。前者は名古屋大学年代測定総合研究センターに、後者は株式会社パレオ・ラボに依頼した。前者の測定値に関しては少し議論が必要なので、「特論」を設けて測定結果を議論した。後者の測定値に関しては、動物依存体の分析の中で論じることとした。また、1965年小林調査時には、少量であるが東日本系および西日本系の異系統土器が検出されていたので、それに関しては章を設けて論じることとした。そして、量は多くなく小片であるが、小型石棒類がある。精神文化を論じる際には貴重な手がかりになるものなので、これに関しても章を設けて論じることとした。

以上のことを勘案した結果、「序説」（大塚達朗・邊見秀子）のあとは、つぎのような体裁の研究篇となった次第である。執筆者情報についても、付しておいた。

研究篇　第Ⅰ部　遺跡・遺構・遺物
　第1章　「保美貝塚調査史と南山大学調査地点の意義」　坂口　隆・奥野絵美・大竹孝平・大塚達朗
　第2章　「1965年調査出土土器群とその編年的位置」
　　　　　　　　　　　　　　　坂口　隆・佐野　元・邊見秀子・大竹孝平・松本泰典・大塚達朗
　　　　　「付論―在地系土器について」　佐野　元
　第3章　「骨角器・貝製品の様相」　川添和暁
研究篇　第Ⅱ部　さまざまな分析
　第1章　「橿原式紋様土器と安行3c式土器からみた保美貝塚」　大塚達朗
　第2章　「小型石棒類からみた保美貝塚」　長田友也

序　説（大塚達朗・邊見秀子）

　第3章　「保美貝塚出土動物遺体」　　新美倫子・蜂須賀敦子
　第4章　「特論―保美貝塚出土土器付着炭化物の絶対年代」　　山本直人・佐野　元・奥野絵美

執筆者一覧（執筆順）
　大塚達朗（南山大学人文学部教授）、邊見秀子（一般）、坂口　隆（二友組調査員）、奥野絵美（愛知県埋蔵文化財センター）、大竹孝平（南山大学大学院人類学専攻博士前期課程）、佐野　元（瀬戸市文化課）、松本泰典（豊橋市美術博物館）、川添和暁（愛知県埋蔵文化財センター）、長田友也（南山大学非常勤講師）、新美倫子（名古屋大学博物館准教授）、蜂須賀敦子（名古屋大学大学院情報科学研究科博士後期課程）、山本直人（名古屋大学大学院文学研究科教授）

引用文献
安藤義弘　2007　「中山英司と愛知の遺跡」『伊藤秋男先生古希記念考古学論文集』383-536頁、伊藤秋男先生古稀記念考古学論文集刊行会。
小林知生ほか　1966　「保美貝塚」『渥美半島埋蔵文化財調査報告』1-12頁、愛知県教育委員会。
増子康真　1980　「東三河における縄文後期末・晩期文化の再検討(II)」『古代人』36、13-25頁。
山内清男　1930　「所謂亀ヶ岡式土器の分布と縄紋式土器の終末」『考古学』1 (3)、139-157頁。
山村敏行ほか編　1923a　『渥美郡史』、愛知県渥美郡役所。
山村敏行ほか編　1923b　『渥美郡史　附図』、愛知県渥美郡役所。

(**分担**　「はじめに」、「1　縄文部会の構成員と活動」、「3　本書研究篇の構成」：大塚達朗、「2　資料再整理」：邊見秀子)

1965年保美貝塚発掘調査　出土遺物表（検証データ１）

第4トレンチ（小林トレンチ）

注記番号	発掘地点	荷札（大）	荷札（小）	1966年報告掲載番号・展示資料	追加（K1〜37）	1966年報告と追加に選ばなかった土器	メモ	骨角器	石器	貝輪	獣骨片	貝	魚骨
1	−	−	1	−	−	−	−	1	−	−	−	1	−
2	−	−	−	第3図-5	−	−	−	−	−	−	−	−	−
3	−	−	−	−	−	−	−	−	−	−	−	−	−
4	4トレ 1区	−	4	第4図-8	−	−	第4図-8 (1-617)	−	−	−	−	−	−
5	−	−	−	第5図-21、D-16（スクレイパー）	K-1・3・4	白・5、白・ホビ'65・5	第5図-21 (1-633)	−	1	−	−	−	−
6	−	−	−	−	−	−	−	−	−	−	−	−	−
7	4トレ 1区、4トレ3区-4区の壁	−	7	−	−	−	−	−	−	−	−	−	−
8	−	4トレ2区、8/7、−12cm以下	−	第7図-7	−	青・保美'65・8	−	−	−	−	−	−	−
9	4トレ 2区	−	−	−	−	−	−	−	−	−	−	−	−
10	4トレ 1区	−	10	第4図-1、第5図-17	−	−	第4図-1 (1-1029)、第5図-17 (1-608)	−	−	−	−	−	−
11	4トレ 2区	−	11	第3図-7、第5図-7・16、第6図-13	K-31・36	白・11	第5図-16 (1-621)、第6図-13 (1-598)	−	2	−	−	−	−
12	−	−	−	−	K-31・36	白・12	K-36（7片接合、12・28）	2	7	−	1	−	−
13	4トレ 2区	−	−	−	−	−	−	−	1	−	−	−	−
14	4トレ 2区	−	14	−	−	−	−	−	−	−	−	−	−
15	4トレ 2区	−	15	−	−	−	−	−	−	−	−	−	−
16	4トレ 2区	−	16	−	−	−	−	−	−	−	−	−	−
17	4トレ 2区	−	17	−	−	−	−	−	−	−	−	−	−
18	4トレ 2区	−	18	第3図-19	−	青・保美'65・18	第3図-19 (1-627)	−	−	−	−	−	−
19	4トレ 1区	−	19	−	−	−	−	−	−	−	−	−	−
20	4トレ 1区	−	20	−	−	−	−	−	−	−	−	−	−
21	4トレ 1区	−	−	−	−	−	−	−	−	−	−	−	−
22	4トレ 2区	−	22	−	−	青・保美'65・22	−	−	−	−	−	−	−
23	4トレ 2区	−	23	−	−	青・保美'65・23	−	−	−	−	−	−	−
24	−	−	−	第4図-16	−	白・24	第4図-16 (1-560)	−	1	−	−	−	−
25	4トレ 2区	−	−	−	−	青・保美'65・25	−	−	−	−	−	−	−
26	4トレ 2区	−	26	D-32（スクレイパー）	−	−	−	−	−	−	−	−	−
27	4トレ 2区	−	27	−	−	−	−	−	−	−	−	−	−
28	4トレ 2区	−	−	第5図-25	K-35・36	白・28	第5図-25 (1-610)、K-35（6片接合28・29・31）、K-36（7片接合12・28）	1	−	−	−	−	−
29	4トレ 2区	−	29	−	K-35	白・保美'65・29	K-35（6片接合28・29・31接合）	−	−	−	−	−	−
30	−	−	−	第5図-18・22、第6図-16	−	白・30	第5図-18 (1-619)、第5図-22 (1-583)	−	−	−	−	−	−
31	4トレ 2区	−	31	第5図-26	K-35	青・保美'65・31	第5図-26 (1-557)、K-35（6片接合28・29・31接合）	−	−	−	−	−	−
32	4トレ 2区	−	32	−	−	青・ホビ'65・32	−	−	−	−	−	−	−
33	4トレ 1区	−	33	D-8（石錘）	−	−	−	−	−	−	−	−	−
34	−	−	−	−	−	−	−	−	−	−	−	−	−
35	−	−	−	D-30（石錘）	−	白・35	−	−	3	−	−	−	−
36	4トレ 2区	−	−	−	−	−	−	−	−	−	−	−	−
37	4トレ 2区	−	37	D-3（凹み石）	−	−	−	−	−	−	−	−	−
38	−	−	−	第5図-27、第7図-8	−	白・38	第5図-27 (1-623)	−	3	−	−	−	−
39	4トレ 2区	−	39	−	−	青・保美'65・39	−	−	−	−	−	−	−
40	−	−	−	−	−	白・40	−	−	1	−	−	−	−
41	−	4トレ1区、8/8、第3層、−20	−	−	K-17	青・保美'65・41、青・ホビ'65・41	−	−	−	−	−	−	−
42	−	−	−	第5図-30、第6図-12	−	白・42	第5図-30 (1-550)	−	−	−	−	−	−
43	−	−	−	第4図-10、第5図-28	−	白・43	第4図-10 (1-580)、第5図-28 (1-581)	−	−	−	−	−	−
44	−	−	−	D-25（石鏃）	−	青・保美'65・44	−	−	2	1	−	−	−
45	4トレ 1区	−	45	D-3（根挟み）	−	−	−	−	−	−	−	−	−
46	−	−	46	−	−	−	−	1	−	−	−	−	−
47	−	−	−	−	−	−	−	−	−	−	−	−	−
48	−	−	−	第4図-9、第5図-15、D-31（スクレイパー）	K-16	白・48	第4図-9 (1-556)、第5図-15 (1-596)	−	2	−	−	−	−
49	−	−	−	−	K-2・12・21・30	白・49	−	−	−	−	−	−	−
50	−	−	−	D-21（石鏃）	K-9・32	白・50、白・保美'65・50、白・ホビ'65・50	−	−	8	−	−	−	−
51	−	−	−	−	−	−	−	−	−	−	−	−	−
52	−	−	52	−	−	−	−	−	−	−	−	−	−
53	−	−	−	第3図-3、第6図-15、D-23（石鏃）、D-27（石錘）	−	白・保美'65・53、白・ホビ'65・53	第3図-3 (1-576)	−	1	−	−	−	−
54	−	−	54	−	−	−	−	−	−	−	−	−	−
55	−	−	−	第6図-21	K-22	白・55	第6図-21 (1-555)	−	7	−	−	−	−
56	4トレ 5区	−	56	D-7（石錘）	−	−	−	−	−	−	−	−	−
57	−	4トレ5区、8/8、−20〜	−	−	−	−	−	−	−	−	−	−	−
58	4トレ 4区-5区の壁	−	−	−	−	−	−	−	−	−	−	−	−
59	−	−	−	−	K-20・26・28	−	−	−	−	−	−	−	−
60	−	−	60	−	−	−	−	−	−	−	−	−	−
61	−	−	−	−	K-15	白・ホビ'65・61	K-15 (1-634)	−	−	−	−	−	−
62	−	−	−	−	−	白・ホビ'65・62	−	−	−	−	−	−	−
63	4トレ 3区	−	63	−	−	−	−	−	1	−	−	−	−
64	4トレ 4区	−	64（2枚あり）	−	−	白・64	−	1	3	−	1	−	−
65	4トレ 4区	−	−	−	−	−	−	−	−	−	−	−	−
66	4トレ 3区	−	−	第4図-28	−	−	−	−	−	−	−	−	−
67	−	−	−	−	−	−	−	−	−	−	−	−	−
68	−	−	−	−	K-33	−	−	−	−	−	−	−	−
69	−	−	−	第7図-9、D-18（石鏃）	K-34	−	−	−	4	−	−	−	−
70	4トレ 4区	−	70（2枚あり）	第4図-11	−	−	−	−	−	−	−	−	−
71	4トレ 3区	−	71	第7図-13	−	−	−	−	−	−	−	−	−
72	−	−	−	第3図-16、第4図-5・13・26、D-19（石鏃）	K-13	白・72	第4図-5 (1-602)、K-13 (1-635)、第4図-26（第3図-21と同一個体）	1	4	−	1	−	−
73	−	−	73	D-■（根挟み）	−	−	−	−	−	−	−	−	−
74	4トレ 3区	−	−	第3図-24	−	−	第3図-24 (1-607)	−	−	−	−	−	−
75	−	−	75	第5図-31	−	−	第5図-31 (1-613)	−	−	−	−	−	−
76	4トレ 5区	−	76	−	−	−	−	−	−	−	−	−	−
77	4トレ 3区	−	−	第3図-34	−	−	第3図-22と同一個体	−	−	−	−	−	−
78	−	−	−	第3図-6	−	白・78	−	−	2	−	−	−	−
79	4トレ 4区	−	79	−	−	−	−	−	−	−	−	−	−
80	4トレ 4区	−	80	第5図-13	K-18	白・80	第5図-13 (1-626)	−	5	−	−	−	−
81	4トレ 3区	−	81	−	−	−	−	−	−	−	−	−	−
82	4トレ 4区	−	−	第5図-33	−	−	第5図-33 (1-632)	−	−	−	−	−	−
83	4トレ 3区	−	83	第7図-11	−	青・ホビ'65・83	第7図-11 (1-572)	−	−	−	−	−	−
84	4トレ 4区	−	84	−	−	−	−	−	−	−	−	−	−
85	4トレ 4区	−	−	−	−	−	−	−	−	−	−	−	−
86	−	−	86	第3図-33、第4図-23、第4図-27、第5図-20、D-7（磨かれた鹿角）	K-11・19	白・ホビ'65・86	第3図-33（第3図-22と同一個体）、第5図-20 (1-549)	−	4	−	−	−	−
87	4トレ 3区または4区	−	87	第7図-1	−	白・保美'65・87	第7図-1（4片接合、1-553・1-1019）	−	−	−	−	−	−
88	4トレ 4区	−	88	−	−	−	−	−	−	−	−	−	−
89	−	−	−	第4図-6（89と103接合）、D-15（石鏃）	−	白・ホビ'65・89	人骨（頭蓋骨、椎骨）	−	−	−	−	−	−
90	4トレ 5区	−	−	−	−	−	−	−	−	−	−	−	−
91	4トレ 4区	−	−	第4図-7	−	白・ホビ'65・91	第4図-7 (1-618)	−	−	−	−	−	−
92	−	−	−	第3図-15、第4図-4、D-13（石鏃）	K-29	白・92	第4図-4 (1-563)	2	3	−	2	−	−
93	4トレ 4区	−	93	−	−	−	−	−	−	−	−	−	−
94	4トレ 4区	−	94	第3図-11	−	−	第3図-11 (1-578)	−	−	−	−	−	−
95	4トレ 4区	−	95	−	−	−	−	−	−	−	−	−	−
96	4トレ 4区	−	−	第3図-20	−	−	第3図-20 (1-611)	−	−	−	−	−	−

序　説（大塚達朗・邊見秀子）

注記番号	発掘地点	荷札（大）	荷札（小）	1966年報告掲載番号・展示資料	追加 (K1～37)	1966年報告と追加に選ばなかった土器	メモ	骨角器	石器	貝輪	陸獣破片	貝	魚骨
97	4トレ 4区	−	97	−	−	−	石刀	−	1	−	−	−	−
98	4トレ 4区	−	−	−	−	−	−	−	−	−	−	−	−
99	−	−	ベンガラ？ 99	−	−	−	石刀 貝にベンガラ付着（HB-019-3）	−	−	−	−	−	−
100	4トレ 4区	−	100	D-2（刺突具）	−	−	−	−	−	−	−	−	−
101	4トレ 4区	−	101	−	−	−	−	−	−	−	−	−	−
102	4トレ 4区	−	102	第3図-4	−	−	第3図-4 (1-605)	−	−	−	−	−	−
103	4トレ 4区 -15cm以下、5区床面下、'65・8・10	−	第4図-6（89と103接合）・15、第5図-14・29	K-14	白・103、白・保美'65・103	第4図-6 (1-601・1-612)、第4図-15 (1-561)、第5図-14 (1-567)	1	4	−	−			
104	4トレ 4区-5区の壁	−	おそらく104か？	第4図-17	−	−	−	−	−	−	−	−	−
105	4トレ 4区-5区の壁	−	−	−	−	−	−	1	−	−	1	−	−
106	−	−	−	第5図-12	K-5	白・保美'65・106	第5図-12 (1-609)	−	−	−	−	−	−
107	4トレ 4区-5区の壁	−	−	第3図-18	−	−	−	−	−	−	−	−	−
108	4トレ 5区	−	108	−	−	−	−	−	−	−	−	−	−
109	−	−	109	−	−	−	−	−	−	−	−	−	−
110	−	−	110	−	−	−	−	−	−	−	−	−	−
111	−	−	111	−	−	−	−	−	−	−	−	−	−
112	4トレ 4区	−	先端部はNo.103と明記あり。	−	−	−	ビニール袋に「骨製品」といっしょにありと明記。	−	−	−	−	−	−
113	−	−	113	−	−	−	−	−	−	−	−	−	−
114	−	−	114	第3図-28	−	−	第3図-28 (1-631)	−	−	−	−	−	−
115	4トレ 4区	−	表：115 骨器と歯　裏：8/10 5区の壁から75 南壁から21 -38	D-10（石錘）	K-37	白・保美'65・115 6片あるが、底部ではない	No.115 土器底部の中の土とビニール袋に直書き。HB023-21の底部（注記なし）と「115」2片が接合	−	−	−	−	−	−
116	−	−	−	−	−	−	−	−	−	−	−	−	−
117	−	−	−	第5図-1、第7図-2 (117と123接合)	K-6・27	白・ホビ'65・117	第5図-1 (1-603)、第7図-2 (1-606、3片接合)、K-6 (1-574)	−	−	−	−	−	−
118	−	−	−	第3図-22	−	白・ホビ'65・118	第3図-22と第3図-34は接合	−	−	−	−	−	−
119	−	−	−	第4図-25	−	白・保美'65・119	−	−	−	−	−	−	−
120	−	−	−	−	−	白・ホビ'65・120	−	−	−	−	−	−	−
121	−	−	−	D-14（石鏃）	−	白・ホビ'65・121	−	−	1	−	−	−	−
122	−	−	−	−	−	−	−	−	−	−	−	−	−
123	−	−	−	第3図-14・17・21、第4図-24、第5図-6、第7図-2 (117と123接合)	−	白・ホビ'65・123	第3図-21は第4図-26と同一個体、第5図-6 (1-624)	−	−	−	−	−	−
124	−	−	−	−	K-7	白・ホビ'65・124	−	−	−	−	−	−	1

注記内容	発掘地点	荷札（大）	荷札（小）	1966年報告掲載番号・展示資料	追加 (K1～37)	1966年報告と追加に選ばなかった土器	メモ	骨角器	石器	貝輪	陸獣破片	貝	魚骨
4トレ 1区-2区の壁中 '65・8・11	−	4トレ 1区-2区の壁中 '65・8・11	−	第4図-3・12、第5図-19、D-1（刺突具）	−	青	第4図-3 (1-967)、第4図-12 (1-568)	−	−	−	−	−	−
4トレ 2区-3区の壁中 '65・8・11	−	4トレ 2区-3区の壁中 '65・8・11	−	第3図-25・26、第3図-29 (?)、第7図-3	K-24	−	第3図-25 (1-564)、第3図-26 (1-566)、第7図-3 (1-622)	−	−	−	−	−	−
8/8 小林トレ 第2区 赤色土見本	−	8/8 小林トレ 第2区 赤色土見本	−	−	−	−	土が在中（HB-019-10）	−	−	−	−	−	−
No.115 土器底部の中の土	−	−	No.115 土器底部の中の土	−	−	−	土が在中（HB-019-12、ビニール袋に直に書く）	−	−	−	−	−	−
トレンチの記載なし													
ホビ'65	−	ホビ'65	ホビ'65	第3図-8・9・23、第3図-32 (?)、第4図-22	K-8・23・25	赤ペン・白	赤ペン・白 (1-599)、K-25 (1-597)	−	−	−	−	−	−
保美'65	−	−	−	−	−	白	−	−	−	−	−	−	−
ホビ65 8・6	−	−	−	−	−	赤ペン	−	−	2	−	−	−	−
−	−	−	第3区東北既掘後	−	−	−	石器在中（HB-019-8）	−	1	−	−	−	−
保美65' JL	−	−	−	D-20（石鏃）	−	−	−	−	−	−	−	−	−
注記なし	−	−	−	D-24（石鏃）、D-■（石刀）、D-6（ヘアピン）	−	−	石刀 (1-668)	18	3	8	−	−	−
ホビ65 10■	−	−	−	D-28（石錐）	−	−	−	−	−	−	−	−	−
保美65	−	−	−	D-29（石錐）	−	−	−	−	−	−	−	−	−
ホビ65 1■0	−	−	−	D-26（石錐）	−	−	−	−	−	−	−	−	−
保美65' ℓ	−	−	−	D-1（凹み石）	−	−	−	−	−	−	−	−	−
保美	−	−	−	D-17（スクレイパー）	−	−	−	−	−	−	−	−	−

第3トレンチ（高平トレンチ）

注記番号	発掘地点	荷札（大）	荷札（小）	1966年報告掲載番号・展示資料	追加 (K1～37)	1966年報告と追加に選ばなかった土器	メモ	骨角器	石器	貝輪	陸獣破片	貝	魚骨
34	−	−	表：No.34 裏：高平トレンチカクラン層内	−	−	−	−	−	−	−	−	−	−
44	−	高平トレ（3トレ）1区 8/8 第3層	−	−	−	−	−	−	−	−	−	−	−
47	高平トレンチ（3トレ）2区	−	47	−	−	−	−	−	−	−	−	−	−

第2トレンチ

保美'65 n	−	−	第2トレンチ 第三層 n 8/6	−	−	白	石器の中に土器1片在中（HB-019-8）	−	8	−	−	−	−
ホビ'65 8・6 第2トレ 1層	−	2トレ 1層 '65・8・6	−	D-22（石鏃）	K-10	白	−	−	−	−	−	−	−
保美65' 8・6 第2トレ 1層	−	−	−	−	−	白	−	−	6	−	−	−	−

第1トレンチ

65 第1トレ pit	−	−	−	−	−	白	−	−	−	−	−	−	−
ホビ'65 8・4 第1トレ 第2層	−	−	−	−	−	白	−	−	−	−	−	−	−
ホビ'65 第1トレ 第2層	−	−	−	−	−	白	−	−	1	−	−	−	−
保美65' 8・4 第1トレ 第2層土器	−	保美65' 8・4 第1トレ 第2層土器	−	−	−	赤ペン	−	−	−	−	−	−	−
保美65' 8・4 第1トレ 第2層	−	−	−	−	−	赤ペン	−	−	−	−	−	−	−
保美65 8・4 第1トレ 第2層 122	−	−	−	−	−	−	−	−	1	−	−	−	−

※なお、南山大学人類学民族学研究所は、1949年（S24）9月1日創立。
※「白」・「青」は注記の色を示す。
※7と87はドット番号重複（検証データ2）

（メモ）
1-617 → 標 1-617 南山大学人類学民族学研究所　記載の紙が貼ってある。

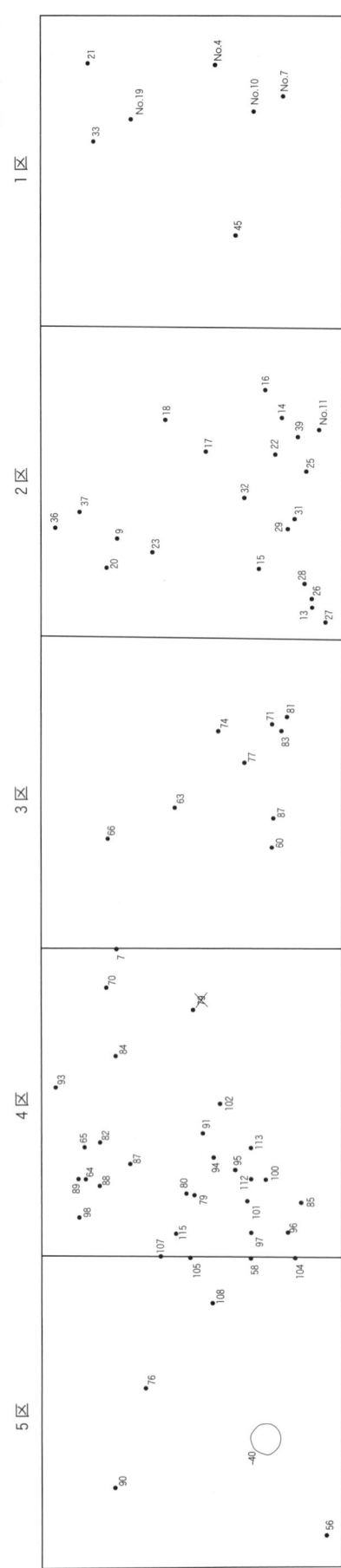

1965年保美貝塚発掘調査 第4トレンチ出土遺物平面分布図（検証データ2）

研究篇
［第Ⅰ部］

遺跡・遺構・遺物

第1章　保美貝塚調査史と南山大学調査地点の意義

坂口　　隆・奥野絵美・大竹孝平・大塚達朗

1　地理的環境

　渥美半島は東西に長く、三河湾、太平洋に囲まれた地域である（図1・2）。地質的に渥美半島は西南日本を二分する中央構造線の外帯に位置し、この山地は赤石山脈から続く弓張山地の延長線上にある（愛知県企画部土地利用調整課　1987）。その地形は、標高328mの大山を最高峰とする低い山地、洪積台地、沖積地により特徴づけられる（愛知県企画部土地利用調整課　1987）。渥美半島には大きな河川、平野がなく、渥美湾沿岸では山地が海岸まで迫り、太平洋側ではなだらかな丘陵、洪積台地が広がっている。平坦な土地が展開する洪積台地は高位の天伯面、中位の福江面に区分され、保美貝塚は免々田川が開析する福江面に位置する。大山を水源とする免々田川は保美で蛇行し比高差、約3mの段丘崖を形成し、福江湾に流れ込んでいる。

　現在、福江湾の河口は沖積平野となっているが、自然、あるいは人為的な要因により周辺の環境は変化している。1893年刊、大日本帝国陸地測量部の地図では、現在の小中山集落と中山集落の間に入江が入り、この入江は中山集落の奥まで入っている。この入江は、1648年の「亀山村絵図」、1671年の「亀山村堀切村中山村小塩津村境界墨引絵図」、1677年の「伊良湖村中山村境界設定絵図」で確認できる（渥美町郷土資料館編　1988、渥美町町史編さん委員会　1991：593）。これらの絵図の中で入江は、陸地測量部地図と比べ大きく描かれ、小中山は島として海水に囲まれている。陸地測量部の地図では、天白川は明治・大正・昭和期に埋め立てられた豊島池とつながっている。その西側の西ノ浜には、後背地に沿って帯状に長池が長くのびている。豊島池は、もともと自然地形の池で、上述の絵図にも描かれ、太古には中山に河口のある天白川に海水が上流まで入り組んでいたであろう（渥美町町史編さん委員会　1991：244、478）。豊島池のすぐ北側には川地貝塚が所在し、川地貝塚から中山の入江までは約2kmに過ぎない。

　また、天白川と免々田川河口部の干潟は江戸時代の新田開発により、その海岸線は変更されている。免々田川河口の入江でも向山新田の開発が1674年から始まり、その際、堤防を築き、干拓している（渥美町町史編さん委員会　1991：478）。1867年「畠村絵図」では、現向山集落から保美台地の手前まで広大な面積が干拓されているのが克明に描かれている（愛知県史編さん委員会　2008a）。新田開発以前の1648年「亀山村絵図」、1671年「亀山村堀切村中山村小塩津村境界墨引絵図」では、免々田川河口の入江は現在よりもかなり幅広で、保美貝塚に近接して描かれている（渥美町郷土資料館編　1988、渥美町町史編さん委員会　1991：593）。縄文時代後・晩期には海水がさらに保美台地の手前まで入り組んでいたと推定される。

　上述の通り、渥美半島は、三河湾、太平洋に囲まれ、海洋資源が豊富な地域である。渥美半島の先端は福江で湾入し、伊川津から福江にかけては広大な干潟が広がり、この干潟は食糧資源としての貝類を提供してきた。魚類は、沿岸性のクロダイ、スズキ、アイナメ、回遊魚のアジ、イワシ、サバなどが豊

富である。保美貝塚をはじめとする縄文・弥生・古墳時代の貝塚形成の背景には、こうした海洋資源の豊饒性があった。現在も、福江湾周辺では、アサリを主体とする採貝、海苔養殖などの浅海漁業が盛んである（渥美町町史編さん委員会　2005b）。このように、この地域の人々の生活は、太古から海洋資源と密接な関わりがあった。

　海洋資源は、食糧資源としてだけでなく、社会経済的にも極めて重要であったであろう。太平洋側の表浜で採集できるタマキガイ科（ベンケイガイ・サトウガイ）の貝は、縄文時代後・晩期、特に三大貝塚である吉胡貝塚、伊川津貝塚、保美貝塚において、単に食糧資源としてではなく、交易品である貝輪の素材として利用された（山崎・織田　2006・2007、簗瀬　2006）。また、先史時代、歴史時代において、伊勢湾を中心とする海洋は、交通路としても重要な位置を占めていたであろう。伊勢湾に突き出た渥美半島は、地理的に知多半島、伊勢地方に近い。伊勢湾に浮かぶ島々は航路のランドマークとなり、それらを経由した海上交通が先史、並びに歴史上、重要な役割を果たし、人々の往来とともに様々な物質文化が行き来している（豊橋市二川宿本陣資料館編　2010）。

　海洋資源とともに、渥美半島の江戸時代以前の動物相、植生は開発の進んだ現在よりも豊富であったとみられる。近世初期、徳川家康、徳川秀忠はしばしば渥美半島で巻狩りを行なっている。1610年の巻狩りは、蔵王山から伊良湖にわたる大規模のものであったが、その際、シカ561頭、イノシシ80頭を捕獲したことが記録されている（小沢　1975a：625-626）。また、田原藩も近世を通して巻狩りを行なっている（小沢　1975b）。もちろん、これらの巻狩りは生業を目的としたものではなく、武士の政治的、あるいは軍事的訓練が主目的であるが、渥美半島におけるイノシシ、シカを中心とした動物相が豊富であったことを示唆している。1746年の古文書には、「保美・小塩津・堀切右三ケ村御林茂り候ニ随い猪・鹿多籠り、田畑を荒シ申候」（愛知県史編さん委員会　2008b：史料 No. 245）とあり、保美周辺においても猪・鹿が生息していたことを裏付ける。伊川津貝塚で発見された縄文時代の陸獣動物遺体はイノシシ、シカが主体で、その他タヌキ、アナグマ、サル、ウサギなどの小・中型獣が含まれる（春成ほか　1988：269-270）。これらの多種多様な動物遺体は、先史時代の動物相が豊富であったことを物語る。

　渥美半島の気候は比較的温暖で、冬季の降雪はほとんどない。太平洋に面する表浜で顕著な冬季の季節風も、渥美湾沿岸では穏やかである。陸上資源に加え、海洋資源の豊饒性と気候的好条件から渥美湾沿岸は居住域として利用されてきた。

2　周辺の遺跡（図3）

　近年の宮西・雁合遺跡発掘調査により、渥美半島におけるヒトの居住は旧石器時代まで遡ることが判明した（増山ほか　2007a）。海岸から離れた内陸の汐川上流部には宮西遺跡をはじめとする縄文時代草創期の遺跡が群集しており、特に宮西遺跡では多量の槍先形尖頭器、有舌尖頭器などをはじめとする石器群が発見され、東海地方における該期の有数の遺跡であることが明らかになった（白石編　2007〜2009）。雁合遺跡では早期前半の炉穴8基、集石炉11基が検出され、縄文時代初期の居住が明らかになりつつある（田原市教育委員会編　2009）。

　温暖化により海面が上昇し、海進が進んだ縄文前期には、平野貝塚、下地貝塚にみられるように、渥美湾に面し、海洋資源へのアクセスが容易な場所が選択され、遺跡立地に大きな変化が看取される（小栗康寛による）。ただし、これらの貝塚遺跡は複合遺跡であり、今の所、縄文前期の確実な貝層は発見されていない。縄文前期の海進期には、汐川上流で内湾的な環境が形成され、内陸部における居住の痕跡が青津前田遺跡で明らかになった（増山ほか　2010）。中期にも北屋敷貝塚に代表されるように、渥美湾沿岸に貝塚が形成されるが、該期の様相はあまり把握されていない。

渥美半島では、縄文後・晩期に遺跡が増加する傾向がある。著名な三大貝塚である吉胡貝塚、伊川津貝塚、保美貝塚が形成されたのは後期後葉から晩期末葉である。三大貝塚に先駆けて福江湾周辺では、後期前葉から後葉に八幡上貝塚、川地貝塚が形成され、三大貝塚出現の起源を探る上で重要な位置を占める。川地貝塚は現海岸線から約3km離れた、中位段丘の最奥部に位置する。これまでの調査で計29体の人骨が検出されているが、埋葬形態が判明しているものは、ほとんど仰臥屈葬であり、伸展葬はない（清野　1967b、原田　1995、安井　1993）。それに対し、保美貝塚では伸展葬がA貝塚で4体（大山　1923）、B貝塚で少なくとも2体（宮坂　1925、柴田　2004）、C貝塚で少なくとも5体検出されている（酒詰　2009、髙木ほか　2010）。伊勢湾沿岸では、縄文晩期後半に伸展葬が普及していくが（前田　2007）、こうした傾向が保美貝塚でも看取され、埋葬形態において川地貝塚と保美貝塚では大きな相違がみられる。また、石器組成では川地貝塚で石錘が卓越するのに対し（清野　1967b、安井ほか　1993、原田ほか　1995）、保美貝塚では石鏃が卓越し（清野　1967a、髙木ほか　2010）、その差異は顕著である。埋葬形態、石器組成という考古学的資料にみられる大きな変化は縄文時代後期から晩期への社会的、生業的な変化の流れの中で把握すべきであろう。

　渥美半島は海洋資源は豊富であるが、大きな河川と平野が乏しいため、水稲耕作には有利な条件を備えていなかった。弥生時代前期の遠賀川系土器、水神平式土器が八幡上貝塚で検出されているが（小野田・藤城・安井編　1980）、該期の遺跡は渥美半島では少数で、縄文晩期に一つの文化的ピークを迎えた渥美半島も弥生時代前期には凋落したとみられる。渥美半島の弥生時代の遺跡は中期から後期にかけてのものが主であり、後期の小規模な集落が瓦場遺跡で発見されている（小野田　1991）。保美貝塚から出土する弥生土器も後期から土師器への過渡期のものが主であり、該期が遺跡利用の小ピークであったことを示唆している（髙木ほか　2010）。福江湾周辺には、羽根貝塚、大本貝塚に代表される弥生貝塚が後期に形成されるが（増山ほか　2010）、貝塚の実態（貝組成、動物遺体の内容など）はまだ把握されるには至っていない。また、弥生時代後期とみられる単孔銅鏃は保美貝塚をはじめ各地から発見され、渥美半島の弥生時代物質文化を特徴づけるものである（愛知県史編さん委員会　2003）。

　古墳時代から古代にかけて、福江湾から渥美半島西端では製塩遺跡が群集する。特に、伊良湖岬から立馬崎の海岸線は西ノ浜と呼ばれるが、ここには製塩遺跡がほぼ1kmおきに並列するように分布しており、この地域が製塩に特殊化していった様相が看取される。この海岸部の中枢に位置し、18基から構成される藤原古墳群は6世紀後葉に構築され、製塩集団との関連が指摘される。また、平城宮木簡に残る渥美郡から都への貢納としての塩は製塩の隆盛が背景にある（小野田　1991）。

　その後、中世において、渥美半島は窯業生産の隆盛期を迎える。平安時代から鎌倉時代にかけて操業した渥美古窯は、豊橋市南部から田原市にかけて100群、500基以上が分布するとされる（小野田　1991）。保美貝塚に近接した伊良湖岬周辺においても皿山古窯跡群（県指定史跡）、皿焼古窯跡、伊良湖東大寺瓦窯跡群（国指定史跡）などの渥美古窯を代表する古窯跡群が林立している。皿山古窯跡群、皿焼古窯跡群は山茶碗、小皿などの日常生活品を中心に仏教法具も生産した窯跡である。一方、東大寺瓦窯は、平家による南都焼討ちにより灰燼と化した東大寺再建のために瓦を生産した古窯跡である。

　渥美半島の小河川は、近世における生産性をも規定する要因となった。1745年における保美村の田高は16石、畑高は157石で、畑作中心の村であった（渥美町町史編さん委員会　1991：366）。『寛文五年乙巳（1665）三州渥美郡保美村新田畑帳』には「ひらき　下畑壱反弐畝廿四歩」とあり、保美貝塚周辺の新畑の開発が少なくとも江戸時代前期まで遡ることがわかる（渥美町町史編さん委員会　1985：254）。近世、保美貝塚周辺の景観は畑作が行われるとともに、周りに林が広がっていたのであろう。現在、保美貝塚周辺の段丘沿いは藪、林が形成され、段丘内側の平坦地は耕作地として利用されている。

保美貝塚からは縄文時代の遺物に比べれば少量とはいえ、弥生土器、土師器、中世陶器が出土することでも知られている。こうした背景には保美貝塚における土地利用とともに渥美半島の歴史的動態が密接に関与している。

3 保美貝塚調査の概要

渥美半島の貝塚は縄文時代の埋葬人骨が多数出土することから、日本人の起源、並びに形質を研究する上で人類学・考古学会から注目されてきた。保美貝塚の調査は、伊川津貝塚とともに渥美半島の石器時代遺跡として小鹽十一郎ら地元研究者により明治期から始まる（著者不明 1903、大野 1905）。これら貝塚の重要性を認識していた小鹽は東京帝国大学理科大学（現東京大学理学部）に調査を依頼し、保美貝塚は1903年に大野延太郎により踏査され、中央の学会に紹介されることとなった（大野 1905）。以降、保美貝塚からは埋葬人骨が出土することから1903年以来、度々、発掘調査が実施されてきた（表1）。しかしながら、その多くの調査は人骨収集に重点をおいた部分的なものであるため、保美貝塚の全容は明らかでない。また、過去に調査が行われた多くの保美貝塚出土資料は未報告のまま各地に分散している。

現在、保美貝塚はＡ・Ｂ・Ｃの3地点の貝塚が確認されている（図4）。保美貝塚の東端に位置するＢ貝塚の標高は約6.3m、Ｃ貝塚東端の標高は約7ｍで、保美貝塚中央部は若干、標高が高くなっている。Ｃ貝塚では東から西に緩く傾斜している。

Ａ貝塚 台地の北端に位置し、工場の拡張に伴い既に滅失したとされる。1922年の小金井良精、大山柏らによる調査では、人骨19体が発見されている。その内訳は小児をおさめた土器棺が9基、4体の伸展葬、3体の屈葬・半屈葬人骨が検出されている（大山 1923）。この調査区からは弥生土器に加え、浮線網状文土器、元刈谷式、刻目突帯文土器、口唇刻目土器が出土しているが、ほとんどの縄文土器は無文で、作りが粗雑であると記述されているので縄文晩期後半が主体になる時期とみてよいだろう。1963年調査地点の貝層は、アサリが主体で、その貝層上部は五貫森式、貝層下土層が大宮式（晩期前葉の櫛描文系土器）と調査時認識されていたらしい。ただし、貝層下土層からは晩期後葉資料（五貫森式と馬見塚式）も出土している（小野田・増山・増子 2010）。この調査で検出された柱穴群10基以上は、住居跡の可能性が指摘されている（小野田 1991）。

Ｂ貝塚 旧八幡社所在地周辺であり、そこには現在、遺跡案内板が立ち、段丘沿いは藪、林が形成され、段丘内側の平坦地は耕作地として利用されている。明治期には既に旧八幡社の境内だけに貝塚が残り、その周囲は削平されていた（清野 1922）。1909年には清野謙次（1922）が境内の小発掘を行い、人骨を検出している。渥美郡役所による1922年の旧八幡社の試掘調査では表土、貝層、黒腐植土という層序が確認され、この貝層の厚さは約45cmと記録されている（山村ほか編 1923a：15-16）。この試掘の概要は、渥美郡役所の発掘を指導した当時、東京帝室博物館（現東京国立博物館）の後藤守一（1923）により要約されている。後藤によれば、この試掘面積は約3.3m^{2}で、15cmごとの人口層位で掘削され、層序は6層から構成される。この人口層位の各層が渥美郡役所による層序とどのように対応するかは不詳であるが、2層から6層まで出土している土器から縄文晩期後半が主体になると思われる。

1925年の旧八幡社、東北側の調査地点では貝層の分布が切れているが、埋葬人骨が4体発見されている（宮坂 1925）。1950年の中山英司の調査地点も旧八幡社の北よりに設定されている（安藤 2007）。この調査の内容は詳らかでないが、紅村弘（1984：271）によれば、この地点の貝層は「晩期後半のものが主で、口縁に刻目のいれられた凸帯をめぐらす甕または深鉢が多かった」。また、「貝層下の黒色土層から少量出土した寺津式（または大宮式か？）と思われるものが古い部分のようである。次に晩

期中頃で、大洞C式に並行する型式もあるらしい」。これらの記述から、この地点の貝層の主な時期は刻目突帯文土器期と推測される。また、この調査で集積骨が検出されている（紅村　1984：271、安藤　2007）。愛知県教育委員会の委嘱を受けて実施された南山大学の調査地点（第3・4トレンチ）は、旧八幡社のすぐ南側に位置する（小林ほか　1966）。1965年の久永春男、鈴木尚らの調査では、旧八幡社の南西の地点で晩期前葉の集積骨が3ヵ所検出された。1号集積は旧八幡社の南西6m、その約2m東でA集積、さらにその約12m東でB集積が発見されている（遠藤・遠藤　1979、諏訪・水嶋・坂上　2003、小野田　1988、久永・斎藤　1975、水嶋・坂上・諏訪　2004）。旧八幡社の南西6mの地点では抜歯のある女性人骨2体も検出されているらしい（小野田　1988）。2010年度、島根大学山田康弘の調査地点は遺跡案内板のすぐ南側で、南山大学第3・4トレンチの西側である。また、遺跡案内板のすぐ近くの地点では、五貫森式土器といわゆる「保美型深鉢」のまとまった土器群が狭い範囲から表採されている（突帯文土器研究会　1993、坂口　1997）。

　C貝塚　台地の西端に位置し、東側の畑では現在も貝殻の散布が観察でき、ヒスイ製で叉状研歯状の垂飾りが表採されている（藤巻・神取　2000）。C貝塚の北側は現在、空地で、明治・大正期の製糸工場拡張の際に多数の人骨が出土したとされる（大山　1923、清野　1922）。1941年の東京大学人類学教室による製糸工場公園地点の調査では、人骨が2体、また、工場に近接した地点（6区から成る）で14体の人骨が検出されている（著者不明　1941、酒詰　2009）[1]。詳細は不明ながら屈葬1体、伸展葬2体が含まれる（酒詰　2009）。これらの埋葬人骨は、復元的再検討により埋葬小群から構成されることが指摘されている（山田　2010）。

　その後、C貝塚は1963年に調査され、この時に埋め戻された人骨は1976年に再発掘されている（小野田・増山・増子　2010、渥美町教育委員会編　年代不明、渥美町町史編さん委員会　2005c）。主体となる時期は、後述する1977年の調査と同様に縄文晩期後半である（小野田・増山・増子　2010）。1977年に調査された地点は旧個人邸の茶室下で、基本層序は後述する2009年調査地点のものと類似する（小野田　1977、渥美町町史編さん委員会　2005c）。散乱状態である3体の人骨、土器棺1基、並びに埋葬犬1体が検出されており、時期は出土した土器から縄文晩期後半が主体と思われる。本地点の資料は、近年の再整理によりその内容が明らかになりつつある。貝層サンプルの貝種組成は、アサリが主体で約62.8％、スガイ20.7％、オニアサリ7.7％で、その他アカニシ3.1％、オキシジミ2.8％などが含まれる（簗瀬　2004）。骨角器は装飾品と生産活動に関わる実用品から構成される。前者には猪牙製品、魚類の椎骨に穿孔を施した装身具などがある。後者には鹿角製、シカの中手・中足骨製の根挟み、刺突具が含まれ、三河湾沿岸の縄文時代後・晩期の貝塚に一般的にみられる組成である。ベンケイガイを主体とする貝輪の未製品が132点出土しており、吉胡貝塚、伊川津貝塚とともに保美貝塚の貝輪製作跡としての一面が明らかになった（簗瀬　2006）。

　2009年度の調査面積は約400m²で、これまでの保美貝塚調査の中で最も広く、C貝塚の基本層序が再確認されるとともに、微地形が把握された（髙木ほか　2010）。調査地点は住宅の敷地造成により部分的に破壊されていたが、貝塚のほか人骨9体（散乱含む）、埋葬犬3体、大溝、掘立柱跡が検出された。調査区の地形は東から西に緩やかに傾斜し、調査区東側では南側から北側にかけてわずかに下降する微地形が形成されていた。貝層本体の貝種の構成はアサリが主で、ハマグリ、カキ、アカニシ、スガイ、イボニシ、ツメタガイなどが含まれる。貝層本体とは離れた所でハマグリを主とする貝層も検出された。貝層形成の主体となる時期は縄文晩期後半であるが、晩期末葉にほぼ途絶える。再びヒトの活動がうかがえるのは弥生時代後期から古墳時代である。中世には掘立柱建物が構築され、それに伴う掘削が縄文時代の包含層に及んでいた。しかしながら、弥生時代後期から古墳時代、並びに中・近世の土器の量は

研究篇　第Ⅰ部　遺跡・遺構・遺物

縄文土器に比べれば微々たるものであった（髙木ほか　2010）。

　2010年度の調査はC貝塚とB貝塚の中間に位置し、貝層が分布しない地区である（田原市教育委員会・二友組編　2010）。この地区は南山大学の調査地点である第1トレンチ、第2トレンチと重複し、第2トレンチは撹乱であったとされる（小林ほか　1966）。2010年度の調査区には耕作溝が南北に縦断し（田原市教育委員会・二友組編　2010）、南山大学の第2トレンチはこうした撹乱部分に遭遇したのであろう。2010年度の調査区からは、多くの撹乱にもかかわらず屈葬人骨、土器棺墓、溝がめぐる土坑、環状に配列されたような木柱痕、多数の土坑・ピットが発見された（田原市教育委員会・二友組編　2010）。

4　1965年度発掘調査の経緯と経過

　渥美半島は海洋資源に恵まれながら、その一方で水資源となる大きな河川がないため、農業のための水不足に苦心してきた地域でもある。この水不足を解消するために、豊川上流の宇連ダム（現新城市）で貯水した水を豊川用水建設により、渥美半島にも導入し、農業の振興に役だてる計画があがっていた。この豊川用水建設は豊橋市を経由して、渥美半島の太平洋岸沿いを通過し、さらに野田で芦ケ池に入り、福江、伊良湖へと連なる計画であった（渥美町町史編さん委員会　2005a）。豊川用水の建設は慢性的な水不足を解消し、現代的な渥美半島の農業を特徴づける大形のハウス栽培・園芸、あるいは野菜生産、発展の基盤となった。また、高度成長期の1950～60年代にかけて、渥美半島では観光資源の開発、農業改善事業、土地造成事業などの開発が増加していた。

　既述の通り、渥美半島は縄文時代の貝塚をはじめ弥生・古墳時代の遺跡、中世の古窯跡が密集している地域である。この一連の開発により貴重な埋蔵文化財が破壊、滅失する恐れがあるため、愛知県は国庫補助金を受けて事前に学術調査を行ない、その記録を作成し、今後の郷土文化財研究のために役だてることを企画した。そこで愛知県は、県下の日本考古学協会員を調査主任に、地元考古学研究者を調査員として調査団を編成するとともに、東三河教育事務所、渥美町教育委員会（現田原市教育委員会）、田原町教育委員会（現田原市教育委員会）に協力を依頼し、発掘調査を行う計画を立てた。調査対象の遺跡は渥美町教育委員会、田原町教育委員会と協議し、1965年度の発掘調査には、保美貝塚、瓦場遺跡B・C区、極楽第1・2号窯跡、大沢下第1号窯跡が選定された（愛知県教育委員会編　1966）。

(1)「渥美半島保美貝塚調査日誌65」（日誌からそのまま転載、旧漢字・略字は現代表記に訂正）

　保美貝塚の調査は豊川用水路の建設に伴うものであり、愛知県から南山大学に委嘱された（小林ほか　1966）。また、同年、豊川用水の配管工事に伴う保美貝塚の調査を久永春男が担当している（久永・斎藤　1975）。南山大学の保美貝塚の発掘調査は8月5日から8月11日にかけて、約1週間、実施された。第1・2・4トレンチは南山大学の小林知生教授を中心に発掘が実施されている。下記の調査日誌に記されているように、第3トレンチは高平トレンチ、第4トレンチは小林トレンチと呼称されているように、第3トレンチは渥美町教育委員会の高平修一氏を中心に発掘が行われている。発掘調査の経過については「渥美半島保美貝塚調査日誌65」（南山大学人類学博物館所蔵、B5判の大学ノートにボールペンで発掘調査を記録、1965年8月5日から8月11日まで1日につき1頁に記され、合計7頁）に詳しく、下記に掲載する。

8月5日　快晴　13時～17時
　小林、高平、藤城、早川、長谷部、片岡、杉浦、田島、津田、成瀬、河合、11名
　試掘ピットより
　第一層　耕土：弥生及び晩期土器14片、石片4

第二層　黒色土：晩期精製・粗製土器片　128、石器　5

小林教授以下7名は名鉄改札口に9時集合、9時10分発特急にて10時5分豊橋着、豊鉄バス10時35分発にて福江に11時50分着、昼食後宿舎小川屋で作業衣に代えて午後1時現地に到着、ただちに渥美町役場教育課河合氏から器材を受け取り、発掘予定地の草刈りを行い、2米四方の試掘ピットを設定して発掘にかかる。その結果、層序は耕土25糎、黒色有機土層40糎、以下地山の黄褐色砂利層になるが、ピット南隅より地山を半円形に掘りくぼめた黒色土のつまった凹みが発見された。若干晩期の土器小破片を含むが、硬質の第二層におおわれているので晩期の遺構である可能性は濃い。なお第一層第二層とも土器は細片ばかりであった。午後5時作業終了、宿舎にもどる。

8月6日　くもり時々晴　8.30～17.00

小林、高平、早川、片岡、杉浦、津田、田島、成瀬、長谷部

第1区pit（南北約50東西約40cm）、内部に黒色有機土含む。地山をほゞ垂直に掘り込む。地山からの深さは約30cm、このpit中より石鏃（1）、土器片（1）出土す。貯蔵穴？

1）昨日の2m×2mの小区（第1区）の南側に巾30cmの壁を残し、同様な小区（2m×2m）（第2区）を設定、直ちに掘り進める。これは昨日の円形を呈するpitを追求するためのものである。表土約25cm、黒色有機土層（包含層？）約10～15cm、黄色と黒色のまだら層（約20cm）、地山は表土下約60cm、遺構検出できず。

2）上記の新らしく設けた小区の南方約10mの地点に巾（南北）2m、長さ（東西）8m のTrench設定。このTrenchの西部を成瀬、杉浦、津田の3名で掘り進めたが表土下約20cmで地山に達し、何ら遺構らしきもの検出できず、このTrenchを放棄し、埋戻し。尚、見学者は渥美町々会議員川合繁雄、田原町東部小学校田中光蔵の諸氏が来られた。

備考：夕食前、久永、杉崎、小野田の諸先生来訪。高平先生、ビール9本差し入れ、会食を共にす。

8月7日　はれ　8.30～17.00

小林、高平、早川、長谷部、片岡、杉浦、田島、津田、成瀬

本日、新地点に移動。塚の南側（元、南山発掘地点附近）

1）東西4m×南北2m（小林トレンチ）を設定。表土下－30cmまで掘り下げ。層序所見下記の通り。

　a）表土より－20cmまで混貝土層
　　　（表土と混貝土との境は明確でない）
　b）黄褐色土を混えた混貝土層（10cm）
　c）以下の層は黄褐色土層（非常に堅い）

2）トレンチ東側に径20cmのpit様遺構あり。明日これを追求する予定。

3）出土遺物：石錘、1mディエル、骨器など。

4）塚の南側に接して東西に4m×2m（高平トレンチ）を設定。層序は小林トレンチと変りない。各層は全体に軟質であって多少の撹乱があるようで第一層中には陶片、グラス片が若干みとめられた。土器片、骨片はともに細片が目立った。そして第二層黒土層には遺物が少なく、第二層直下の黄褐色土層を掘りくぼめたピットが2ヵ所発見された。直径20糎、深さ15糎のピットは柱穴の可能性があるので明日は拡張して調査してみる予定である。

尚見学者は、町会議員清田和夫、教育課長高瀬氏であった。

午後、杉浦正己先生来訪、貝類について種々御教示あり。

8月8日　はれ　8.30～17.30

小林、高平、早川、片岡、杉浦、田島、成瀬、津田、長谷部（藤城欠席）

1）高平トレンチ（2m×4m）第2区では（地山まで掘り進めたが）pit（柱穴）らしきものは検出できず、本トレンチの発掘完了。

2）小林トレンチ第2区の南側[2]を更に6m延長、2m×2mの区を3区設定。夫々第3区、第4区、第5区と命名。本日－20cmまで掘り進めた。全区を通じて所々貝層が認められ晩期後葉の土器片、石錘、骨片など検出。

3）早川、成瀬両名は附近地形図実測。

備考：1）渥美町保美自治会副会長斉藤忠夫氏より、小玉西瓜七、大西瓜二個頂だく
　　　2）高瀬教育課長、午前中作業のお手伝あり
　　　3）見学者：昭和産業専務引率4名増子康真氏　芳賀陽氏　小野田勝一氏　清田治氏

8月9日　はれ　8.30〜17.30
　小林、早川、高平、片岡、杉浦、田島、成瀬、津田（藤城氏欠席）
　調査要項：
　1）昨日に引き続き小林トレンチ第3、4、5区を掘り進める。第5区より炉址と覚ぼしき焼土を検出。しかし、この炉址内より径15cm、深さ20cmの柱穴らしきものの出現。柱穴内より土器片1個検出。明日この炉址と柱穴との関係を調査する予定。
　2）早川、成瀬地形図実測（完了）
　3）片岡、長谷部、小林トレンチ北壁セクション実測（完了）。
　備考：見学者下記の通り
　1）原田一夫氏（刈谷市文化財保護委員）貝類の調査のため来訪
　2）久永春男、小野田勝一の両氏来訪
　3）南山大学生、大岩、長崎、鈴木の3名来訪
　早川は所用のため帰名。

8月10日　はれ　8.30〜18.00
　小林、高平、片岡、杉浦、津田、成瀬、田島
　1）小林トレンチ第5区内の炉址とpitの関連は不明
　2）片岡、長谷部は各トレンチの平面図及び断面図の作製
　3）炉址（?）の東側に径1mの不整円形を呈するpit検出。pit内部に黒色有機土がつまり、骨器及び土器片など数点検出。
　備考：福江町役場にて瓦場出土品見学（午前11時）、午後、瓦場発掘現場見学。
　加藤岩蔵先生、久永先生、杉崎先生ら来訪。早大学生小玉君見学　田島帰名。

8月11日　はれ　8.30〜13.00
　小林、高平、片岡、杉浦、津田、成瀬、長谷部
　1）昨日をもって一応発掘終了。本日埋戻し作業に従事。午前中に終了。
　2）午後1時より宿舎、小川屋にて渥美町役場関係者と反省会。午後3時解散。

(2) 1965年度の調査区設定と調査の方法

　1965年度の調査は、保美貝塚中央に位置する第1トレンチから開始された（図5・6）。2m×2mの発掘区からはピットが検出されたため、幅30cmのベルトを残し、トレンチを南側に2m拡張している。この地点は貝層を包含しないため、新たにC貝塚近くに2m×4mの第2トレンチを設定した。しかしながら、第2トレンチは、「若干の縄文土器片と弥生式土器が無秩序に混在していたばかりでなく、茶碗の破片すらみとめられ」（小林ほか　1966：2）撹乱であった。第1トレンチは貝層に囲まれていることから、「住居地という可能性に望みをかけて入念に発掘を続行し、掘り下げること60cm、黄色を呈する砂利まじりの地山に達したのであるが、上層において弥生式土器片、下層に縄文晩期土器片各1片をえたにとどまり、それ以上なんらの手がかりをつかむことができなかった」（小林ほか　1966：2）。

　そのため貝層の残りが良い地点を探し、旧八幡社の南側に4m×2mの第4トレンチを設定し、発掘を行っている。その後、第4トレンチは西側（註2参照）に6m拡張している。さらに第4トレンチの北側に4m×2mの第3トレンチを設置、その東側でピットを検出し、さらに東側に2m拡張している。しかし、拡張区では遺構らしきものは発見されていない。

　発掘の方法は、2m×2mユニットで掘削を行うとともに、土層観察用のベルト（幅50cm）が残されている。遺物は第1・2トレンチでは層位的に取り上げられたようであり、第4トレンチでは遺物の平面図も作成されている。調査に関する記録は、遺構平面図、並びにトレンチセクション図が縮尺1：20で作成されている。合わせて、保美貝塚周辺の地形図、トレンチ配置図が縮尺1：500で測量されている。図5は、これらの地形図を近年の調査の成果を踏まえ、作成したものである。写真は35mmフィルムのモノクロで記録されている（写真図版参照）。ただし、これらの地形図、セクション図には基

準高が記録されていない、あるいはトレンチの通しセクション、完掘した写真記録がみられないなど、当時の発掘調査の精度も垣間みられる。1965年当時、発掘した土壌のフルイ作業も普及していないので、微小遺物、特に石器、骨角器、骨・貝製品の組成を検討する際にはこうした点が考慮されるべきであろう。

(3) 基本層序

1965年の調査では、C貝塚近くの第1トレンチとB貝塚、第4トレンチの基本層序が2ヵ所記録されている（図6・7）。第1トレンチは保美貝塚の中央に位置し、貝層を包含しない。第1トレンチの第I層は耕作土、第II層は黒色土層、第III層は黄褐色と黒色のまだら層、第IV層は黄色土層で小礫を含んでいる。

第4トレンチの第I層は混貝土層で、「地表下10cmくらいは耕作土であるが、色調及び貝の含量など耕作土としての識別困難」とされ、耕作土と貝層の分層はされていない。I層は地形が西から東に緩く傾斜しているためか、西側で約35cmと厚く、東側で約25cmと薄くなっている。I層は、サブトレンチの図面土層注記には「混貝（破砕）土層」とあり、第4トレンチ東側北・東・南壁セクションの写る写真にも破砕貝の散布がみられる（図7）。この破砕貝のために、耕作土と貝層の識別が困難だったのかもしれない。貝層の厚さは西側で約25cmあったとみられ、ハマグリ、アサリ、オキシジミ、ハイガイ、アカニシ、マガキ、サルボウ、ツメタガイ、キサゴなどから構成されたらしい（小林ほか 1966：11）。第4トレンチに近接する旧八幡社の1922年の試掘調査では、貝層は約45cmあったとされる（山村ほか編 1923a：15-16）。1950年の中山英司の調査地点でも部分的に厚い貝層が確認されている（安藤 2007）。旧八幡社と同様に本来、厚い貝層が第4トレンチにも存在したとすれば、第4トレンチでは既に貝層がかなり削平されていることになる。遺物はI層下部で多く出土したらしい。調査日誌によれば、第3トレンチの「第一層中には陶片、グラス片が若干認められ」部分的に撹乱されていたようであり、第4トレンチも同様であった可能性がある。

上述のように、第4トレンチ東側北・東・南壁のI層は、破砕貝を微量含むだけである。貝塚における破砕貝の形成過程には、自然的要因と人為的要因がある。自然的要因には風化、脱灰、上部堆積物の重さによる破砕などがある。人為的要因には生活面としての貝層上面での活動（歩行、焚火、剥き身作業などによる破損）、あるいは貝塚形成以降の後世の掘削に伴う2次的破砕などである（樋泉 1988）。破砕貝層はその破砕度によって、1）破砕度が高いもの、2）破砕度が低いもの、に細分される（樋泉 2002）。図7の写真では、混貝土層に含まれる貝の破砕度はかなり高く、混貝土層全体に及び、しかも東側北・東・南壁では破砕貝を微量含むだけである。断面からは生活面といえるような破砕貝の薄層は確認できない。こうした点を考慮すれば、第4トレンチの貝層の堆積状況については、以下のようにいくつかの可能性が考えられる。第1に、貝層が2次的に破砕されていた。第2に、既に、部分的に貝層が溶解している。第3に、東側コーナーでは貝層の分布から切れていく。

第II層は、ほとんど貝を含まない黒色有機土層で、遺物の出土量は第I層に比べ少ない。第III層の色調は黄褐色、粘土質でやや堅く、遺物を含まない。第IV層は明黄色礫層粘土質層である。遺物の出土状態は「およそ30cmにわたる混貝土層中より多数の遺物の出土をみたのであるが、総じて遺物は混然と存在し、層位的にまとまりのある出土状態を示してはいなかった」とされる（小林ほか 1966：2）。

2009年のC貝塚の調査では、1977年の調査（小野田 1977）と同様な基本層序が再確認され、C貝塚の形成過程の見通しが得られた（髙木ほか 2010）。これらの所見を基に、C貝塚（2009年調査）と南山大学第1・4トレンチの基本層序の対比も可能であろう（図5）。2009年、C貝塚の基本層序は、*I*（1965年調査でも同じローマ数字を用いているため、本稿ではC貝塚の基本層序には便宜的にイタリックを使用する）層—表土・整地層、*II*層—混貝土層（縄文時代晩期後半の包含層）、*III a*層—黒色土

研究篇　第Ⅰ部　遺跡・遺構・遺物

上層（微小な破砕貝片、遺物・動物遺体を多く含む）、Ⅲｂ層―黒色土下層（黒色土と地山の漸移的な層で、遺物・動物遺体は減少する。しかも土器は小片ばかりになる。）、Ⅳ層―黄褐色土層（基盤層、地山）である（髙木ほか　2010）。第４トレンチの基本層序を2009年、Ｃ貝塚調査のものと対比すれば、第Ⅰ層は表土・整地層、並びに混貝土層、第Ⅱ層は黒色土上・下層、第Ⅲ・Ⅳ層は基盤層（地山）に該当するであろう。図５下段の写真は、1965年調査時の記録写真（図７）に基づき、第４トレンチの層序を再解釈したものである。

⑷　遺構の概要

　第１トレンチは、2010年度調査区の中央寄りに位置し、第１トレンチからは黒色有機土を覆土とする東西径約40cmのピット（P1）が検出されている（図５・６）。地山からの深さは約30cmで、石鏃１点、土器片１点が出土したとされる。既述の通り、2010年度の調査区からは、屈葬人骨、土器棺墓、溝がめぐる土坑、環状に配列されたような木柱痕、多数の土坑、ピットが発見されており（田原市教育委員会・二友組　2010）、P1もこうしたピットの一部であった可能性がある。第２トレンチ（２m×４m）は2010年度調査地点の南西側コーナーに位置し、撹乱部分に遭遇している。第１・２トレンチともに調査面積が小さいため、Ｃ貝塚とＢ貝塚の中間に位置する地区の全体像を把握するには限界があった。

　第３トレンチ（図７）は、調査日誌によれば「各層は全体に軟質であって、多少の撹乱があるようで第一層中には陶片、グラス片が若干認められた」。また、調査日誌によると、地山を掘りくぼめたピットが２ヵ所発見されているが、図面に記録されているのは径20cm、深さ15cmのピット（P2）一つだけである。第４トレンチでは、西側で長軸約25cm、短軸約10cmの焼土が２カ所発見されている（図７）。この西側焼土に近接して径15cm、深さ20cmのピット（P3）、焼土東側に径１mの不整円形土坑（P4）が検出されている。この土坑覆土は黒色有機土で、骨角器および土器片などが数点出土したとされる。なお、図７にはピットP5、P6、P7があるが、これらについては記録が残されていない。

5　考　察

　渥美半島三大貝塚の一つの保美貝塚からは埋葬人骨が出土することから、1903年以来、度々発掘調査が実施されてきた。その多くの調査は人骨収集に重点をおいた部分的なものであることと、それらの調査が未報告のため、保美貝塚の全体像を把握するのは困難であった。しかしながら、近年の相次ぐ調査により、徐々に成果が得られつつある。今後は、遺跡形成、時期別の遺跡利用のあり方、地点による差異など、保美貝塚の実態を究明していく必要がある。ここでは遺跡形成、墓域と墓制、土器組成、渥美半島における縄文時代後・晩期の遺跡の動態について、今後の検討課題を列記してまとめとしたい。

　保美貝塚の遺跡形成については、2009年度の調査でＣ貝塚の形成過程の見通しが得られたので、まずＣ貝塚から考察する。Ｃ貝塚では、縄文時代晩期前葉にヒトの活動に伴う遺物の遺棄が始まるが、その量は少ない。貝層の形成は五貫森式にピークを迎えるが、晩期末葉の馬見塚式、弥生前期の樫王式には、貝層の形成、並びに本調査区から活動の痕跡がほぼ途絶える。再びヒトの活動がうかがえるのは弥生時代後期から古墳時代である。古代末から中世には掘立柱建物が構築されるが、これらに伴う活動が縄文時代の包含層に及んでいた（髙木ほか　2010）。2009年度調査区と隣接する1977年度調査区でも南側から北側に地形が緩やかに下降し、微地形が2009年度調査区と共通していたとみられる（小野田　1977・1991：93）。2009年度調査区と1977年度調査区は一連のものであり、縄文時代晩期後半を中心に形成されたものであろう。1977年度調査区の北側に位置する2010年度の調査区も縄文時代晩期後半が主体となるようである（田原市教育委員会・二友組編　2010）。

　第３節でも検討した通り、1922年の調査区の形成時期は、縄文晩期後半が主体になると思われる（大

山 1923)。A貝塚、1963年の調査区も縄文晩期後葉が主体となる（小野田・増山・増子 2010)。B貝塚も後藤守一（1923）による渥美郡役所の試掘の概要、中山英司の調査地点（安藤 2007)、並びに表採資料（突帯文土器研究会 1993、坂口 1997）に基づけば、旧八幡社周辺の遺跡利用のピークは縄文時代晩期後半、その中でも刻目突帯文土器期が主体であろう。ただし、南山大学1965年調査の第4トレンチ出土の土器は、縄文時代後期後葉から晩期後葉の資料が含まれるが、晩期前葉が主体である（本書第Ⅰ部第2章参照)。

　このように各地点の保美貝塚の調査成果を見渡すと、保美貝塚は縄文時代後期後葉に始まり、そのピークは縄文時代晩期後半にあると推測される。その中で、南山大学第4トレンチ調査地点の意義は、保美貝塚の初期の遺跡利用を示す点にある。これと関連して注目されるのは、第4トレンチ周辺で集積骨が集中していることである。第4トレンチの北側、旧八幡社の北より、並びに南西の地点でも集積骨が3ヵ所、検出されている（安藤 2007、遠藤・遠藤 1979、諏訪・水嶋・坂上 2003、小野田 1988、久永・斎藤 1975、水嶋・坂上・諏訪 2004)。このうち1965年の久永春男らによる調査の盤状集積骨（1号集積骨、B集積骨）は元刈谷式であるが（久永・斎藤 1975)、そのほかの集積骨の時期は不詳である。三河湾沿岸における盤状集積骨は寺津式、元刈谷式に限定されるが、形態的に不定形の集積骨は縄文時代晩期後半から弥生時代前期まで時期幅があるらしい（久永・斎藤 1975、石川 1981)。第4トレンチ周辺は保美貝塚初期の居住者の活動と関係があった可能性があり、今後さらに詳細な検討が必要である。ただし、保美貝塚の多くの調査地点において、晩期前葉の資料は晩期後半に比べれば僅少出土しているのみである（大山 1923、小野田・増山・増子 2010、髙木ほか 2010)。遺物の量が、居住者の活動痕跡を反映するとすれば、晩期前葉の活動の頻度は晩期後半に比べれば低いと推測される。

　保美貝塚の遺跡形成とともに、地点による差異も明らかになりつつある。2009年度の調査区では、地形が東から西に緩く傾斜し、貝層が形成されていた（髙木ほか 2010)。一方、2010年度の調査区はC貝塚とB貝塚の中間に位置し、貝層が分布しない地点である。この調査区からは屈葬人骨、土器棺墓、溝がめぐる土坑、環状に配列されたような木柱痕、多数の土坑・ピットが発見され、これらの遺構の発見は、2009年度の調査区とは遺跡の機能が異なっていたことを示唆する（田原市教育委員会・二友組編 2010)。

　埋葬人骨の分布密度も地点により相違が看取される。2009年度のC貝塚における調査面積は400m²と比較的広いが、住宅の敷地造成により貝層が部分的に破壊されていたためか、確認できた埋葬人骨は9体と少ない（髙木ほか 2010)。それに対し、東京大学人類学教室によるC貝塚の工場に近接した地点では14体の人骨が検出されている（著者不明 1941、酒詰 2009)。土器棺墓は、1922年のA貝塚調査で比較的狭い調査区から9基検出されているのに対し（大山 1923)、C貝塚では合計で3基検出されているに過ぎない。このように、地点により埋葬人骨、土器棺墓の分布に関する疎密、それと関連して墓域形成の相違も推定される。

　遺跡内の遺構のありかたの相違には、遺跡内における機能の差という視点が必要であり、こうした観点から、各地点における土器・石器組成の検討も必要であろう。土器組成に与える要因には、1）遺跡の機能、2）調査地点・面積などをあげることができるが、石器組成と同様に（Binford 1978)、土器組成も特定の機能を有した遺跡では特定器種への偏り、あるいは遺物の量が異なることも予測される。2009年度の調査区の土器組成は、粗製深鉢が大半を占めるという点において、隣接する1977年の調査資料（小野田 1977）と類似している。2009年度調査地点、混貝土層の形成は五貫森式がピークにもかかわらず、刻目突帯付深鉢は少量で、しかも小片が多く出土している（髙木ほか 2010)。B貝塚で表採された五貫森式土器のまとまった資料には刻目突帯付深鉢の半完形土器、大形破片が多く含まれ（突

帯文土器研究会　1993、坂口　1997)、この点は様相が大きく異なる。2009年度の調査区と比較すると、2010年度の調査区は約300m^{2}あるにもかかわらず、その遺物（土器・石器）の出土量は少ない傾向がある。こうした保美貝塚の地点における土器組成、遺物の出土量に関する相違は遺跡内における機能の差、あるいは居住者の廃棄行為の差などを反映している可能性があり、今後も注意が必要である。

　以上、これまでの各地点の調査成果を見渡すと、保美貝塚の遺跡利用は、縄文時代後期後葉に始まるが、該期と晩期前葉の活動痕跡は全体的に希薄であり、むしろ晩期後半にピークがある。一方、吉胡貝塚と伊川津貝塚の形成は縄文時代後期後葉から始まり、晩期中葉・末葉と連綿と続き、吉胡貝塚においては弥生前期までも継続されている（久永ほか　1972、春成ほか　1988、小野田ほか　1995、後藤ほか　1952、清野　1967c、増山ほか　2007b）。保美貝塚は、吉胡貝塚、伊川津貝塚と並ぶ渥美半島の三大貝塚と呼称されてきたが、遺跡の形成、ピーク、並びに継続性が異なることを視野に入れる必要があろう。

註
1) この地点は、調査担当者の酒詰仲男著『貝塚の話』では「かつて大山公が発掘した森の残っている地点（何か塚の跡のように森が畑の真中に立っていた）を発掘しここはそうとうの成績をあげた」(1967：130) とあって、「保美貝塚発掘日録」(酒詰　2009) とは異なる記述がなされていた。
2) 第4トレンチを「更に6m延長、2m×2mの区を3区設定」しているので、実際は西側である。

引用・参考文献
邦　文

愛知県企画部土地利用調整課　1987　『愛知県土地分類基本調査　伊良湖岬』、愛知県企画部土地利用調整課。
愛知県教育委員会編　1966　『渥美半島埋蔵文化財調査報告』、愛知県教育委員会。
愛知県史編さん委員会　2003　「銅鏃・その他の青銅製品・鉄製品」『愛知県史　資料編2　考古2　弥生』780-785頁、愛知県。
愛知県史編さん委員会　2008a　「図版19　慶応4年渥美郡畠村絵図（口絵）」『愛知県史　資料編19　東三河　近世5』、愛知県。
愛知県史編さん委員会　2008b　「史料 No. 245」『愛知県史　資料編19　東三河　近世5』315-317頁、愛知県。
渥美町教育委員会編　年代不明　『保美貝塚調査概報（内部資料）』、渥美町教育委員会。
渥美町郷土資料館編　1988　『奥郡の村絵図』、渥美町郷土資料館。
渥美町町史編さん委員会　1985　『渥美町史　資料編上巻』、渥美町。
渥美町町史編さん委員会　1991　『渥美町史　歴史編上巻』、渥美町。
渥美町町史編さん委員会　2005a　「豊川用水と農業協同組合」『渥美町史現代編』362-370頁、渥美町。
渥美町町史編さん委員会　2005b　「水産業のあゆみ」『渥美町史現代編』371-414頁、渥美町。
渥美町町史編さん委員会　2005c　「文化財50年」『渥美町史現代編』708-790頁、渥美町。
安藤義弘　2007　「中山英司と愛知の遺跡」『伊藤秋男先生古希記念考古学論文集』383-536頁、伊藤秋男先生古希記念考古学論文集刊行会。
石川日出志　1981　「三河・尾張における弥生文化の成立―水神平式土器の成立過程―」『駿台史学』52、39-72頁。
伊良湖自然科学博物館編　1976　『渥美の貝塚展：よみがえる縄文人』、伊良湖自然科学博物館。
遠藤美子・遠藤萬里　1979　『東京大学総合研究資料館収蔵　日本縄文時代人骨型録』（東京大学総合研究資料館標本報告3）、東京大学総合研究資料館。
大野延太郎　1905　「愛知県下旅行調査報告」『東京人類学会雑誌』230、344-351頁。
大山　柏　1923　「愛知県渥美郡福江町保美字平城貝塚発掘概報」『人類学雑誌』38 (1)、1-25頁。
小沢耕一　1975a　「田原藩初期の武備」『田原町史　中巻』625-641頁、田原町教育委員会。
小沢耕一　1975b　「田原町年表　自慶長8年（1603）至明治4年（1871）」『田原町史　中巻』1221-1308頁、田原町教育委員会。
小野田勝一　1977　『保美貝塚調査概報』、私家版。
小野田勝一　1988　「周辺の遺跡」『伊川津遺跡』8-16頁、渥美町教育委員会。
小野田勝一　1991　「考古編」『渥美町史　考古・民俗編』25-431頁、渥美町。
小野田勝一・藤城　顕・安井俊則編　1980　「付載　八幡上遺跡」『西の浜久衛森遺跡』1-58頁、西の浜久衛森遺跡調査団。

第1章　保美貝塚調査史と南山大学調査地点の意義（坂口　隆・奥野絵美・大竹孝平・大塚達朗）

小野田勝一ほか　1995　『伊川津遺跡』（渥美町埋蔵文化財調査報告書7）、渥美町教育委員会。
小野田勝一・増山禎之・増子康眞　2010　「渥美半島：保美貝塚の研究」『渥美半島の考古学—小野田勝一先生追悼論文集—』125-178頁、田原市教育委員会。
清野謙次　1922　「考古漫録(4)」『民族と歴史』7(6)、561-572頁。
清野謙次　1967a　「三河国渥美郡福江町字保美貝塚とその出土石鏃」『日本貝塚の研究』114-130頁、岩波書店。
清野謙次　1967b　「三河国渥美郡福江町大字亀山字川地貝塚」『日本貝塚の研究』175-198頁、岩波書店。
清野謙次　1967c　「三河国渥美郡田原町大字吉胡字矢崎貝塚」『日本貝塚の研究』199-254頁、岩波書店。
紅村　弘　1984　『東海の先史遺跡　総括編・復刻版』、私家版。
後藤守一　1923　「三河国に於ける見聞」『考古学雑誌』13(6)、391-418頁。
後藤守一ほか　1952　『吉胡貝塚』（埋蔵文化財発掘調査報告第1）、文化財保護委員会。
小林知生ほか　1966　「保美貝塚」『渥美半島埋蔵文化財調査報告』1-12頁、愛知県教育委員会。
斎藤専吉　2002　『撫石荘日乗　下巻』、耕作社。
坂口　隆　1997　「五貫森式土器の再検討」『信濃』49(4・5)、51-92頁。
酒詰仲男　1967　『貝塚の話』、学生社。
酒詰仲男　2009　「保美貝塚発掘日録　人類学教室　酒詰仲男」『酒詰仲男　調査・日録　第3集』（東京大学総合研究博物館標本資料報告78）21-41頁、東京大学総合研究博物館。
柴田常恵　2004　「愛知(1)　写真No.2220-2228」『柴田常恵写真資料目録1』329-330頁、國學院大學日本文化研究所。
白石浩之編　2007　『宮西遺跡の発掘記録』（愛知学院大学考古学発掘調査報告3）、愛知学院大学文学部歴史学科。
白石浩之編　2008　『宮西遺跡の発掘記録2』（愛知学院大学考古学発掘調査報告5）、愛知学院大学文学部歴史学科。
白石浩之編　2009　『宮西遺跡の発掘記録3』（愛知学院大学考古学発掘調査報告7）、愛知学院大学文学部歴史学科。
諏訪　元・水嶋崇一郎・坂上和弘　2003　『縄文時代人骨データベース1）保美』（東京大学総合研究博物館標本資料報告52）、東京大学総合研究博物館。
髙木裕志ほか　2010　『保美貝塚発掘調査概要報告書』、二友組。
田原市教育委員会編　2009　『田原市のはじまり：旧石器、縄文時代のたはら』、田原市教育委員会。
田原市教育委員会・二友組編　2010　『保美貝塚発掘調査の概要』（現地説明会資料）、田原市教育委員会・二友組。
著者不明　1903　「三河片信」（雑報）『東京人類学会雑誌』213、119頁。
著者不明　1941　「人類学教室の保美貝塚発掘」（雑報）『人類学雑誌』56(9)、492頁。
樋泉岳二　1988　「貝塚における破砕貝の形成過程について」『早稲田大学大学院文学研究科紀要別冊（哲学・史学編）』14、79-92頁。
樋泉岳二　2002　「水神第2貝塚の貝層コラムサンプルから検出された動物遺体」『豊橋の環境史と貝塚』88-103頁、豊橋市教育委員会。
突帯文土器研究会　1993　『突帯文土器から条痕文土器へ』、突帯文土器研究会。
豊橋市二川宿本陣資料館編　2010　『海の街道展—伊勢湾を渡る—』、豊橋市二川宿本陣資料館。
原田　幹ほか　1995　『川地遺跡』（愛知県埋蔵文化財センター調査報告書62）、愛知県埋蔵文化財センター。
春成秀爾ほか　1988　『伊川津遺跡』（渥美町埋蔵文化財調査報告書4）、渥美町教育委員会。
久永春男ほか　1972　『伊川津貝塚』、渥美町教育委員会。
久永春男・斎藤嘉彦　1975　「盤状集積葬の新例」『どるめん』5、107-109頁。
藤城信幸　2007　「汐川流域の地形発達史」『国指定史跡吉胡貝塚Ⅰ』137-149頁、田原市教育委員会。
藤巻悦子・神取龍生　2000　「保美貝塚採集資料紹介」『三河考古』13、84-89頁。
前田清彦　2007　「土坑墓の性格」『死と弔い：墓制』150-161頁、同成社。
増山禎之ほか　2007a　『宮西遺跡発掘調査概要報告書』（田原市埋蔵文化財調査報告書2）、田原市教育委員会。
増山禎之ほか　2007b　『国指定史跡吉胡貝塚Ⅰ』（田原市埋蔵文化財調査報告書1）、田原市教育委員会。
増山禎之ほか　2010　『青津前田遺跡　羽根貝塚　新美古墳』（田原市埋蔵文化財調査報告書3）、田原市教育委員会。
水嶋崇一郎・坂上和弘・諏訪　元　2004　「保美貝塚（縄文時代晩期）の盤状集積人骨：骨構成と形態特徴の視点から」『Anthropological Science』(Japanese Series) 112(2)、113-125頁。
宮坂光次　1925　「三河国保美貝塚に於ける人骨埋葬の状態」『人類学雑誌』40(10)、364-372頁。
簗瀬孝延　2004　「愛知県保美貝塚出土の貝類について」『渥美町郷土資料館　研究紀要』8、3-9頁。
簗瀬孝延　2006　「保美貝塚出土骨角器・貝製品の報告」『田原市渥美郷土資料館　研究紀要』10、3-21頁。
安井俊則ほか　1993　『川地遺跡』（渥美町埋蔵文化財調査報告書6）、渥美町教育委員会。
山崎　健・織田銑一　2006　「渥美半島における打ち上げ貝類の研究」『田原の文化』32、13-30頁。
山崎　健・織田銑一　2007　「縄文時代後晩期における貝輪素材の獲得と搬入に関する研究—愛知県伊川津貝塚出土のタマキガイ科製貝輪の分析—」『古代』120、63-86頁。
山田康弘　2010　「酒詰仲男「昭和16年7月保美貝塚発掘日録」」『渥美半島の考古学—小野田勝一先生追悼論文集』

57–71頁、田原市教育委員会。
山村敏行ほか編　1923a　『渥美郡史』、愛知県渥美郡役所。
山村敏行ほか編　1923b　『渥美郡史　附図』、愛知県渥美郡役所。

英　文

Binford, L. R.　1978　*Nunamiut Ethnoarchaeology*. Academic Press, New York.

(**分担**　本文（「渥美半島保美貝塚調査日誌65」を除く）：坂口　隆、「渥美半島保美貝塚調査日誌65」：奥野絵美、作図：奥野絵美・大竹孝平、構成：坂口　隆・大塚達朗)

第1章　保美貝塚調査史と南山大学調査地点の意義（坂口 隆・奥野絵美・大竹孝平・大塚達朗）

表1　保美貝塚の調査史

No.	西暦	調査機関・担当者	地点	主な遺構・出土品	備考	文献
1	1903年	小鹽十一郎ほか	不明	土偶など	踏査	著者不明 1903
2	1903年	大野延太郎	B（？）貝塚	人骨（個体数不明）、土偶、貝輪		大野 1905
3	1909年	清野謙次	B貝塚	人骨（個体数不明）、石鏃多量		清野 1922・1967a
4	1922年	小金井良精、大山柏ほか	A貝塚	人骨19体（小児土器棺8基）		大山 1923
5	1922年	渥美郡役所、後藤守一	B貝塚	縄文・弥生土器など	約3.3m²の試掘	山村ほか編 1923a、後藤 1923
6	1925年	宮坂光次	旧八幡社の東北側	埋葬人骨6体	貝層の分布なし	宮坂 1925
7	1925年	西村真次	旧八幡社の北？	人骨4体	未報告	宮坂 1925、斎藤 2002
8	1941年	大山柏ほか	B貝塚	不明	未報告	柴田 2004、酒詰 1967・2009
9	1941年？	慶応大学	C貝塚	人骨1体？	未報告	酒詰 2009
10	1941年	東京大学人類学教室	C・B貝塚	C貝塚で人骨16体、小児土器棺1基、埋葬犬？1体、B貝塚で埋葬犬？1体	未報告	著者不明 1941、酒詰 1967・2009
11	1943年	東京大学人類学教室	C貝塚？	不明	人骨未検出、未報告	酒詰 1967
12	1950年	南山大学中山英司	B貝塚の北側	集積骨	未報告	安藤 2007
13	1963年	久永春男、小野田勝一ほか	A・C貝塚	A貝塚で柱穴群10基以上、C貝塚は人骨埋戻し	未報告	小野田 1991、小野田・増山・増子 2010
14	1965年	久永春男、鈴木尚ほか	B貝塚	集積骨3カ所	未報告	久永・斎藤 1975、遠藤・水嶋・坂上 2003、水嶋・坂上・諏訪 2004
15	1965年	南山大学小林知生	B貝塚、C貝塚近く			小林ほか 1966
16	1976年	渥美町教育委員会	C貝塚	散乱人骨2体（1963年の埋戻し再発掘）	未報告	渥美町教育委員会 年代不明
17	1977年	小野田勝一ほか	C貝塚	散乱人骨3体、土器棺1基、埋葬犬1体		小野田 1977
18	2009年	二友組・田原市教育委員会	C貝塚	人骨（散乱含む）1体、埋葬犬3体、大溝、掘立柱跡		高木ほか 2010
19	2010年	二友組・田原市教育委員会	C貝塚近く	人骨、土器棺1基、柱穴痕群	貝層の分布なし	田原市教育委員会・二友組 2010
20	2010年	島根大学山田康弘	B貝塚	集積骨		

研究篇　第Ⅰ部　遺跡・遺構・遺物

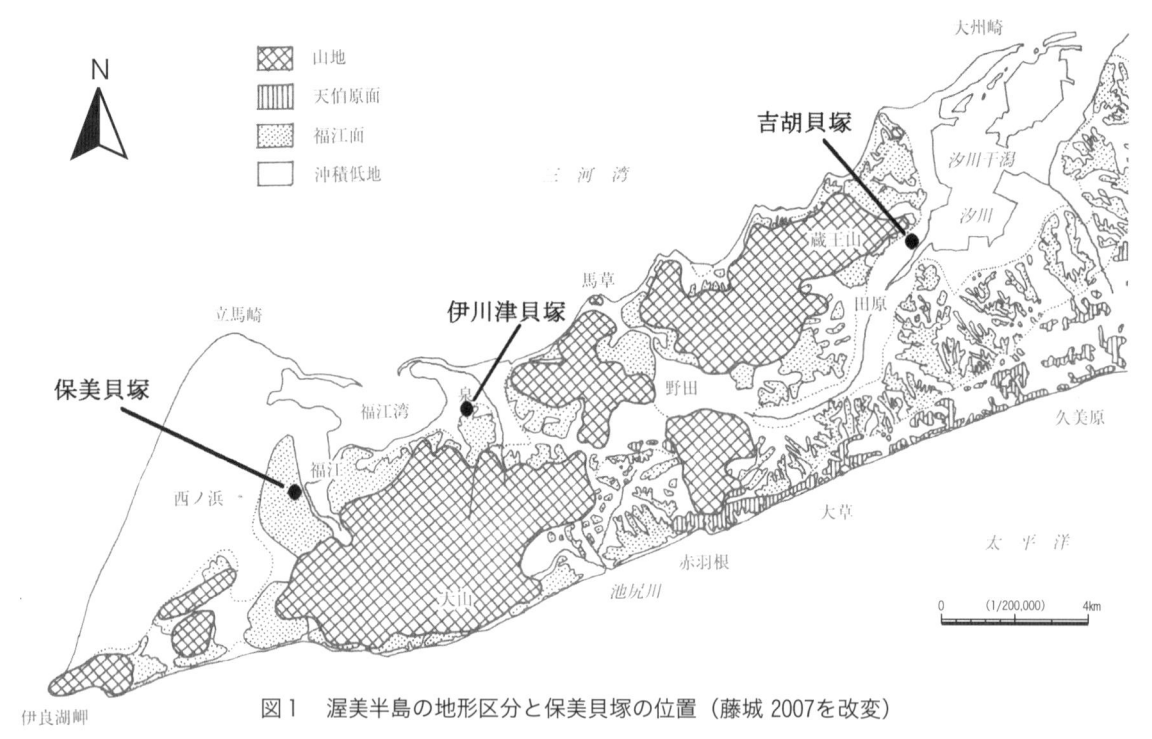

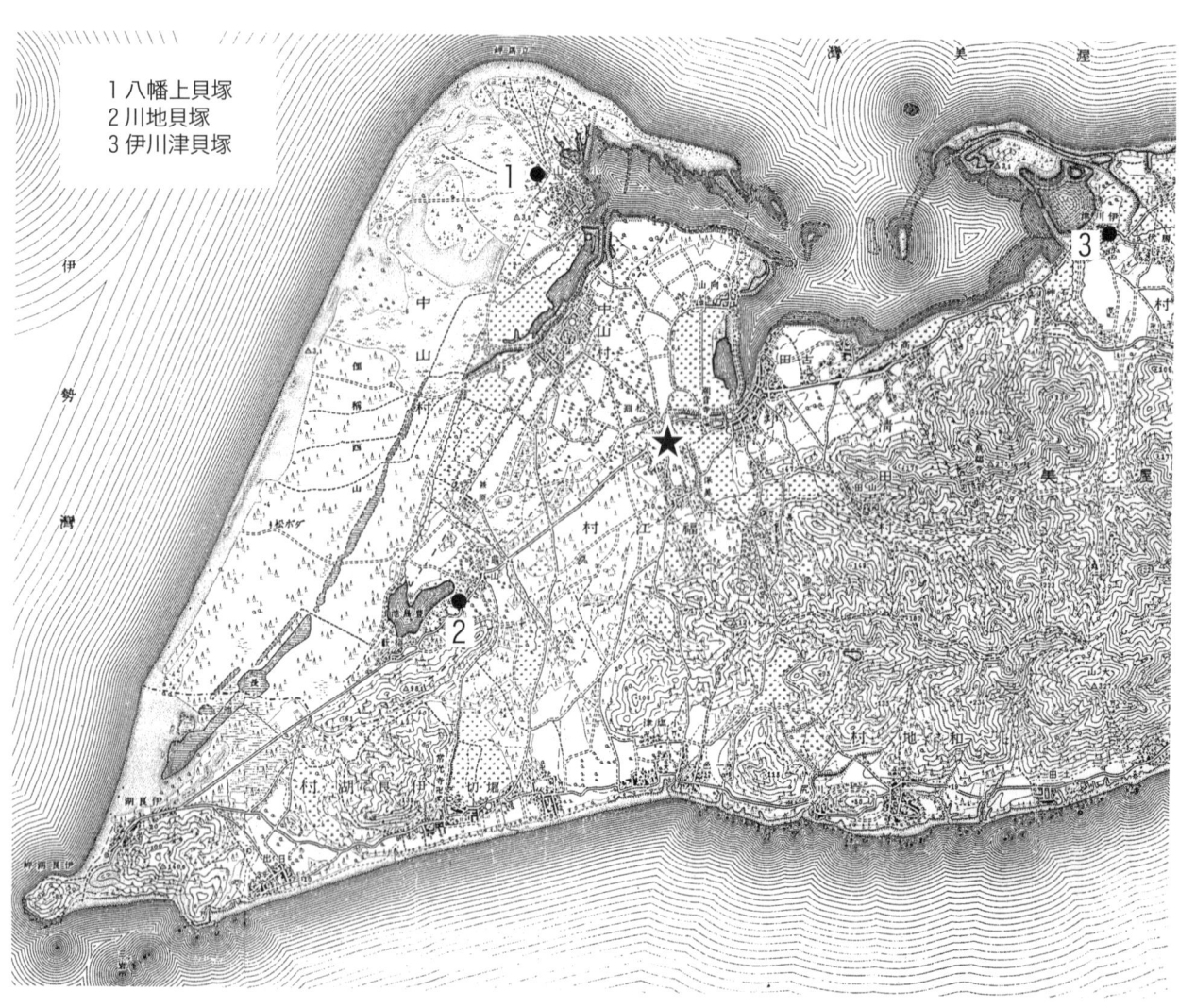

図1　渥美半島の地形区分と保美貝塚の位置（藤城2007を改変）

図2　明治23年の伊良湖岬周辺と保美貝塚（★）の位置（S＝1:75000）
（大日本帝国陸地測量部明治32年発行1:50000『伊良湖岬』より作成。）

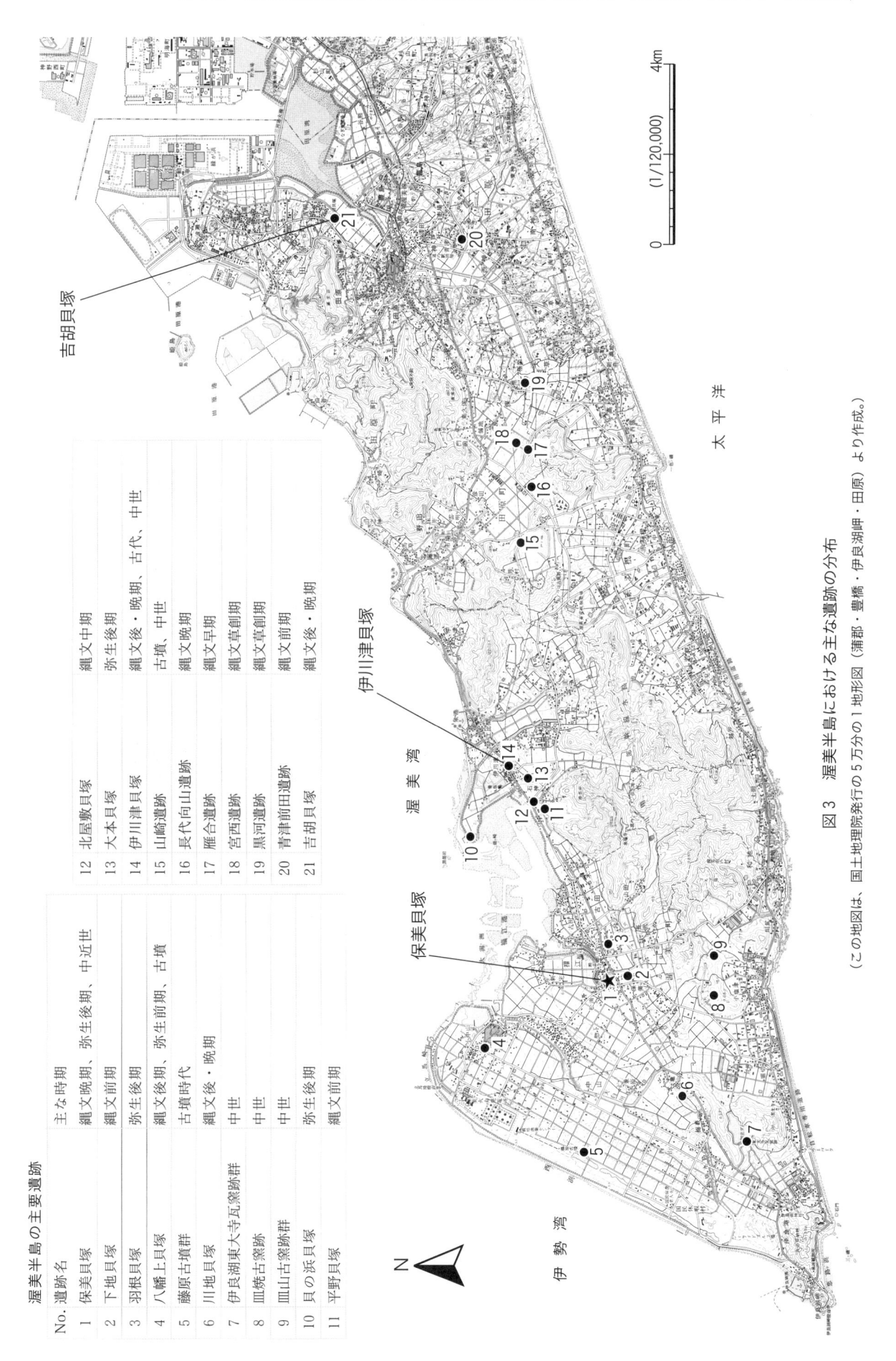

第1章　保美貝塚調査史と南山大学調査地点の意義（坂口　隆・奥野絵美・大竹孝平・大塚達朗）

渥美半島の主要遺跡

No.	遺跡名	主な時期
1	保美貝塚	縄文晩期、弥生後期、中近世
2	下地貝塚	縄文前期
3	羽根貝塚	弥生後期
4	八幡上貝塚	縄文後期、弥生前期、古墳
5	藤原古墳群	古墳時代
6	川地貝塚	縄文後・晩期
7	伊良湖東大寺瓦窯跡群	中世
8	皿焼古窯跡	中世
9	皿山古窯跡群	中世
10	貝の浜貝塚	弥生後期
11	平野貝塚	縄文前期
12	北屋敷貝塚	縄文中期
13	大木貝塚	弥生後期
14	伊川津貝塚	縄文後・晩期、古代、中世
15	山崎遺跡	古墳、中世
16	長代向山遺跡	縄文晩期
17	雁合遺跡	縄文早期
18	宮西遺跡	縄文草創期
19	黒河遺跡	縄文草創期
20	青津前田遺跡	縄文前期
21	吉胡貝塚	縄文後・晩期

図3　渥美半島における主な遺跡の分布
（この地図は、国土地理院発行の5万分の1地形図（蒲郡・豊橋・伊良湖岬・田原）より作成。）

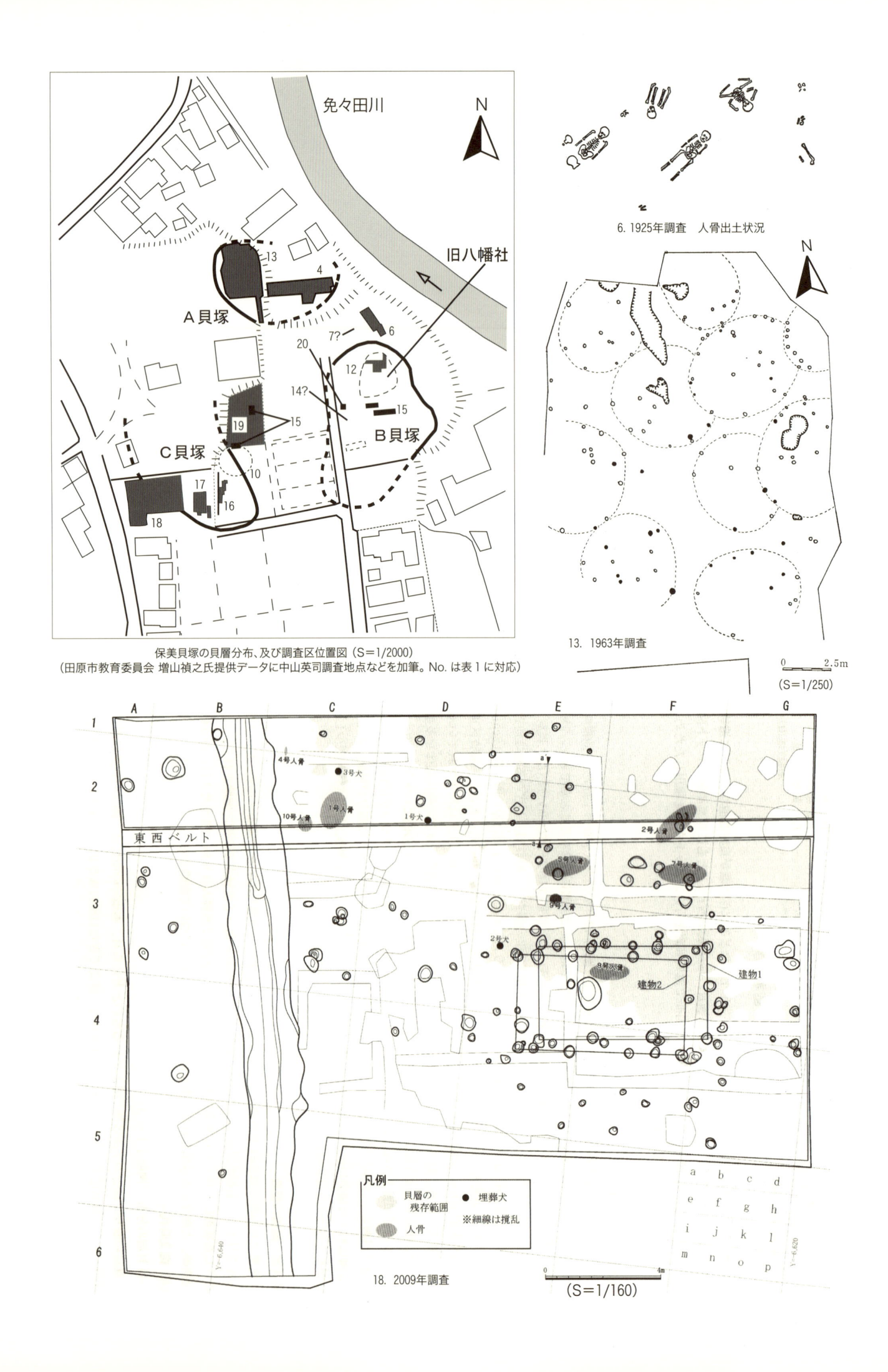

保美貝塚の貝層分布、及び調査区位置図（S=1/2000）
（田原市教育委員会 増山禎之氏提供データに中山英司調査地点などを加筆。No.は表1に対応）

6. 1925年調査 人骨出土状況

13. 1963年調査

18. 2009年調査

凡例
貝層の残存範囲
人骨
埋葬犬
※細線は撹乱

(S=1/160)
(S=1/250)

4. 1922年調査
埋葬人骨の分布
(S=1/200)

▲ 屈葬
■ 伸展葬
▼ 小児土器棺（弥生含む）
○ 番外人骨（散乱骨？）

人骨

12. 1950年調査

12. 人骨上層
(安藤義弘(2007)より)

12. 人骨下層（集積骨）
(安藤義弘(2007)より)

14. 1965年調査　1号集積骨
(伊良湖自然科学博物館編(1976)より)

14. 1965年調査　A集積骨
(写真は東京大学総合研究博物館から提供を受けたPDFより転載した)

14. 1965年調査　B集積骨
(写真は東京大学総合研究博物館から提供を受けたPDFより転載した)

土器棺

17. 1977年調査
(S=1/120)

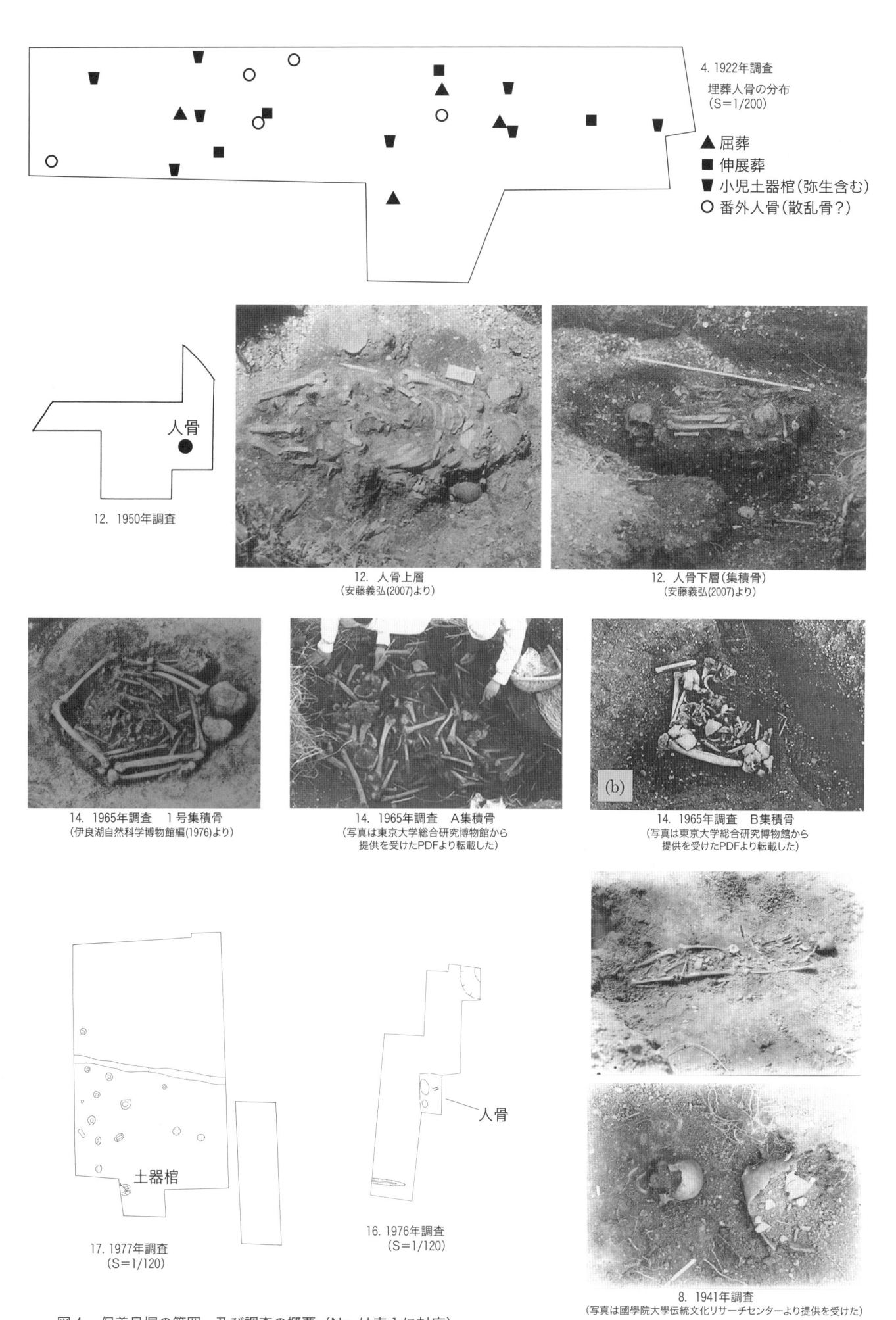

人骨

16. 1976年調査
(S=1/120)

8. 1941年調査
(写真は國學院大學伝統文化リサーチセンターより提供を受けた)

図4　保美貝塚の範囲、及び調査の概要（No.は表1に対応）

研究篇　第Ⅰ部　遺跡・遺構・遺物

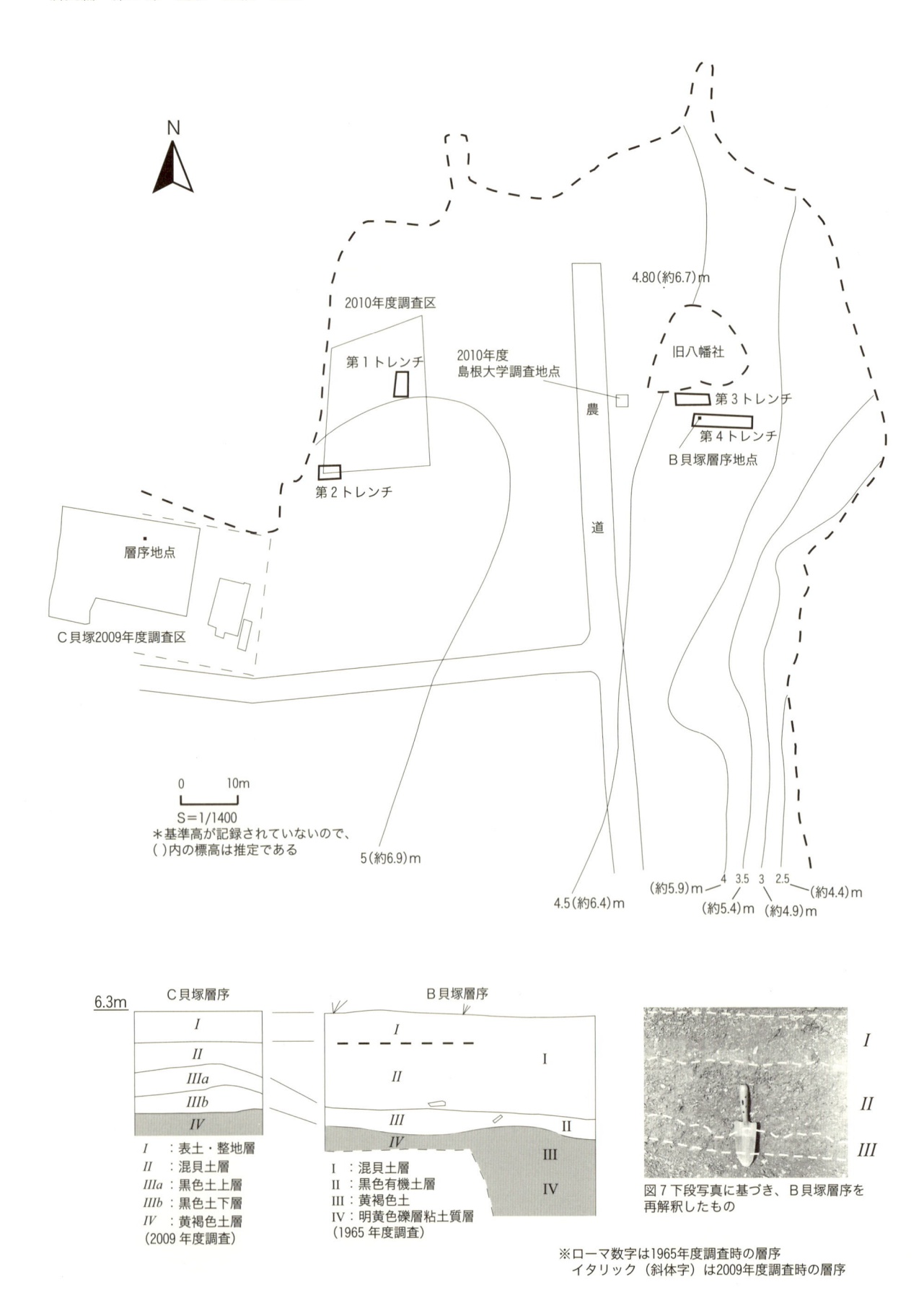

図5　トレンチ配置図、並びに基本層序の対比（S=1/20）

C貝塚層序
Ⅰ：表土・整地層
Ⅱ：混貝土層
Ⅲa：黒色土上層
Ⅲb：黒色土下層
Ⅳ：黄褐色土層
（2009年度調査）

B貝塚層序
Ⅰ：混貝土層
Ⅱ：黒色有機土層
Ⅲ：黄褐色土
Ⅳ：明黄色礫層粘土質層
（1965年度調査）

図7下段写真に基づき、B貝塚層序を再解釈したもの

※ローマ数字は1965年度調査時の層序
　イタリック（斜体字）は2009年度調査時の層序

第1章　保美貝塚調査史と南山大学調査地点の意義（坂口 隆・奥野絵美・大竹孝平・大塚達朗）

第1トレンチサブトレ （北から）

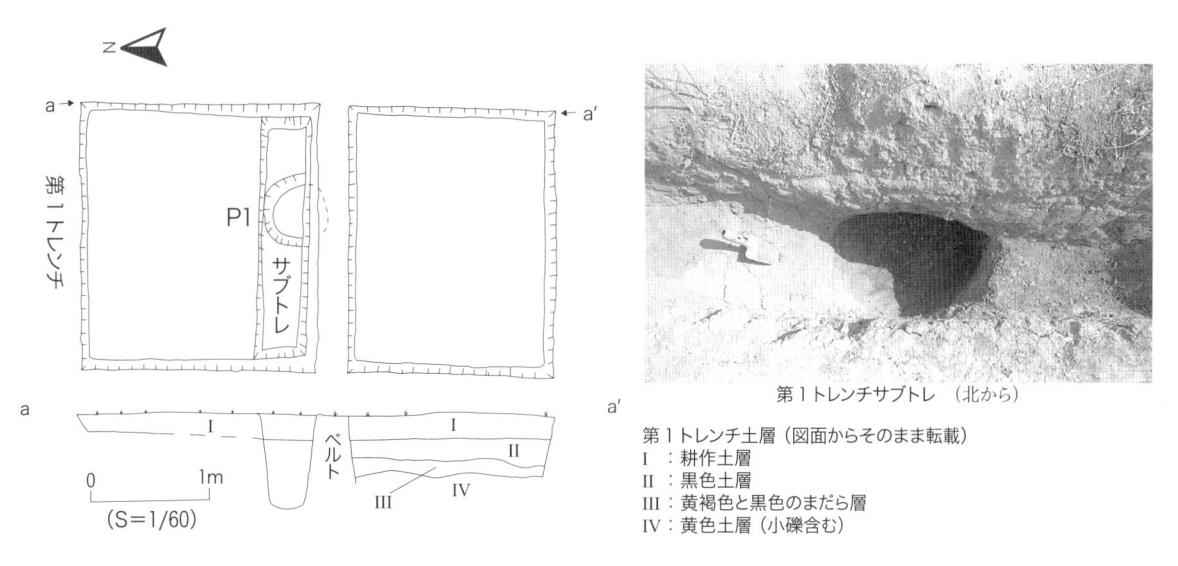

第1トレンチ土層（図面からそのまま転載）
I ：耕作土層
II ：黒色土層
III：黄褐色と黒色のまだら層
IV：黄色土層（小礫含む）

図6　第1トレンチ遺構配置図、並びにセクション図

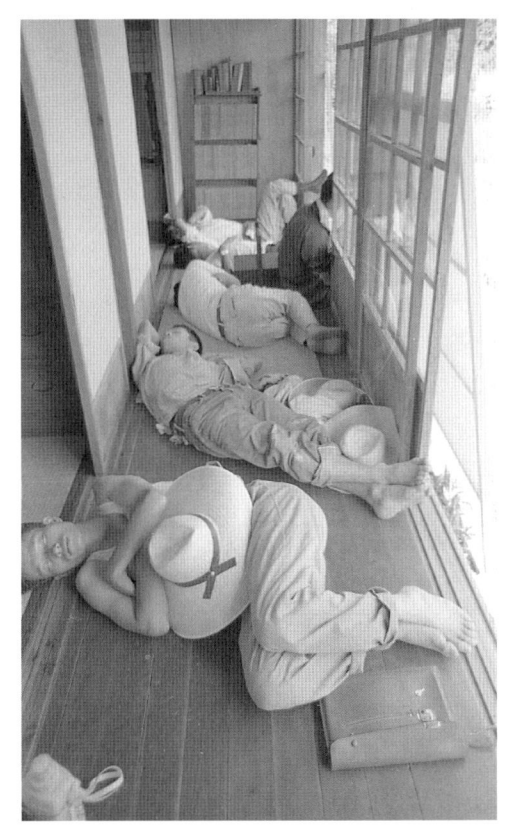

休憩する調査団

"タコ糸と移植ゴテ"

研究篇　第Ⅰ部　遺跡・遺構・遺物

第4トレンチコーナー
（上：西から）
　北・東・南壁面には破砕貝が散布するのみで、貝層はみえない。

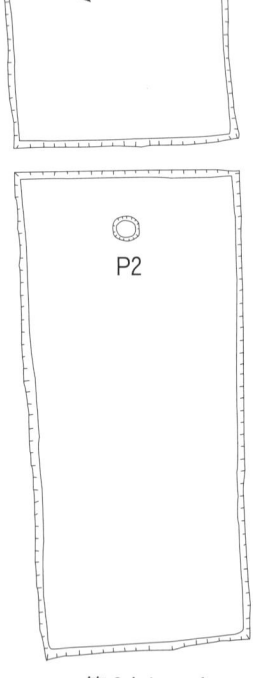

第4トレンチ壁断面（左）

第3トレンチ

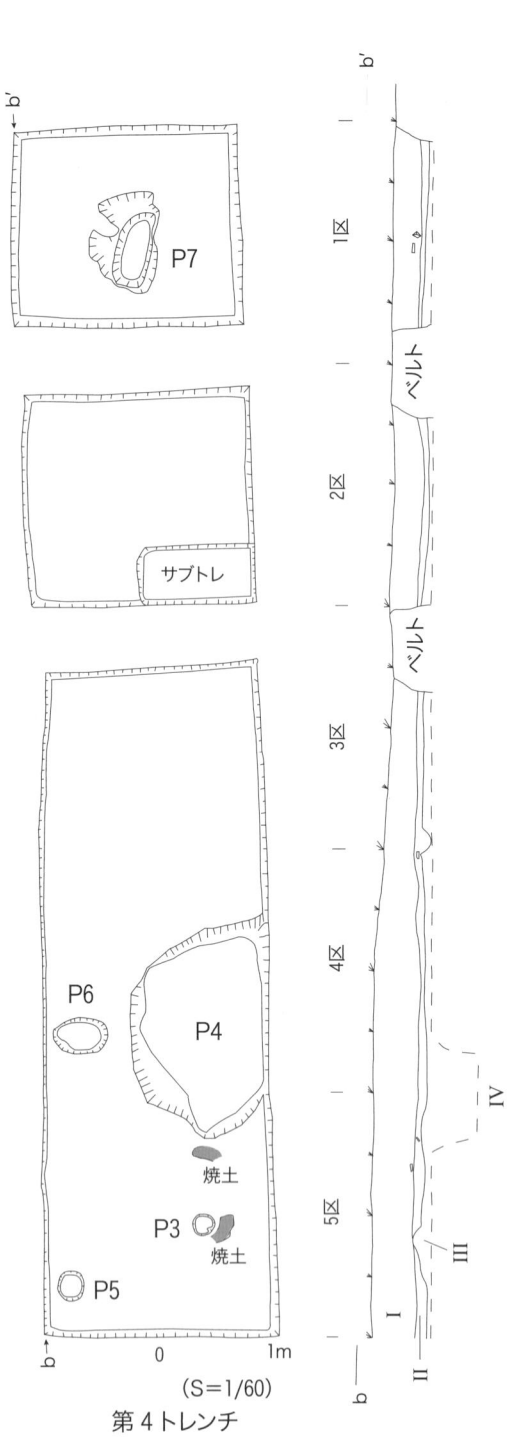

第4トレンチ
(S=1/60)

第4トレンチ基本層序
（図面からそのまま転載。旧漢字、略字は現代表記に訂正）
Ⅰ：第Ⅰ層は地表下10cmくらいは耕作土であるが、色調及び貝の含量など耕作土としての識別困難。第Ⅰ層としたものは、いわゆる混貝土層である。全区を通じて貝の含量はほぼ均一である。貝の種類は標本○○参照の事。出土遺物は第Ⅰ層下部に多し。色調、灰黒色。
Ⅱ：殆んど貝を含まない黒色有機土層。遺物の出土量は第Ⅰ層に比べ少し。
Ⅲ：点線下未発掘。色調、黄褐色。土質は粘土質でやや堅い。遺物なし。
Ⅳ：明黄色礫層粘土質層。

図7　第4トレンチ遺構配置図、並びにセクション図

第2章　1965年調査出土土器群とその編年的位置

坂口　隆・佐野　元・邊見秀子・大竹孝平・松本泰典・大塚達朗

はじめに

　1965年調査で出土した土器は、縄文時代後期後葉から晩期後葉の資料が含まれるが、晩期前葉が主体となる。再検討の結果、Ⅰ～Ⅸ群に分類した。なお、既報告書（小林(知)ほか　1966）では未報告であったが、重要と判断したものは本稿で紹介・記述し、一緒に考察を加えることとする。ただし、記述は、1966年報告資料（通し番号1～82）と未報告資料で今回紹介するもの（通し番号83～119）とに分ける。

　Ⅰ群土器：巻貝、あるいは棒状工具を用いて凹線を施す凹線文系土器である。

　Ⅱ群土器：無文地の深鉢口縁部に櫛歯状工具で波状、あるいは曲線状の文様を描く、いわゆる櫛描文土器である。

　Ⅲ群土器：地文が縄文、ヘナタリによる擬縄文、あるいは無文地の深鉢口縁部に半截竹管状工具で弧線状、曲線状の文様ないし、並行沈線を施文するもの。なお、本群には文様を施文しないものも含む。

　Ⅳ群土器：深鉢、あるいは浅鉢・鉢形土器の口縁（特に、波状口縁）に沿って並行沈線を主体としたモチーフを描くもの。

　Ⅴ群土器：深鉢の有段口縁に半截竹管状工具で連続的な刺突を施文するもの。ただし、半截竹管状工具で連続的な刺突、あるいは押し引きが沈線に置換したものと判断されるものも本群に含む。

　Ⅵ群土器：Ⅴ群土器と同様に深鉢の口縁、口唇に半截竹管状工具で連続的な刺突を施文するが、深鉢の器形に有段口縁はなく、砲弾形に近い器形に限られる点がⅤ群土器と異なる。

　Ⅶ群土器：いわゆる刻目突帯文土器とそれに伴う浅鉢を一括する。

　Ⅷ群土器：無文の深鉢と鉢形土器を一括する。無文の深鉢は口縁が外反するA類と砲弾形のB類がある。

　Ⅸ群土器：東海地方の在地でない、いわゆる異系統土器を一括する。東日本系土器と西日本的な土器の両者を含む。

1　1966年報告資料（1～82）

Ⅰ群土器（1）

　1は棒状工具を用いて凹線を施し、凹線文系土器の終末期のものであろう。

Ⅱ群土器（2～4）

　2～4は櫛歯状工具で波状文を描く肩部で屈曲する深鉢である。いずれの波状文も上下に振幅が大きく粗放な印象を与えるが、2の場合、上段の波状文は小振りであるが下段のそれは大振りである。4の口縁部文様帯は幅が狭いが、2のそれは幅広で、波状文も2段構成である。

Ⅲ群土器（5～19）

　Ⅲ群土器は、半截竹管状工具で文様を施文することに特徴がある寺津式であるが、口縁の形態に合わ

せて並行沈線を施文するもの（5～7）、弧線文を1段ないし2段で横に連結させたもの（8～11、13、18・19）、楕円状の文様を充填するもの（12）、曲線状に縦に配置したもの（14）がみられる。17は櫛歯状工具に近い原体で2段の小波状文を施文しており、その施文方法は今回のオープンリサーチでは所在を確認できなかった既報告の櫛描文土器（小林（知）ほか　1966：第5図-4・5）と類似している。

　Ⅲ群土器の中には寺津式の中でも1）器形、2）口縁部の文様帯、3）肩部の施文方法、4）地文などに新しい特徴をもつものも看取される。器形では、12、19は口縁部が強く屈曲するのに対し、18・19は口縁・胴部境界の内面が凹み、屈曲部が痕跡化している。口縁部の文様帯に関しては、14は文様帯が幅広であるが、13、18・19は口縁部の文様帯も狭く、あるいは13、15、17のように口縁部外側が有段化している。こうした有段口縁は、有文深鉢だけでなく、無文深鉢（15・16）にもみられる。肩部の施文方法では、11、13、18・19のように肩部に半截竹管状工具による刺突が施される。地文では、縄文、擬縄文が消失し（11～14、17～19）、肩部に半截竹管状工具で刺突を施しているものは、すべて無文地である。Ⅲ群の土器製作において、縄文、擬縄文の消失と半截竹管状工具による肩部刺突が連動していた可能性が指摘できる。これらの点に元刈谷式への過渡的形態がうかがえる。また、Ⅲ群土器の中で、有文深鉢を特徴づけているのは、11～13、18・19にみられる口唇の刻目である。有文深鉢の口唇刻目は、寺津式の標識遺跡である枯木宮貝塚でも僅少出土しているだけである（松井　2005：図42-24）。有文深鉢の口唇刻目が時期的な特徴なのか、あるいは地域的なものなのかさらに検討が必要であろう。

Ⅳ群土器（20～31）

　Ⅳ群土器は、20・21、23・24、26、29のように深鉢波状口縁に沿って沈線によりモチーフを描くことに特徴があり、蜆塚B式が主体となる。これらの中には、口縁と胴部の屈曲部にヘラ状工具で刻目を施すもの（20・21、29）と刻目を施さないもの（23・24）がみられる。20の波頂下、沈線で区画された三角形状のスペースには瘤状の隆起がみられ、縄文時代後期後葉から晩期前葉の中部高地的な特徴を備えている。24は本来、波状口縁に沿って施文されるべきモチーフがくずれているため、雑書的な印象を与える。こうした雑書的なモチーフを施文する土器は1984年調査、伊川津貝塚Ⅲ層出土資料の中にも看取できる（春成ほか　1988：図42-20、図44-6）。

　25の深鉢口縁の狭い文様帯には、横走沈線が施文され、その下部に刻目帯がある。この施文順序をみると、上部の2本沈線を施した後に、刻目を加え、その後、刻目下部を切るようにさらに沈線を施している。25は、後述するように、27・28と同様に、橿原式文様の文様帯を区画する刻目手法が取りいれられている可能性がある。27の波状口縁に沿った沈線間にはヘラ状工具で刻目が施され、波頂下には三角形刳込文が陰刻され、さらにその下部にも刻目が施されている。三角形刳込文の下部に刻目を施す例は、愛知県馬見塚遺跡出土土器のなかにもみられる。この土器の場合、刻目帯で区画された文様帯の中に、相対背合交互三角形刳込文が配置され、刻目は背合三角形刳込文の間に施されている（紅村ほか　1978：図版129-1）。三角形刳込文とその下部に刻目を施文する共通した手法において、27と馬見塚遺跡資料の年代が極めて近接していることを示唆している。橿原式文様は東海地方の浅鉢、鉢形土器の中にしばしばみられるが、27は、橿原式文様の三角形刳込文、文様帯を区画する刻目手法が在地的な波状口縁深鉢の中にも取りいれられたことを示すものであろう。22の深鉢口縁部には、刻目が施された縦長の貼瘤が付き、恐らく27・28と同様に橿原式文様の刻目帯が施文され、口縁と胴部の屈曲部にもヘラ状工具で刻目が施されている。22に類似する資料は、長野県田中下遺跡3類・4類土器、並びに静岡県清水天王山遺跡4a類土器（清水天王山下層1式）にみられるが、両遺跡資料の中に沈線を区画する刻目帯はみられない（友野ほか　1994、新井編　2008）。

　30・31は、西日本の古閑式―滋賀里Ⅲa式並行期、あるいは前段階にみられる浅鉢、ないし鉢形土器

である。30は口縁に 6 本の並行沈線を施し、浅鉢というより胴部でさらに屈曲する鉢形土器に近い器形かもしれない。31の口縁内面には有段部が形成され、波状口縁に沿って 3 本の並行沈線を施し、その下端の空白を埋めるように 2 本の横走沈線が施文されている。西日本では、30・31のような浅鉢・鉢形土器は黒色磨研系土器と呼称されるように、色調が黒色ないし灰色で丁寧に研磨されるのに対し、30・31の色調は褐色で、31はナデにより成形されている。また、31の文様構成は波状口縁深鉢21、23、26、29のものと極めて近く、沈線施文手法に親和性がみられ、在地化が進んでいるのかもしれない。

Ⅴ群土器（32〜37）

32〜36は、いずれも有段口縁の深鉢で元刈谷式である。口縁部文様帯に半截竹管状工具で 2 条の連続的な刺突（32〜34）、またそれに押引きを組み合わせたものもある（35）。34は波状口縁で、口縁部が強く屈曲する点に古い特徴が残っている。37は連続的な刺突、あるいは押引きが沈線に置換したものとみられる。

Ⅵ群土器（38〜43）

40・41は同一個体の波状口縁深鉢で、その口唇は細く口縁先端は弱く曲がる点に痕跡的に元刈谷式の口縁部文様帯が残り、桜井式に特徴的な半截竹管状工具による押引文が 2 条沈線に置換している。一方、39、42は口唇壁が幅広で、胴部にいくにつれ薄くなる平縁の深鉢である。桜井式新段階の特徴を備えている。いずれも半截竹管状工具で口唇を連続的に刺突している。43は砲弾形の深鉢で、半截竹管状工具で口唇に刺突を施している。38は口唇と口縁に 1 列の刺突を施す平縁の深鉢で、伊川津貝塚Ⅱ層出土資料が類似する（春成ほか　1988：図54-6）。元刈谷式の有段口縁が消失されるとともに、横位で複数列の連続的な刺突が 1 列になったもので、既報告の通り桜井式であろう（小林(知)ほか　1966：8）。

Ⅶ群土器（44〜50）

いずれの刻目突帯付き深鉢にも、口唇の面取りが無く、丸みをおびる（44〜47）。46は波状口縁の深鉢で、刻目突帯が波頂部から1.7cm下にあり、粗雑な印象を与える。47はヘラ状工具でかすかに突帯を刻んでいるらしい。48は突帯が明瞭でなく、むしろ肩部に刻目を施しているのかもしれない。また、刻目も刻目というよりは棒状工具で刺突を施しており、肩部に刻目を施文しているとしたら他時期に属する可能性も残る。49・50はいわゆる逆「く」の字形浅鉢である。50は肩部の屈曲が強いが、49は肩部の屈曲が弱くなっている。深鉢、浅鉢ともに東海地方の刻目突帯文期の後半期、すなわち五貫森式に位置づけられる。

Ⅷ群土器（51〜63）

深鉢A類　52は、弱い波頂を形成し、口縁下部の内面が凹み11・18と形態的類似性がみられる晩期前葉の深鉢である。51も波頂を複数、形成しており、晩期前葉のものであろう。深鉢A類の中には、口唇に刻目を施すものがみられるが（53・54、56）、53は口縁波頂部のみに刻目を施している。これに類似する資料は、元刈谷式主体の遺跡である愛知県半田市西の宮貝塚（半田市誌編纂委員会　1968：図32-1）、本刈谷貝塚出土資料（加藤・斎藤ほか　1972：図 4 -10・11）にみられ、元刈谷式に伴う可能性がある。56は口縁が弱く外反する深鉢であるが、口縁部と胴部の調整はケズリであるため、両者の境界は不明瞭である。口唇は、器面調整原体で横長O字状の刻目を施している。器形、調整方法、口唇刻目を考慮すれば稲荷山式であろう。57は、口縁部に文様なのか調整なのか不明瞭で粗雑な 3 本の条線が施された深鉢である。元刈谷式の深鉢37が粗雑化したものとみることもできるが、東海地方ではあまり類例がない。器形的には西日本の滋賀里Ⅲa式並行期、あるいは篠原式古段階から中段階並行期の深鉢に類似する。60は口縁が縦方向のやや丁寧なナデ、胴部も縦方向のナデとケズリで成形され、曖昧ではあるが、口縁と胴部の境界が意識されているようである。口唇には、横長O字状の刻目が施され

ている。晩期後半のものであろう。

　深鉢Ｂ類　深鉢Ａ類同様に、Ｂ類の中にも口唇に刻目を施すもの（54、58）と施さないもの（55、59、61）がみられる。54はヘラ状工具でＤ字状、ないし横長Ｏ字状の刻目を施しているのに対し、58はツメ状である。55は口縁先端が面取りされ、その下部は櫛歯状、あるいは板状工具で調整している。また、口唇には２本の沈線が施されている。59は三角形状の突起が波頂部を形成するようで、外面は櫛歯状工具で調整されている。突起の形態から晩期中葉の可能性が考えられる。

　なお、深鉢の底部が２点、出土しているが、いずれも平底である（64・65）。64の底には網代痕が残る。

　無文鉢形土器　62は丁寧な磨きを施す鉢形土器で、口唇に板状工具で楕円の刻目を施す。晩期中葉であろう。一方、63はケズリで調整を行い、波頂部のみを巻貝（ヘナタリ？）で刻目を施す。波頂部だけを刻む特徴は、上述した深鉢53と類似し、元刈谷式に伴う可能性がある。

Ⅸ群土器（66～82）

　Ⅸ群土器にはいわゆる東日本系土器が多く含まれるが、西日本的な土器もわずかに出土している。66は瘤付土器で、貼瘤の周りに二重沈線が施され、瘤付土器の第Ⅱ・Ⅲ段階のものであろう。67は安行３ａ式の帯縄紋系大波状口縁深鉢で、波頂下に三叉文ないし入組文が展開するものと思われる（大塚 2009）。69・70は、大洞Ｂ２式、同一個体の小波状口縁深鉢で、口縁部に玉抱三叉文が施文される（大塚 2009）。69左側の三叉文下端は枝状に延び、玉抱三叉文が崩れ入組文化していく様相が看取され、71にみられる入組文の出現を想起させる。68も玉抱三叉文が崩れたためか、三叉文が上下の帯縄文に連結するとともに、入組文化が進み、「玉」部分に磨消縄文を意図的に残したものかもしれない。71は入組文が施入されているが、上部は２本の沈線、下部は沈線が継ぎ足されるなど粗雑化する傾向がみられる。72も磨消縄文で68と類似するモチーフが描かれているのかもしれない。73の浅鉢口縁には、３条の横線が施文され、その最上段の横線には縦横の刺突が加えられ、大洞ＢＣ式の羊歯状文的な効果がかすかにうかがえる。74は３条の横走沈線が施文された浅鉢で、口唇はヘラ状工具で陰刻し、玉縁状に作り出している。大洞Ｃ１式に比定できるだろう。76は三叉状入組文を施文する安行３ｃ式の壺形土器である（大塚 2010）。それに対し、75は、波頂部に沿って沈線が施され、その下部には対向する三叉状入組文が変形したようなモチーフが施文されている。その左側の沈線は上あがりで、右側は２重沈線で描かれ、しかも波頂に沿った沈線と連携しているようである。安行３ｃ式の深鉢であろう（大塚 2010）。77には縦位列点文の左側にやや太めの三叉状文が直角に入り組んでいる。

　78は、縦に列点が施文された楕円状の枠の左右に横帯弧線文が展開するとみられる深鉢である。清水天王山遺跡下層ｂ類土器が類似する資料で（清水市郷土研究会編 2008：挿図第24-5、7～9、挿図第28-38・39）、これらは縄文後期末とみなされている（新井編 2008：458、462）。78には、下層ｂ類土器にみられる文様帯を区画する上下の沈線がみられず、変容ないし、新しい様相を呈している。79と80は２条の横走沈線を口縁に施す浅鉢で、同一個体である。80の波頂には突起が付く。内面施文という点において異なるが、愛知県五貫森遺跡Ａ貝塚に類似する資料がある（杉原・外山 1964：図13-34）。横走沈線を浅鉢、鉢形土器口縁に施文する資料は、長野県女鳥羽川遺跡などに類例があり、むしろ中部高地的な土器で、大洞Ａ式並行期である（樋口ほか 1972）。79と80はⅦ群土器の五貫森式に伴うものであろう。

　81は、胴部のスリット状に縦に区切られた方形の枠の中にやや太めの横線を充填した壺形土器である。神奈川県杉田遺跡Ａ類土器の壺形土器が類似する資料と指摘される（大塚 2010）。82は橿原式文様を施文する壺形、ないし鉢形に近い器形と思われる。横走する列点で区画された胴部文様帯に３ないし４本沈線を１単位として左端右端で上がり下がりする重弧文が交互に配置されているようである。単

位文間の上側には、小形の三角形刻込文を配しているのに対し、下側には配していない。82には単位文下と横走する列点の間に2本の沈線が配されている。こうした点に、橿原式文様が変容していく様相もうかがえる。

　一般的に、保美貝塚出土の土器の色調は褐色、灰褐色ないし赤褐色で、金雲母を含んでいるものが多い。Ⅸ群土器も77以外は渥美半島の胎土で製作されている。それに対し、77の色調はクリーム色で、石英粒（3mm～5mm大）を含み、1965年調査保美貝塚資料の中でも異質である。非在地的胎土の可能性が考えられる。

2　1966年未報告資料（83～119）

　未報告資料も縄文時代晩期前葉から晩期後葉の時期的に幅の広い資料が含まれる。1966年報告資料と同様に、Ⅲ群土器（83～87）には並行沈線を施文するもの（84）、弧線文を1段ないし2段で配するもの（87）、あるいは並行沈線と弧線文を組み合わせたもの（83、85）がある。88の波頂部には3つの縦点列が施され、櫛歯状工具で波状口縁に沿って弧線文が展開する。88は櫛歯状工具で施文しているが、文様効果的には、半截竹管状工具で施文された19の弧線文と類似する。波頂部における縦点列は、凹線文系土器終末期の特徴が残ったものであるが、口縁部文様帯の幅は狭小化しているようである。89は有段口縁深鉢で、幅の狭い口縁部文様帯に88と同様な弧線文が施文されている。

　90は壺形の器形と思われ、波状口縁に沿って沈線をモチーフとした文様を描くようである。91は波状口縁と胴部に沿って沈線文を施す浅鉢である。92・93はⅤ群土器で、92の口縁先端は細くなる。94は、横走する沈線間にヘラ状工具でD字状の刻目を施している。95は突起を付けた波状口縁浅鉢で、口縁部が長めで晩期中葉でも古い段階のものかもしれない。96は突帯が扁平で無刻目の五貫森式深鉢である。97・98は波状口縁で、内面に沈線を施文するいわゆる保美型深鉢である。98の内面沈線が口縁先端近くに施されているのに対し、97のそれはかなり下部に施されている。99～101、114、116は、口縁が外反する無文の深鉢である。102は、口縁外面には4条の横走沈線、内面には突帯をめぐらせた浅鉢で、内面突帯の上にはやや粗雑な2条の沈線がめぐり、その上には大洞式の眼鏡状付帯の連結部にみられる「粘土盛りあげ」が看取される。内面に突帯を巡らせるという点においては、愛知県五貫森遺跡B貝塚に類似する資料がある（杉原・外山　1964：図19-134）。複数の横走沈線を口縁外面に施文するという点において、上述した79・80とともに中部高地的な土器といえよう。103・104は鉢形土器で、104は波状口縁である。105は内面沈線直下が弱く肥厚する浅鉢か、鉢形土器であろう。106は壁の厚い壺形土器である。

　107～113、115、117、119は砲弾形の器形に近い深鉢である。これらの中には波状口縁深鉢（107、113）も含まれる。119は突起の形態から晩期中葉の深鉢であろう。深鉢の調整にはナデとケズリが多いが、板状工具、ないしヘナタリによる調整（116・117）もみられる。118は深鉢の平底である。

研究篇　第Ⅰ部　遺跡・遺構・遺物

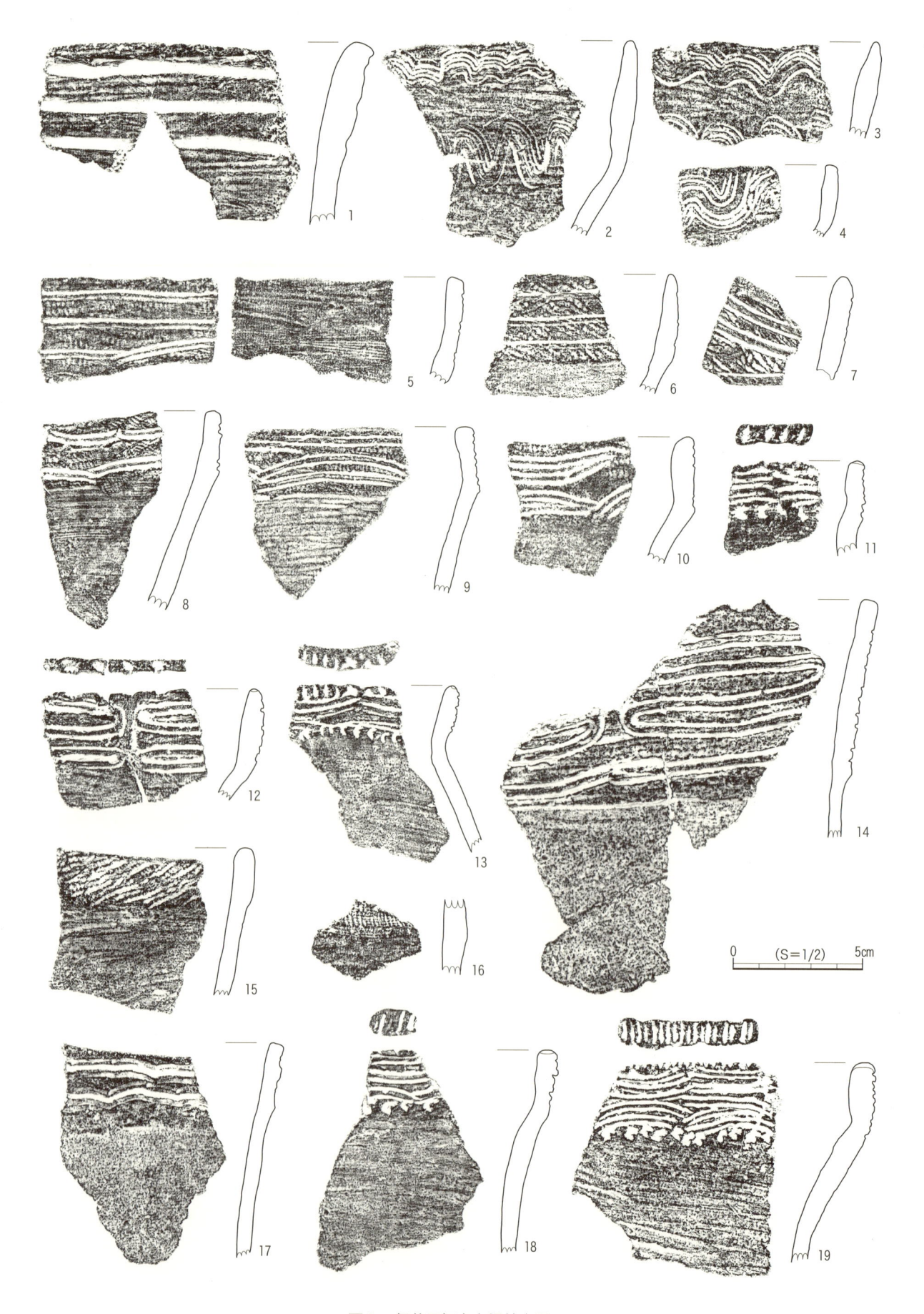

図1　保美貝塚出土縄紋土器

第2章　1965年調査出土土器群とその編年的位置（坂口　隆・佐野　元・邊見秀子・大竹孝平・松本泰典・大塚達朗）

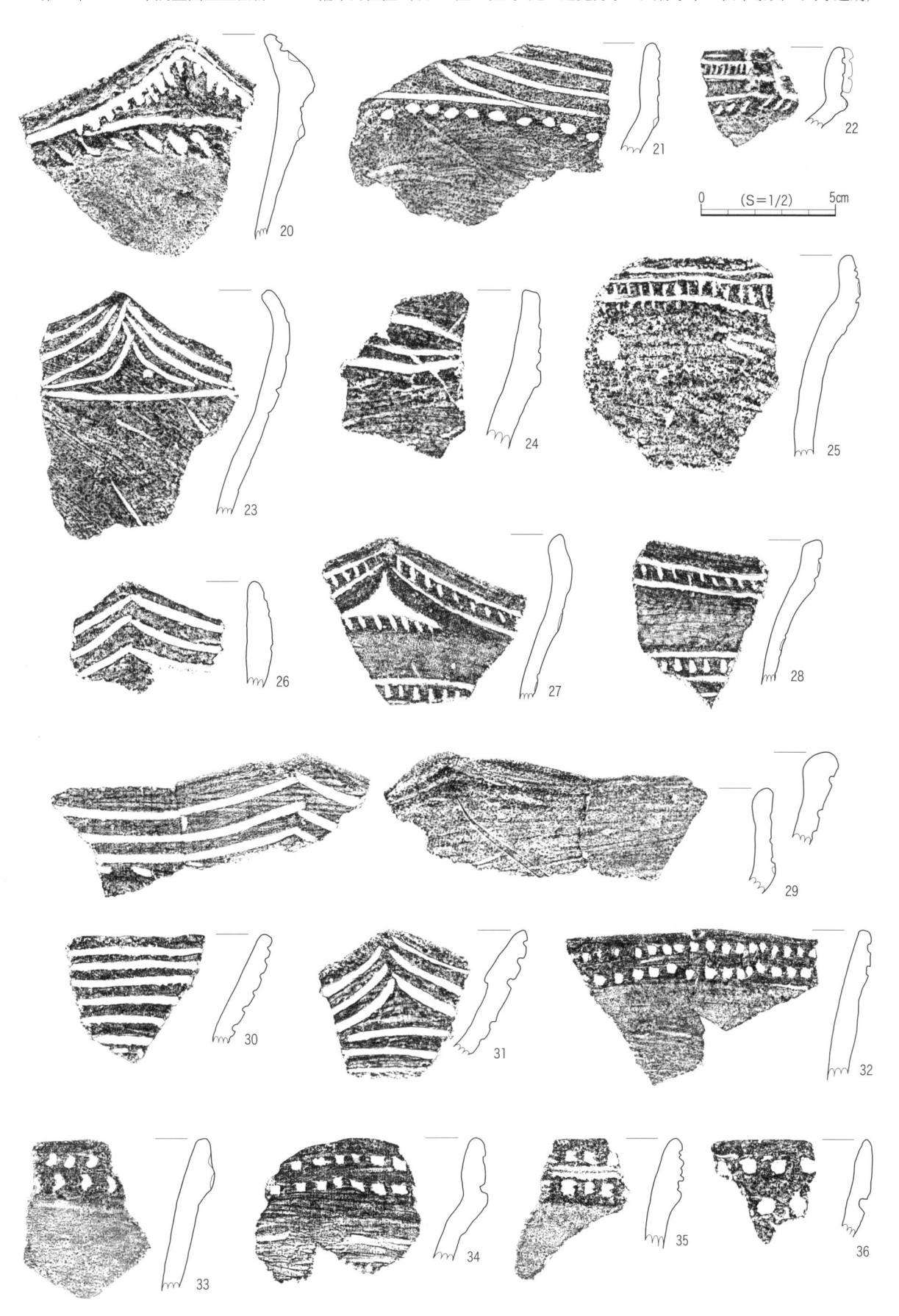

図2　保美貝塚出土縄紋土器

41

研究篇　第Ⅰ部　遺跡・遺構・遺物

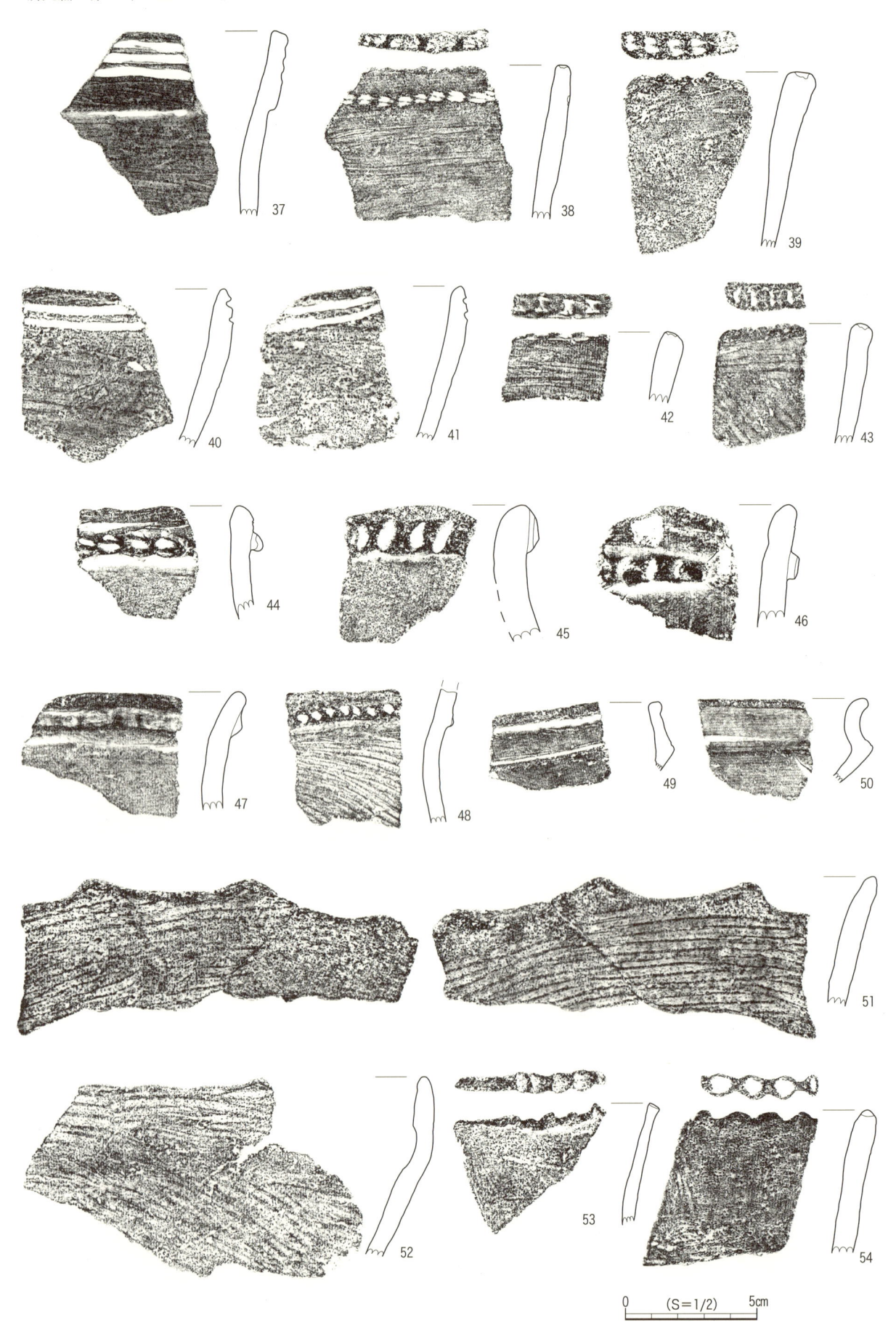

図3　保美貝塚出土縄紋土器

第 2 章　1965年調査出土土器群とその編年的位置（坂口　隆・佐野　元・邊見秀子・大竹孝平・松本泰典・大塚達朗）

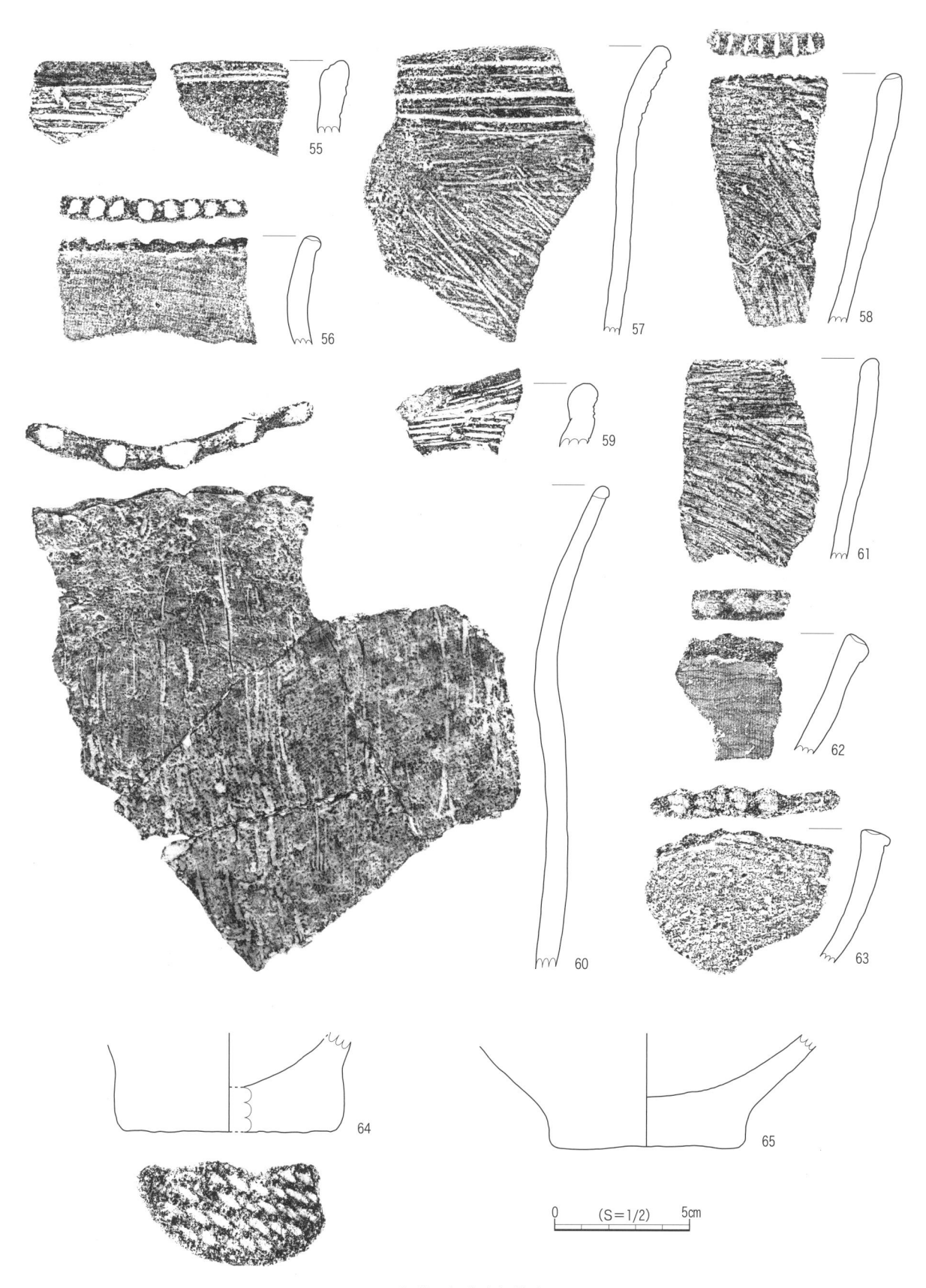

図 4　保美貝塚出土縄紋土器

研究篇　第Ⅰ部　遺跡・遺構・遺物

図5　保美貝塚出土縄紋土器

44

第2章　1965年調査出土土器群とその編年的位置（坂口 隆・佐野 元・邊見秀子・大竹孝平・松本泰典・大塚達朗）

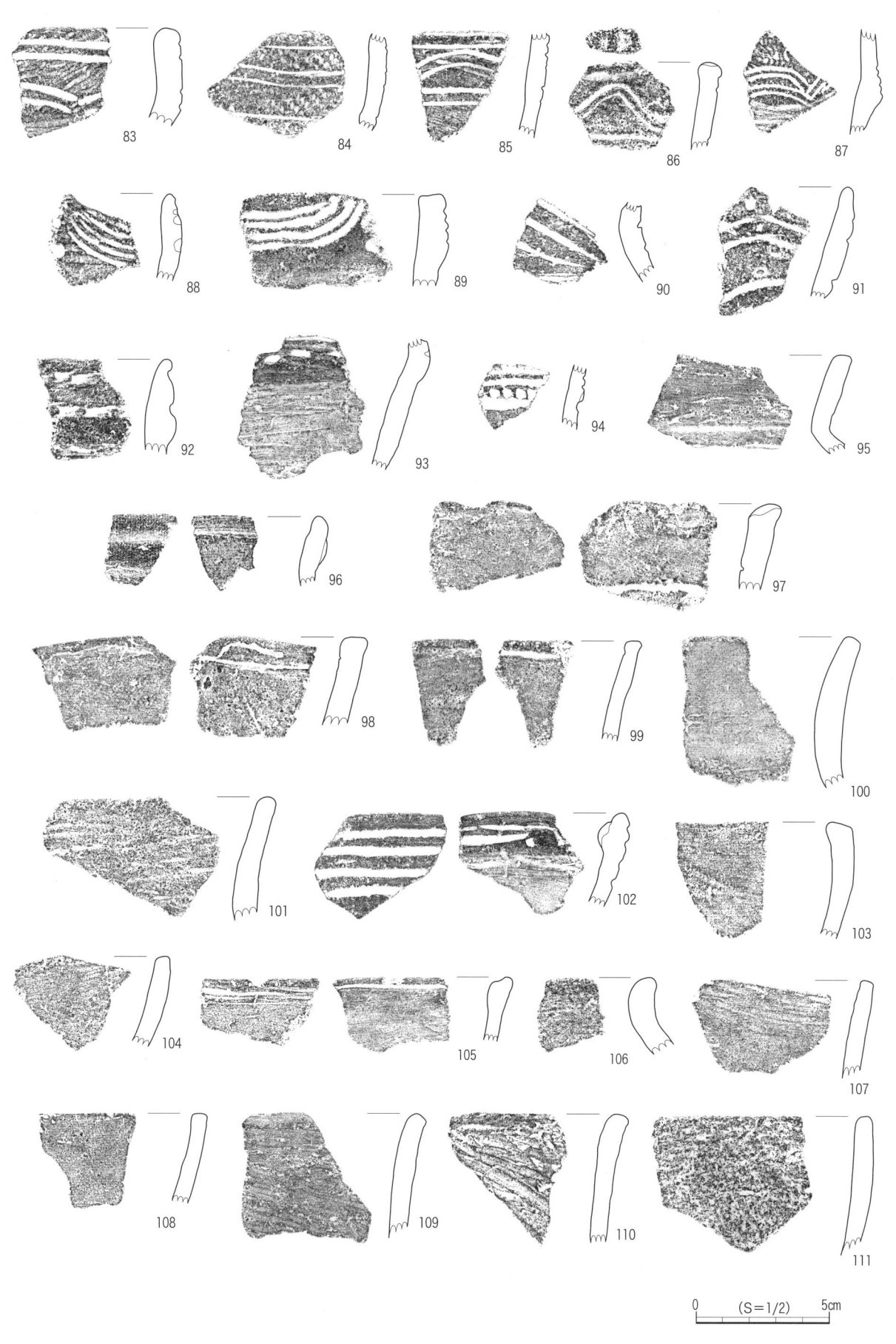

図6　保美貝塚出土縄紋土器

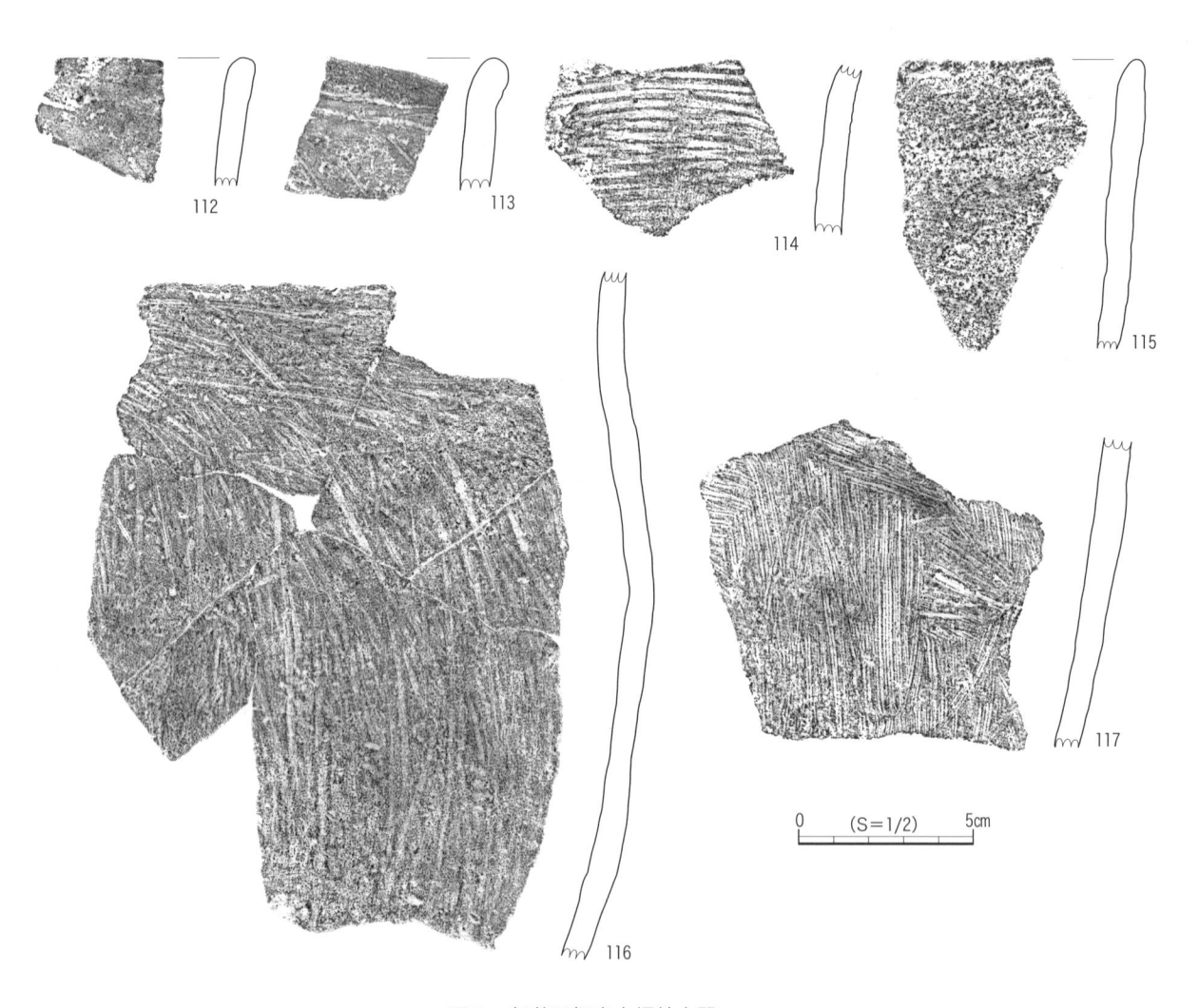

図7　保美貝塚出土縄紋土器

第2章 1965年調査出土土器群とその編年的位置（坂口 隆・佐野 元・邊見秀子・大竹孝平・松本泰典・大塚達朗）

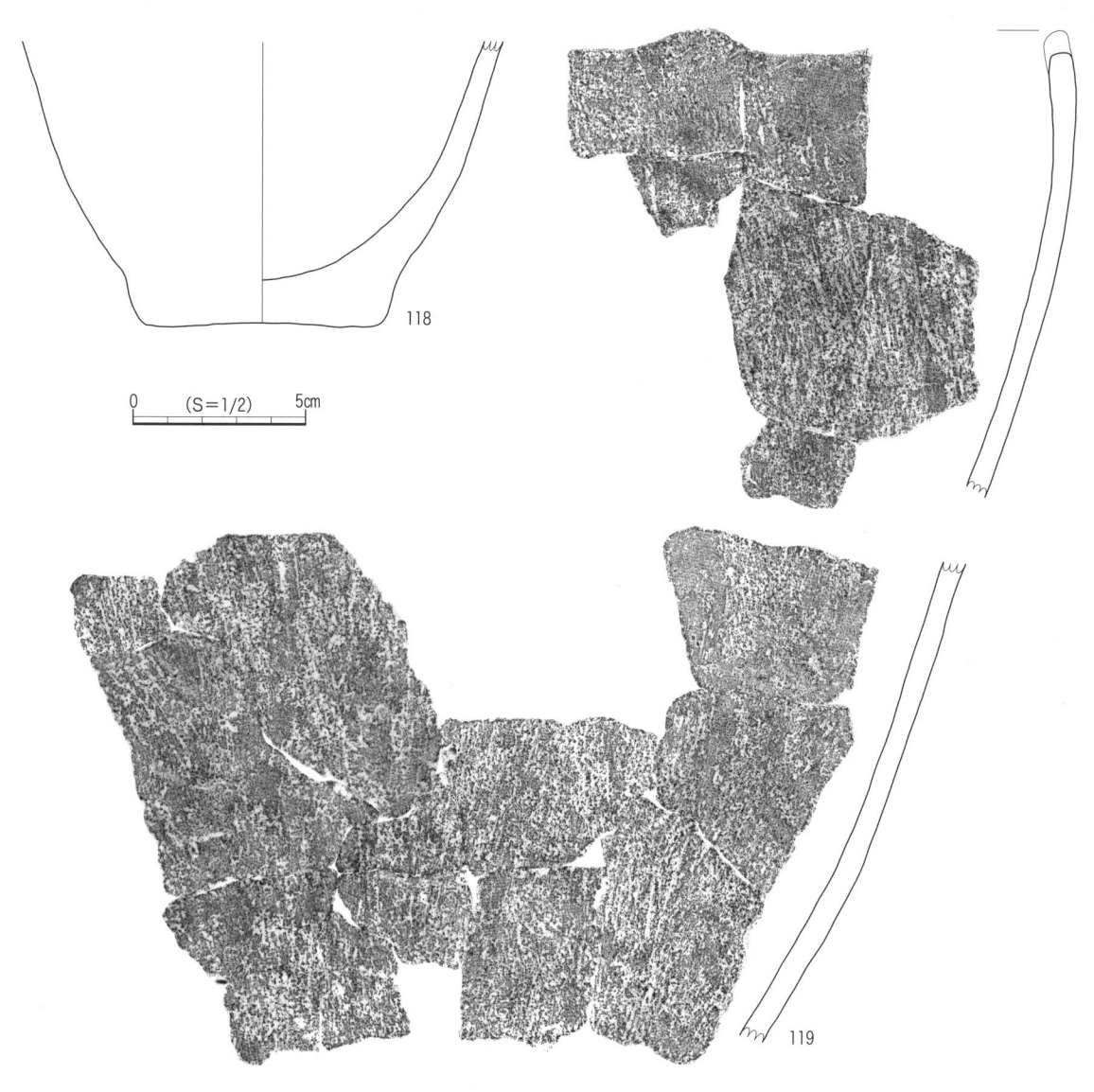

図8 保美貝塚出土縄紋土器

研究篇　第Ⅰ部　遺跡・遺構・遺物

保美貝塚出土縄紋土器観察表

1966年報告掲載土器

土器番号	写真	発掘地点	1966年報告掲載番号	器種	残存状況	器形・形態の特徴、外面調整・紋様、口端部紋様	内面調整・紋様	胎土	備考
1	5	第4トレンチ　2区-3区の壁	第7図　3	深鉢	口縁部	巻貝条痕→巻貝凹線3条	巻貝条痕	在地	
2	5	-	第5図　6	深鉢	口縁部	巻貝条痕→櫛描（7条）波状紋2段	巻貝条痕	在地	HB-D
3	5	-	第5図　1	深鉢	口縁部	巻貝条痕→櫛描（7条）波状紋2段以上	巻貝条痕→ナデ	在地	HB-D
4	5	第4トレンチ　2区	第5図　7	深鉢	口縁部	巻貝条痕→櫛描（7条）波状紋1段以上	ナデ	在地	
5	5	-	第5図　12	深鉢（波状？）	口縁部	擬縄紋→半截竹管による横線3段	巻貝条痕	在地	沈線の最下段のものは弧状となるか
6	5	第4トレンチ　4区	第5図　13	深鉢	口縁部	RL縄紋→半截竹管による横線3段（頸部：ナデ）	巻貝条痕？→ナデ	在地	
7	5	-	第3図　14	深鉢（波状）	口縁部	RL縄紋→半截竹管による弧状沈線	ナデ	在地	HB-D
8	5	-	第5図　15	深鉢（波状）	口縁部	内屈した口縁部に、擬縄紋→半截竹管による弧状沈線（頸部：巻貝条痕）	ケズリ様のナデ	在地	
9	5	第4トレンチ　2区	第5図　16	深鉢	口縁部	内屈した口縁部に、擬縄紋→半截竹管による弧状沈線（頸部：巻貝条痕）	巻貝条痕	在地	
10	5	第4トレンチ　1区	第5図　17	深鉢（波状）	口縁部	内屈した口縁部に、擬縄紋→半截竹管による弧状沈線（頸部：ナデ）	ナデ	在地	HB-D
11	5	第4トレンチ　1区-2区の壁	第4図　3	深鉢	口縁部	内屈した口縁部に、半截竹管による弧状沈線＋同工具によるC字押圧列（口端部：半截竹管腹部による押圧列）（頸部：ナデ）	ナデ	在地	
12	5	第4トレンチ　1区	第4図　1	鉢	口縁部	内屈した口縁部に、半截竹管による流水紋（口端部：巻貝腹部による押圧列）（頸部：巻貝条痕→ナデ）	ナデ	在地	HB-D
13	5	-	第4図　4	甕	口縁部	肥厚した口縁部に、半截竹管による弧状沈線＋同工具によるC字押圧列（口端部：半截竹管腹部による押圧列）（頸部：ナデ）	ナデ	在地	
14	5	第4トレンチ　4区または5区	第4図　6	深鉢	口縁部	段により平板に肥厚した口縁部に、半截竹管による流水紋（波頂部：押圧（指頭？））（頸部：巻貝条痕→ナデ）	巻貝条痕	在地	HB-D
15	5	-	第3図　17	深鉢（波状）	口縁部	肥厚した口縁部に、LR縄紋（頸部：巻貝条痕）	ナデ	在地	
16	5	-	第7図　9	深鉢	胴部	肥厚した口縁部に、擬縄紋（頸部：ナデ）	ナデ	在地	
17	5	第4トレンチ　4区または5区	第5図　14	深鉢（波状）	口縁部	肥厚した口縁部に、櫛描（7条）波状紋2段（頸部：ナデ）	巻貝条痕→ナデ	在地	
18	5	-	第4図　5	深鉢	口縁部	内屈した口縁部に、半截竹管による弧状沈線＋同工具によるC字押圧列（口端部：半截竹管腹部による押圧列）（頸部：巻貝条痕→ナデ）	ナデ	在地	
19	5	第4トレンチ　1区	第4図　8	深鉢	口縁部	内屈した口縁部に、半截竹管による弧状沈線＋同工具によるC字押圧列（口端部：半截竹管腹部による押圧列）（頸部：巻貝条痕→ナデ）	ナデ	在地	HB-D
20	5	第4トレンチ　3区	第3図　24	深鉢（波状）	口縁部	1条凹線＋隆起帯上に棒状工具による斜押圧（波頂部外面：凹線下に瘤をもち、その下方に横凹線＋斜押圧を加え三角形区画とする）（頸部：ナデ）	巻貝条痕→ナデ	在地	HB-D
21	5	第4トレンチ　2区-3区の壁	第3図　26	深鉢（波状）	口縁部	内屈した口縁部に、棒状工具による弧状凹線3条＋同工具による刺突列（波頂部外面：3条凹線の下に1条凹線を加え三角形区画を形成）（頸部：巻貝条痕）	ナデ	在地	HB-D
22	6	第4トレンチ　2区-3区の壁（?）	第3図　29	鉢（有突起）	口縁部	内屈した口縁部に、ヘラ状工具による沈線3条＋沈線間に小口刻列、隆帯状の屈曲部にヘラ状工具による刻列（波底部外面：縦方向の隆帯を貼り付け、3箇所のヘラ刻み）（頸部：ナデ）	ナデ	在地？	赤みが強い
23	6	第4トレンチ　2区	第3図　19	深鉢（波状）	口縁部	内湾した口縁部に、ヘラ状工具による弧状沈線（2〜4条）＋同工具による横走沈線1条（頸部：ケズリ様の巻貝条痕）	ナデ	在地	HB-D
24	6	-	第3図　32	深鉢（波状）	口縁部	肥厚した口縁部に、巻貝？による弧状沈線（背反2条）＋同工具による横走沈線1条（頸部：ナデ）	ナデ	在地？	赤みが強い
25	6	-	第3図　28	深鉢	口縁部	内屈した口縁部に、ヘラ状工具による沈線2条＋沈線間にヘラ刻列、さらにヘラ刻列の下に同工具による沈線1条（頸部：巻貝条痕）	ナデ	在地	
26	6	-	第3図　33	深鉢（波状）	口縁部	棒状工具弧状凹線3条（頸部：ナデ）	ナデ	在地	
27	6	第4トレンチ　4区	第3図　20	深鉢（波状）	口縁部	内屈した口縁部に、ヘラ状工具沈線2条＋沈線間にヘラ刻列、再度同沈線部分をなぞる　頸部紋様も同様（波頂部外面：指頭？による押圧があり、その下に三角形沈込紋が施され、刻込紋の下にヘラ刻列）（口縁・頸部：ミガキ）	ミガキ	在地？	28と同一個体　他に比べ灰白色の度合いが高い
28	6	-	第3図　23	深鉢（波状）	口縁部	内屈した口縁部に、ヘラ状工具沈線2条＋沈線間にヘラ刻列、再度同沈線部分をなぞる　頸部紋様も同様（口縁・頸部：ミガキ）	ミガキ	在地？	27と同一個体　他に比べ灰白色の度合いが高い
29	6	第4トレンチ　3区（34）	第3図　22・34	鉢（波状）	口縁部	内屈した口縁部に、棒状工具弧状凹線3条＋同工具による刺突列（頸部：巻貝条痕）	巻貝条痕	在地	波頂部には3条凹線の下に1条凹線を加え三角形とする
30	6	第4トレンチ　4区または5区	第5図　29	鉢	口縁部	ヘラ状工具による沈線7条＋同工具による刻目列1段（頸部：ナデ）	ナデ	在地	外面の沈線は弧状である可能性あり
31	6	第4トレンチ　2区-3区の壁	第3図　25	鉢（波状）	口縁部	棒状工具による弧状凹線3条＋同工具による凹線2条（波頂部では3条）（口縁部：巻貝条痕→ナデ）	ナデ	在地	
32	6	-	第5図　18	深鉢	口縁部	肥厚した口縁部に、角棒状工具による刻列2段（口縁部：条痕→ナデ）	ナデ	在地	HB-D
33	6	第4トレンチ　1区-2区の壁	第5図　19	深鉢	口縁部	肥厚した口縁部に、半截竹管による逆C字押圧列2段（頸部：ナデ）	ナデ	在地	
34	6	-	第5図　20	深鉢	口縁部	内屈した口縁部に、角棒状工具による刻列2段（頸部：巻貝条痕）	ナデ	在地	HB-D
35	6	-	第5図　21	深鉢	口縁部	肥厚した口縁部に、半截竹管による沈線1条＋その上下に同工具によるC字刻列各1段（頸部：ナデ）	ナデ	在地	
36	6	-	第5図　22	深鉢	口縁部	小巻貝尾部による押圧列2段（口縁部：ナデ）	ナデ	在地	
37	6	-	第5図　30	深鉢	口縁部	巻貝凹線3条（頸部：条痕→ナデ）	ナデ	在地	

第2章 1965年調査出土土器群とその編年的位置（坂口 隆・佐野 元・邊見秀子・大竹孝平・松本泰典・大塚達朗）

38	6	第4トレンチ 4区	第4図 7	深鉢	口縁部	半截竹管による刻列1条 （口端部：半截竹管による刻列）（外面：巻貝条痕→ナデ）	ナデ	在地	HB-D
39	6	−	第4図 9	深鉢	口縁部	（口端部：半截竹管による刻列）（外面：条痕→ナデ）	ナデ	在地	
40	6	−	第5図 27	深鉢（波状）	口縁部	内湾した口縁部に、棒状工具による凹線2条（外面：条痕→ナデ）	条痕→ナデ	在地	41と同一個体
41	6	第4トレンチ 2区	第5図 26	深鉢（波状）	口縁部	内湾した口縁部に、棒状工具による凹線2条（外面：条痕→ナデ）	条痕→ナデ	在地	40と同一個体
42	6	第4トレンチ 4区	第4図 11	深鉢（波状）	口縁部	（口端部：半截竹管による刻列）（外面：条痕→ナデ）	ナデ	在地	
43	6	−	第4図 10	深鉢（波状）	口縁部	（口端部：半截竹管による刻列）（外面：粗いミガキ）	条痕→ナデ	在地	
44	7	−	第4図 22	深鉢	口縁部	貼付突帯上に二枚貝による刻目 （外面：条痕→ナデ）	粗いナデ	在地	HB-D
45	7	−	第4図 25	深鉢	口縁部	端部に接する位置貼付られた低い突帯上に丸みをもったヘラによる刻目 （外面：ナデ）	ナデ	在地	
46	7	−	第4図 23	深鉢	口縁部	断面台形状の貼付突帯上にヘラによる刻目（外面：ナデ）	粗いナデ	在地	中部高地系の隆帯紋深鉢かもしれない
47	7	−	第5図 28	深鉢	口縁部	断面三角形状の貼付突帯 （外面：精緻なナデ）	ナデ	在地	
48	7	−	第4図 24	深鉢	胴部？	低い貼付突帯上に原体不明工具による刻目（外面：二枚貝条痕）	ナデ	在地	突帯が胴部のものである可能性があり、実測図は上下反転すべきかもしれない
49	7	−	第4図 27	浅鉢（波状）	口縁部	口縁端部外面肥厚し直下に凹線様の沈線＋肩部直上に浅い沈線 （外面：ミガキ）	ミガキ	在地	
50	7	第4トレンチ 3区	第4図 28	浅鉢	口縁部	肩が強く張り、頸部は内反りし、口縁部は短く外反（外面：ミガキ）	ミガキ	在地	
51	7	−	第6図 12	深鉢（有突起）	口縁部	（外面：二枚貝条痕）	二枚貝条痕	在地	
52	7	第4トレンチ 2区	第6図 13	深鉢（波状？）	口縁部	（外面：巻貝条痕）	ナデ	在地	
53	7	−	第4図 16	深鉢（有突起）	口縁部	（突起部：丸棒状工具腹部による押圧列）（外面：ケズリ様の粗いナデ）	ナデ	在地	
54	7	−	第4図 19	深鉢	口縁部	（口端部：指頭かヘラによる押圧列）（外面：粗いナデ→ケズリ）	ナデ	在地	
55	7	−	第6図 15	深鉢	口縁部	（口端部：二枚貝？による凹線）（外面：二枚貝条痕）	ナデ	在地	
56	7	第4トレンチ 4区または5区	第6図 15	深鉢	口縁部	（口端部：丸棒状工具？腹部による押圧列）（外面：粗いナデ）	ナデ	在地	
57	7	第4トレンチ 2区	第5図 25	深鉢	口縁部	半截竹管による沈線3条 （外面：巻貝条痕）	巻貝条痕	在地	HB-D
58	7	第4トレンチ 1区-2区の壁	第4図 12	深鉢	口縁部	（口端部：ヘラによるV字押圧列）（外面：巻貝条痕）	ナデ	在地	
59	7	−	第6図 16	深鉢（波状）	口縁部	櫛描（5条）2段	ナデ	外来？	粘土分が多く光沢がある
60	7	第4トレンチ 3区または4区	第7図 1	深鉢	口縁部	（口端部：指頭による押圧列）（外面：ナデ→ケズリ）	ナデ	在地	HB-D
61	7	−	第6図 21	深鉢	口縁部	（外面：巻貝条痕）	ナデ	在地	
62	7	第4トレンチ 4区-5区の壁	第4図 17	鉢	口縁部	（口端部：指頭による押圧列）（外面：ミガキ）	ナデ	在地	
63	7	−	第4図 13	鉢（波状）	口縁部	（波頂部：巻貝腹部による押圧列）（外面：巻貝？条痕）	ナデ	在地	
64	8	第4トレンチ 3区	第7図 11	深鉢	底部	（底部外面：網代痕（3本超え・1本潜り・2本送り））（体部外面：ナデ）	−	在地	HB-D
65	8	第4トレンチ 3区	第7図 13	深鉢	底部	（体部外面：ミガキ）	ナデ	在地	
66	8	−	第7図 8	壺（注口付）	胴部	円形の貼瘤、その外周に半截竹管による円形紋、同工具による横沈線 （外面：ナデ）	ナデ	在地？	チョコレート色強い
67	8	第4トレンチ 4区-5区の壁	第5図 18	深鉢（波状）	口縁部	ナデ→LR縄紋帯→鋭いヘラによる沈線	ナデ	在地	HB-D
68	8	第4トレンチ 4区	第3図 11	鉢	口縁部？	RL縄紋→縄紋間のミガキ→幅広で浅い凹線	粗いナデ	在地？	赤みが強い
69	8	−	第3図 5	深鉢（小波状）	口縁部	RL縄紋→口縁部無紋帯（ミガキ）→ヘラによる玉抱三叉紋	ナデ	在地	70と同一個体
70	8	−	第3図 6	深鉢（小波状）	口縁部	口縁部無紋帯（ミガキ）→ヘラによる玉抱三叉紋	ナデ	在地	69と同一個体
71	8	第4トレンチ 2区	第3図 7	深鉢	胴部	ヘラによる入組紋	ナデ	在地	沈線は浅く引掻いた様
72	8	−	第3図 15	深鉢	くびれ部	磨消縄紋（RL）	ナデ	在地	
73	8	−	第3図 8	鉢	口縁部	体部にRL縄紋 口縁部に2条横凹線＋凹線間に縦の刻み、2条横凹線	ミガキ	外来？	内外面が漆黒色
74	8	−	第3図 9	鉢（有突起）	口縁部	体部にLR縄紋 口縁部に3条横凹線（口端部：入り組んだ小突起）	ミガキ	外来？	内外面が漆黒〜暗褐色
75	8	−	第3図 3	深鉢（波状）	口縁部	太い凹線による弧状紋の間に、入組紋（波頂部口端：原体不明の押圧）	ナデ	外来？	HB-D 他に比べ乳白色が強い色調で雲母含まず
76	8	第4トレンチ 4区	第3図 4	壺	口縁部	頸部に1条横凹線。胴部に三叉状入組紋（口縁部：ナデ）	ナデ	在地	
77	8	−	第3図 16	深鉢	胴部	太い凹線、同工具による刺突紋とLR縄紋による磨消縄紋	ナデ	在地	
78	8	第4トレンチ 2区	第7図 7	深鉢	口縁部	沈線による「()」状の楕円紋とその中央に縦方向の刺突紋、隣に上下の弧状沈線（外面：ナデ）	巻貝条痕	在地	
79	8	第4トレンチ 4区	第5図 33	鉢	口縁部	2条の幅広い横凹線 （外面：ケズリ）	ナデ	在地	80と同一個体
80	8	−	第5図 31	鉢（有突起）	口縁部	2条の幅広い横凹線 （口端部：B字状突起）（外面：ケズリ）	ナデ	在地	79と同一個体
81	8	−	第7図 2	壺	口縁部〜胴部	上下に横凹線で区画された肩部に、2条の縦方向の凹線で左右の区画をなし、その方形区画内に4条一組の横凹線を2段配する（外面：ミガキ）	ナデ	在地	HB-D
82	8	−	第3図 21 第4図 26	壺	口縁部〜頸部	頸部と胴部に刺突紋を挟む沈線を施し、それらの間に櫂原紋様と2条の横沈線を配する（外面：ナデ？）	ナデ	在地？	他に比べ白色が強い色調、内面に朱が塗布

研究篇　第Ⅰ部　遺跡・遺構・遺物

追加報告土器

図版番号	写真	発掘地点	整理番号（K-）	器種	残存状況	器形・形態の特徴・紋様・技法			備考
83	9	－	K-15	深鉢	口縁部	内屈した口縁部に、縄紋？→半截竹管による弧状沈線　（頸部：ナデ？）	ナデ	在地	
84	9	－	K-7	深鉢	胴部	RL縄紋→半截竹管による平行沈線（3条以上）	ナデ	在地	
85	9	－	K-16	深鉢	胴部	半截竹管による平行沈線間に同工具による波状紋　（外面：巻貝条痕）	ナデ	在地	
86	9	第4トレンチ　1区	K-17	深鉢	口縁部	半截竹管による横沈線、および口縁端部の間に同工具による波状紋　（口端部：棒状工具腹部による押圧列）	ナデ	在地	
87	9	第4トレンチ　4区	K-18	深鉢（波状）	胴部	内屈した口縁部に、擬縄紋→半截竹管による弧状沈線　（頸部：巻貝条痕）	ナデ	在地	
88	9	－	K-5	深鉢	口縁部	櫛描（4条）弧状紋（波頂部外面：縦2か所に小巻貝尾部の刺突紋）（頸部：巻貝条痕）	ナデ	在地	
89	9	－	K-13	深鉢	口縁部	肥厚した口縁部に、半截竹管による横沈線2条＋縦2か所に原体不明の円形刺突紋　（外面：ナデ）	ナデ	在地	
90	9	－	K-22	壺？	胴部	ヘラによる橿原風？の紋様（横沈線＋斜向沈線3条）（外面：ナデ）	ナデ	在地	
91	9	－	K-23	深鉢（波状）	口縁部	幅広い半截竹管による波状口縁に沿った横沈線2条	－	在地	
92	9	第4トレンチ　4区または5区	K-14	深鉢	口縁部	肥厚した口縁部に、半截竹管による2段の刺突列　（頸部：ナデ？）	ナデ	在地	
93	9	第4トレンチ　2区-3区の壁	K-24	深鉢	口縁部	内屈した口縁部に、1条以上の横沈線＋尖った棒状工具による刺突列	ナデ	在地	
94	9	－	K-21	深鉢	胴部	半截竹管の凹部による横沈線と凸部による横凹線、及びその間に刻目	ナデ	在地	
95	9	－	K-6	深鉢（波状）	口縁部	（外面：ナデ→頸部にケズリ）	ナデ	在地	
96	9	－	K-1	深鉢	口縁部	幅広い低突帯（内面に横凹線）（外面：ナデ）	ナデ	在地	
97	9	－	K-2	深鉢	口縁部	（波頂部：指頭？圧痕）（外面：ナデ）	ナデ（鋭いヘラによる横沈線）	在地	
98	9	－	K-3	深鉢（波状）	口縁部	（外面：ナデ）	ナデ（鋭いヘラによる横沈線）	在地	
99	9	－	K-4	深鉢	口縁部	（外面：ナデ）	ナデ（丸棒状工具による横凹線）	在地	
100	9	－	K-26	深鉢	口縁部	（外面：ミガキ？）	ミガキ？	在地	
101	9	－	K-12	深鉢	口縁部	（外面：条痕）	巻貝条痕	在地	
102	9	－	K-20	鉢	口縁部	4条の幅広い横凹線	ミガキ（口縁肥厚部分に2条の横凹線）	在地	外面に朱が塗布内面凹線の内下側は弧状となり、その頂点で器面が内側に瘤状に隆起
103	9	－	K-29	鉢	口縁部	（外面：ナデ）	ナデ	在地	
104	9	－	K-11	鉢（波状）	口縁部	（外面：ナデ）	ナデ	在地	
105	9	－	K-19	深鉢	口縁部	（外面：ナデ）	精緻なナデ（口端部近くに凹線）	在地	
106	9	第2トレンチ	K-10	壺	口縁部	（外面：ナデ）	ナデ	在地	
107	9	－	K-9	深鉢（波状）	口縁部	（外面：ナデ）	巻貝条痕	在地	
108	9	－	K-31	深鉢	口縁部	（外面：精緻なナデ）	精緻なナデ	在地	
109	9	－	K-28	深鉢	口縁部	（外面：ミガキ）	精緻なナデ	在地	
110	9	－	K-8	深鉢	口縁部	（外面：二枚貝条痕）	ナデ	在地	
111	9	－	K-30	深鉢	口縁部	（外面：ケズリ）	ナデ	在地	
112	9	－	K-32	深鉢	口縁部	（外面：精緻なナデ）	ナデ	在地	
113	9	－	K-25	深鉢（波状）	口縁部	頸部に斜方向の浅い沈線　（外面：粗いミガキ）	ナデ	在地？	粘土分がやや多く、若干「滑り」のある質感
114	9	－	K-33	深鉢	胴部	（外面：二枚貝条痕）	ナデ？	在地	圧痕
115	9	－	K-27	深鉢	胴部	（外面：ケズリ）	ナデ	在地	
116	10	第4トレンチ　2区	K-35	深鉢	胴部	（外面：巻貝条痕）	二枚貝？条痕	在地	
117	10	－	K-34	深鉢	胴部	（外面：巻貝条痕）	巻貝条痕	在地	
118	10	第4トレンチ　4区	K-37	深鉢	底部	（外面：巻貝？条痕）	ナデ	在地	
119	10	第4トレンチ　2区	K-36	深鉢	口縁部～胴部	（外面：ケズリ）	ミガキ様ナデ	在地	

※追加資料（K-1～37）の整理番号と図版掲載個体番号（[　]内の番号）の対応関係は以下の通りである。
K-1：[96]　K-2：[97]　K-3：[98]　K-4：[99]　K-5：[88]　K-6：[95]　K-7：[84]　K-8：[110]　K-9：[107]
K-10：[106]　K-11：[104]　K-12：[101]　K-13：[89]　K-14：[92]　K-15：[83]　K-16：[85]　K-17：[86]
K-18：[87]　K-19：[105]　K-20：[102]　K-21：[94]　K-22：[90]　K-23：[91]　K-24：[93]　K-25：[113]
K-26：[100]　K-27：[115]　K-28：[109]　K-29：[103]　K-30：[111]　K-31：[108]　K-32：[112]　K-33：[114]
K-34：[117]　K-35：[116]　K-36：[119]　K-37：[118]

第 2 章　1965年調査出土土器群とその編年的位置（坂口　隆・佐野　元・邊見秀子・大竹孝平・松本泰典・大塚達朗）

3　参考資料（図9：1950年中山英司調査資料）解説

　参考資料として1950年中山英司調査土器資料のうち、縄文晩期後半突帯文土器の口縁部破片の拓影資料を掲載し（図9-1～8）、以下に略説をする。
　1は、突帯文上にヘラ状の施文具によって、刻みを浅く施し、口縁端部上にも小さな刻目を反時計回りにめぐらせる。2～4は、おそらく二枚貝で突帯文上の押し引きと頸部への条痕調整をおこなっている。2は、突帯文上の押し引き後、突帯文下辺に強い力で横ナデが施されている。しかし、本破片とは別の同一個体破片には、そのような押し引きを下から磨り消す横ナデは確認されていない。3は、2とは別個体であるが、突帯文への同様な調整が見て取れる。つまり、向かって左端破片では、押し引き後の下辺の横ナデで押し引きが一部磨り減るのに対して、右端破片では、その痕跡がない。4は、突帯文を口縁端部と面を等しくさせ、下辺はほとんど調整されていない。また、突帯文下辺には指と思われる圧痕が、およそ1cm間隔で並んでいる。押し引き時か、突帯文貼り付け時に付加された痕跡と考えられる。5は、突帯文を貼り付けない例である。押し引きは、貝の放射肋の圧痕により、二枚貝を使用したと推定されるが、擦痕状に引かれている。口縁端部からの粘土帯はその押し引きを一部覆っている。6は、突帯文全体を横ナデで扁平にし、押し引きの長さは16mm以上と長く、押し引き同士の間隔も広くあいている。8の頸部には、X字形の描線を三単位並べ、それを両脇で区画する1条の描線が縦に垂下している。加えて興味深いのは、幅4mm程度の磨き痕が、向かって左端破片のみに数条確認されることである。また、突帯文下辺付近には指の圧痕が一部並び、突帯文貼り付け時に付加された指の痕跡であろうと推測できる。突帯文貼り付け後は端部を外に折り返し、その後突帯文上辺とともに横ナデで平坦にして、垂れ下がり状の断面にしている。
　以上の観察を踏まえ、所見を述べてまとめとしたい。
　1は、口縁端部上刻目があることから、東海地方の刻目突帯文出現期に関わる資料であろうか。この土器の時期については確定的ではないが、保美貝塚における刻目突帯文出現期の存在を示唆する資料としてあげておく。2～4は、東海地方西部に典型的な二枚貝押し引きの突帯文土器である。しかし、前述したように突帯文の成形としては細部に特徴があり、他遺跡との比較検討が望まれる。5～8については、いわゆる狭義の五貫森式の標識資料である、五貫森遺跡第Ⅰ群土器（杉原・外山　1964）と比較する。第Ⅰ群土器の突帯文土器を特徴付ける属性として、突帯文上の押し引きが粗雑であることや押し引きが長いこと、突帯文の高さが低いことがあげられる。5・6は、その傾向にほぼ相当するものであろう。7も第Ⅰ群土器に類例は確認できる（杉原・外山　1964：第22図152）。8は、突帯文成形後に口縁端部と突帯文上辺を同時に横ナデし、垂れ下がり形の形状を作っている。第Ⅰ群土器は、突帯文成形後の端部折り曲げや突帯文上・下辺横ナデを行っており、その点で対照的である。地域差などの問題を別にするなら、狭義の五貫森式の前型式が保美貝塚にあることを示す例といえよう。突帯文A2類に相当するともいえる（松本　2009：図9）。また、口縁部押し引きや頸部調整に、一定幅の板状の細条線が見られ（5・8）、保美型深鉢など一部の土器にも散見されている。
　最後に、訂正とお詫びを申し上げておきたい。筆者は、2009年12月19日のオープンリサーチセンター縄文部会の公開研究会の発表「保美型深鉢と精製壺形土器について」で取り上げた保美貝塚資料を、1965年小林知生調査資料と記述してしまった（松本　2010）。これらの資料は、今回の参考資料と同様に1950年中山英司調査資料の一部と、現在、判明している。調査年次を誤認した点について、関係者の皆様にご迷惑おかけしたことをこの機会を借りてお詫びするとともに、資料の調査年次について訂正をお願いしたい。

研究篇　第Ⅰ部　遺跡・遺構・遺物

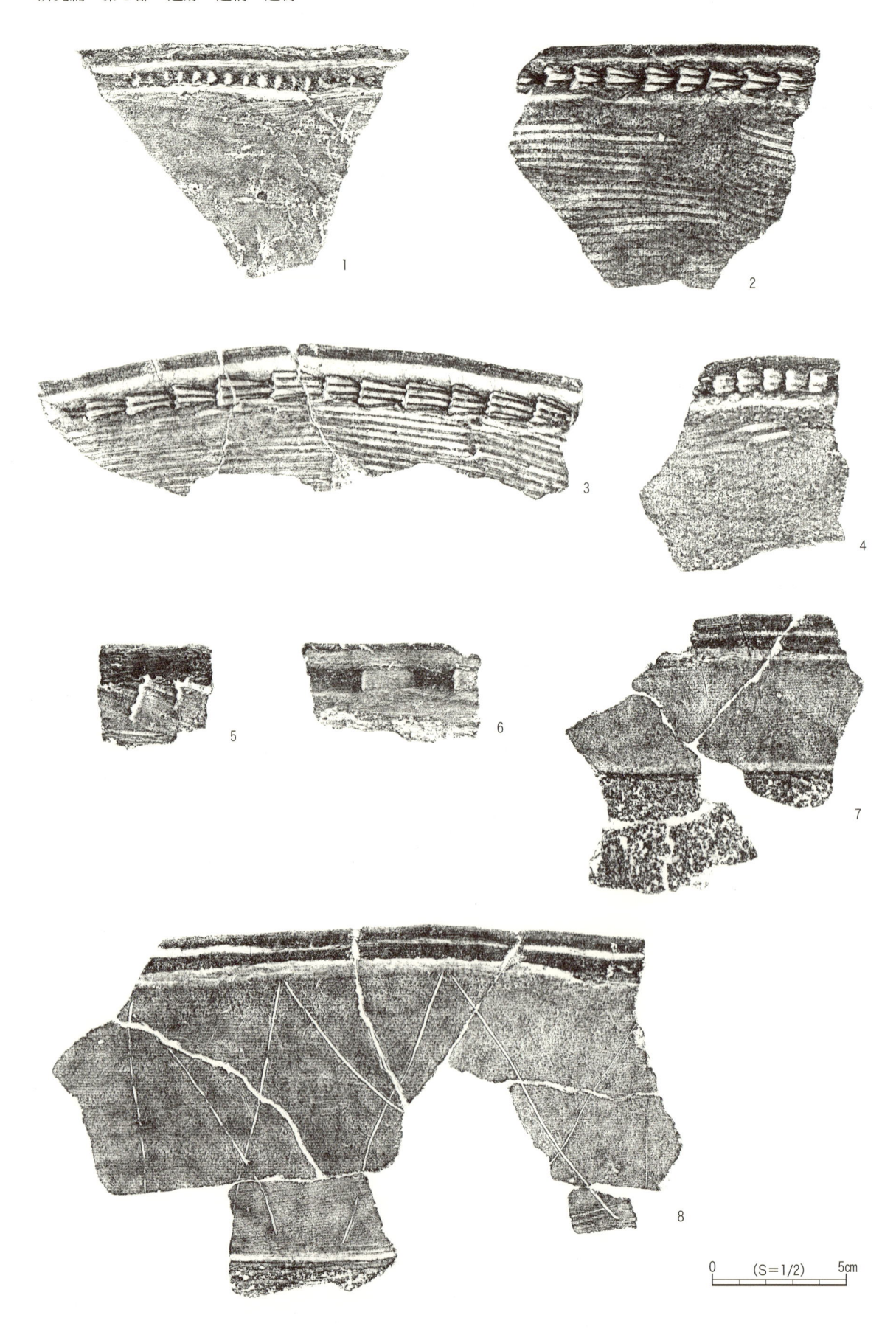

図9　1950年中山英司調査資料

第2章　1965年調査出土土器群とその編年的位置（坂口　隆・佐野　元・邊見秀子・大竹孝平・松本泰典・大塚達朗）

4　考　察

【その一】

　これまでのオープンリサーチでは、1965年調査の保美貝塚出土資料と関連して下記のような問題が提起されてきた（大塚　2009）。

1．近年、東北地方の瘤付土器・亀ケ岡式の研究が進むとともに、縄文時代後・晩期の境界が見直され、それに伴いこれらの研究成果が西日本にも影響を及ぼしている。東海地方の晩期前半、並びに後期末をどのように捉えるか。

2．1965年調査の保美貝塚出土資料には、在地の土器とともに比較的多くの異系統土器が含まれる。オープンリサーチを通して、従来、見落とされてきた安行3a式の帯縄紋系大波状口縁深鉢、大洞B2式の小波状口縁深鉢などが再認識されつつある。1．と関連して、これらの異系統土器には、在地のどのような土器が伴うのか。

　1965年調査の保美貝塚出土の土器には、縄文時代後期後葉から晩期後葉の複数の土器型式が含まれるが、晩期前葉が主体となる。保美貝塚出土資料のより厳密な位置づけ、また上記した問題を解決するのには、貝層が比較的厚く縄文時代後期後葉から晩期前葉の土器の変遷が把握でき、しかも東西の土器が出土しているため広域編年を射程に入れることのできる1949年調査（1950年補足調査）、伊川津貝塚A～A'トレンチの資料（芳賀　1972）を検討するのが最善であろう。この資料については一部混在が認められるが、下層から上層への層位的出土傾向を検討することにより、東日本の編年体系との整合性を見出し、東海地方の後期末と晩期の区分を把握することができるであろう。

　伊川津貝塚A～A'トレンチ11・10層　凹線文系土器と櫛歯状工具で粗大な波状文を描く櫛描文土器が出土している。凹線文系土器（図10-97）には、巻貝扇状圧痕施文土器が含まれ、宮滝2式との接点が指摘される（岡田　2000、2008）。この櫛描文土器（図10-102、104・105）は、波状文の下降部に弧線を重ねる文様構成で、施文原体を除けば、寺津下層式のモチーフと類似する。凹線文施文原体が櫛歯状工具に代わるだけなので、櫛描文も幅広である。

　同9層資料　凹線文系土器のホライズンが崩壊する時期に相当するため、凹線文が激減するとともに、文様構成にも地域性の強い土器群が各地で展開する。9層出土の伊川津式の特徴は、波頂下部に縦位短沈線を入れることにあり（図10-74、77、80）、西日本の広域編年を検討する上で重要な指標となりうる。櫛描文土器は、粗大な波状文を描くもの（図10-90）、あるいは2段構成の波状文がある一方（図10-87）、口縁先端が肥厚し、やや波状文が小形化し、新しい様相を呈するものも出現する（図10-88）。また、深鉢口縁部に三角形（山形）連続文が展開するとみられ、文様的に8・7層資料に近いものも含まれる（図10-86）。9層の異系統土器には胴部上半に瘤付土器第2・3段階の弧線連結文を組み合わせたような文様、胴部下半には安行1式、あるいは安行2式に特徴的な互連弧充填縄文を施文する土器（図10-91）が出土している。さらに、中部高地を主体に分布する羽状沈線文系土器（図10-92）、並びに安行2式の波状口縁深鉢（図10-93）が出土していることから、後期後葉に位置づけられる。ちなみに、この安行2式の波状口縁深鉢は、瘤付土器第Ⅲ段階並行に位置づけられている（大塚　2000：322-327）。

　同8・7層　櫛描文土器（図10-71）は、文様帯の幅が狭くなっている。三角形（山形）連続文も出土しているが（図10-68・69）、三角形（山形）文とも波状文ともいえる土器があるので（図10-65・66）、三角形（山形）連続文は波状文のバリエーションだろう。いずれも文様帯の幅が狭くなっている。8・7層からも関東地方西部から中部高地に分布する大波状口縁稲妻状文施文土器に伴う波状口縁有段深鉢

が出土しており（図10-73）、8・7層資料は、後期後葉に位置づけられる。三角形（山形）連続文は清水天王山遺跡下層a類に類例があり（清水市郷土研究会編 2008：図24-25）、時期的に整合性があろう。

同6層 寺津式が主体になるとともに（図10-28〜39）、蜆塚B式も出土するようになる（図10-40）。櫛描文土器は2段構成のものもあるが、小波状文が増える（図10-45・46、50・51）。この層で注意されるのは、三叉文を施文する大洞B1式が出土していることである（図10-52）。この三叉文は、三叉部が縦長に間伸びしているので、大洞B1式でも新しいものかもしれない。また、本層から橿原式文様が出現する。橿原式文様には大塚達朗（2000：217）が橿原段階と呼称するもの（図10-60）と、橿原式文様が変容しつつあるものが含まれる（図10-57・58、62・63）。橿原式文様の年代的位置が示唆されるとともに、大洞B1式、寺津式、蜆塚B式、橿原式文様を含む6層資料が広域編年において晩期初頭の指標になりうるであろう（小林（圭） 2008a）。

同5層 蜆塚B式（図10-3・4）、寺津式（図10-7〜11）が出土しており、6層資料とほぼ同じ内容である。ただし、5層資料では、櫛描文土器が主体となり、寺津式、蜆塚B式が少数となる。櫛描文土器の文様は、2段構成のものもあるが、小波状文が主体になる（図10-15〜23）。また、元刈谷式（図10-11-12）、元刈谷式への過渡期とみられるものも出土しているので（図10-13）、6層資料と比較すると新しいものが含まれている（岡田 2000、松本 2008）。櫛描文土器は文様帯が幅広で粗大な櫛描文から、文様帯が幅狭く小波状の櫛描文へという傾向は、清水天王山遺跡でも層位的に確認されており、整合的である（静岡市教育委員会 2008a：429）。ただし、保美貝塚Ⅱ群土器の2のように、小振りな櫛描波状文と大振りな櫛描波状文が一つの土器に共存している例もあるので、その編年的位置を判断する場合には注意が必要である。

伊川津貝塚A〜A'トレンチの層位的資料を東日本の編年体系と整合すれば、6層以降の資料が晩期と評価される。6層資料を吉胡BⅠ式と呼称する見解もあるが（増子 1979、2004、2008）、吉胡BⅠ式は寺津式、蜆塚B式、櫛描文土器が渥美半島では共存し、地域によりその組成に相違があるという先学（久永 1972b、向坂 1970、1976）の指摘を言い換えたにとどまる。また、伊川津式に関して、伊川津Ⅰ式（後期末）、伊川津Ⅱ式（晩期）という細分案が近年、提唱されている（増子 2004、2008）。この細分案では、「純粋な伊川津Ⅱ式からなる7・8層（伊川津貝塚A〜A'トレンチ）」（増子 2004：18）、あるいは伊川津貝塚A〜A'トレンチ「芳賀報告9層は主体が伊川津Ⅱ式」（増子 2008：778）とされる。また、伊川津貝塚A〜A'トレンチと「層位が共通するA区第2トレンチ混土貝層を援用して分類」されている（増子 2004：18）。

既述の通り、伊川津貝塚A〜A'トレンチ9層資料、7・8層資料は、後期後葉に位置づけられると考える。A区第2トレンチ混土貝層からは、寺津下層式の深鉢（久永 1972a：挿図第三八-27）、あるいは伊川津貝塚A〜A'トレンチ9層資料に特徴的な縦位短沈線を施す深鉢が出土している（久永 1972a：挿図第三九-1）。また、肩部隆帯に刻目、口縁に山形連続文を施文する深鉢（久永 1972a：挿図第三八-1、挿図第三九-9）も伊川津貝塚A〜A'トレンチ9層に類似資料がある（図10-86）。異系統土器では、貼瘤を挟んで三叉状文が対置する後期終末とみられる土器が出土している（久永 1972a：挿図第三九-14・15）。このようにA区第2トレンチ混土貝層資料も後期後葉から終末が主体とみられる。在地の土器、異系統土器の両者の観点からしても、伊川津Ⅱ式の晩期説はありえないだろう。

保美貝塚出土資料を伊川津貝塚A〜A'トレンチ資料と対比すれば、保美貝塚Ⅰ群土器は、伊川津貝塚A〜A'トレンチ11・10層の凹線文系土器に近いかもしれない。既述の通り、Ⅱ群土器は文様帯の幅広なものと幅狭なものがあり、9層資料に近いものから6層資料に近いものまで含まれる。また、今回のオープンリサーチでは所在を確認できなかったが、既報告の櫛描文土器（小林（知）ほか 1966：第5

第2章　1965年調査出土土器群とその編年的位置（坂口　隆・佐野　元・邊見秀子・大竹孝平・松本泰典・大塚達朗）

図-2～5）には伊川津貝塚A～A'トレンチ5層出土の小波状文に近似するものが含まれる。櫛描文土器は数段階の変遷が想定されるが（松本　2008）、保美貝塚のⅡ群土器に関しては時期幅がありそうだ。

保美貝塚Ⅲ群土器とⅣ群土器は、伊川津貝塚A～A'トレンチ6・5層資料に類似し、保美貝塚の主体となる資料である。これらⅢ群土器とⅣ群土器には恐らく、安行3a式の帯縄紋系大波状口縁深鉢、橿原式文様施文土器が伴うのであろう。Ⅲ群土器（寺津式）、Ⅳ群土器（蜆塚B式主体）、Ⅴ群土器（元刈谷式）、Ⅸ群土器（安行3a式の帯縄紋系大波状口縁深鉢、大洞B2式小波状口縁深鉢、大洞BC式浅鉢、安行3c式など含む）、並びに小波状櫛描文土器をもとに保美Ⅱ式なるものが設定され、さらにそれは3時期に細分されている（増子　1980、2004、2008）。しかしながら、在地的な土器を吟味しただけでもⅢ・Ⅳ群土器が、Ⅴ群土器に先行することは学史をふまえれば明らかなことで、その設定自体に無理があろう。

かつて向坂鋼二（1970、1976）は、東海地方の晩期前葉には一地域において複数の土器型式が共存することから、東海地方の各流域、あるいは平野部ごとに、晩期前葉の土器型式の組成比率を検討し、その地域性を指摘した。渥美半島では複数の土器型式が重複して分布し（久永　1972b、向坂　1970、1976、佐野　2004）、しかも遺跡によりその組成に相違がみられる。1965年調査の保美貝塚晩期前葉資料では寺津式が主で、蜆塚B式と櫛描文土器は少数である。1984年調査、伊川津貝塚Ⅳ層では、櫛描文土器が主体で、蜆塚B式と寺津式が少数である。同Ⅲ層では、櫛描文土器と蜆塚B式が主体で、寺津式が少数である（春成ほか　1988）。伊川津貝塚A～A'トレンチ6層資料では、寺津式、櫛描文土器の順に多く、蜆塚B式が少数である。逆に、A～A'トレンチ5層資料では、櫛描文土器が主体で、寺津式、蜆塚B式が少数である（芳賀　1972）。このように、伊川津貝塚では、地点と層位によりその組成は様々である。吉胡貝塚第2トレンチでは蜆塚B式が主体であるが（山内　1952）、第1トレンチでは寺津式、櫛描文土器も出土している（澄田　1952、久永　1952）。

伊川津貝塚では在来の櫛描文土器、吉胡貝塚では蜆塚B式が多数をなす傾向がみられるが、渥美半島に位置するこれらの遺跡では、対岸の三河湾沿岸の諸遺跡と地理的に近く、矢作川流域、衣浦湾沿岸を中心に分布する寺津式の情報も摂取しやすかったのであろう（岩瀬　1991、2008）。蜆塚B式は、静岡県蜆塚遺跡が標識遺跡とされるが（向坂　1970）、吉胡貝塚とその対岸の三河湾に面する豊川河口部左岸も分布の中心の一つとみられる。蜆塚遺跡の蜆塚B式は、巴状文や縦長の貼瘤を深鉢口縁に施すなど清水天王山式に特有である製作手法を取り入れている。こうした点に、吉胡貝塚の蜆塚B式とは特徴が異なる点が認められ、蜆塚B式の変異が看取できる。土器型式の緩衝地帯に位置する渥美半島では、近接する地域の土器製作情報を摂取する度合いが遺跡により強弱があるのだろう。

保美貝塚は吉胡貝塚、伊川津貝塚と並ぶ渥美半島の三大貝塚と呼称されてきたが、その中でも土器組成にみられる地域性は渥美半島の地域集団のあり方を示唆する可能性があり（岩瀬　2008：358）、複雑な様相を呈している。1965年調査の保美貝塚出土資料の中には、在地の土器とともに、Ⅸ群土器、すなわち異系統土器が比較的多く出土している。しかしながら、これら異系統土器の中にも搬入土器は少なく、むしろ他地域の土器の文様を転写しているようにみえ、土器製作に関連する情報が東海地方では複雑に交差していたことを示唆させる。

【その二】

【その一】では、主に東海地方晩期編年が議論されたので、後期部分を東日本系土器から検討を加えたい。

筆者は、1949年調査（1950年補足調査）の伊川津貝塚A～A'トレンチ9層（芳賀　1972）から帯縄

紋系安行2式大波状口縁深鉢形土器（図10-93）が検出されたことに注目したい。この安行2式土器は、瘤付土器第Ⅲ段階並行の指標的な土器である。しかし、伊川津貝塚A～A'トレンチ9層の土器資料は縄紋後期後半の時期に比定されるが、後期末いいかえれば晩期直前ではない。

　この帯縄紋系安行2式土器は、1959年に土器実測図（紅村　1959：第32図　伊川津貝塚出土各種遺物-5のなかの土器）が初掲載され、より詳細な実測図が、1968年に公表された（向坂　1968：東海地方後期終末の縄文土器群　E（関東地方の型式）-20）。1972年にその拓本図が掲載された（芳賀1972：挿図第八四　A～A'トレンチ第9層出土土器拓影　その2-2）（図10-93）。また、写真は、山内の論文中で紹介された（山内　1964：挿図28）。

　保美貝塚土器資料中には瘤付土器第Ⅲ段階土器やそれに並行する帯縄紋系安行2式土器はないが、伊川津貝塚B区から瘤付土器第Ⅲ段階土器が得られている（久永　1972a：挿図第四三　B区貝層出土土器拓影　その3-31）。その土器は、胴部くびれ部付近の破片で、典型的な瘤付土器第Ⅲ段階である。筆者が実見して確認したものでは、三重の森添遺跡から瘤付土器第Ⅲ段階の土器（奥ほか　1988：第21異系統の土器実測図-293）が発掘調査で得られている。

　後期末は、安行2式（帯縄紋系・横つながり入組紋系）の新しい部分―瘤付土器第Ⅳ段階である（大塚　1981、1995、1996、2000、2005、小林（圭）　2008bなど）。保美貝塚72は後期末の土器資料で、深鉢形土器のくびれ部付近の破片である。小破片のために、胴部紋様が起点終点の入組紋か横つながりの入組紋か分からない。しかし、後期末の指標的な土器といえる点で重要である。起点終点の入組紋土器であれば、瘤付土器第Ⅳ段階であり、他方、横つながりの入組紋であれば、瘤付土器第Ⅳ段階に並行する入組紋系安行2式土器である。

　中部地方では、1961年に向坂鋼二が長野県中ノ沢遺跡の帯縄紋系安行2式土器などを報告した（向坂1961）。現在の研究動向からみると、おそらく帯縄紋系波状口縁深鉢形安行2式土器（向坂　1961：第3図　土器拓影（その2）-54）と帯縄紋系波状口縁深鉢形安行3a式土器（向坂　1961：第3図　土器拓影（その2）-55a・b）と帯縄紋系波状口縁深鉢形安行3b式土器（向坂　1961：第3図　土器拓影（その2）-56）の3種類であろう（入組紋系の安行2式・同3a式・同3b式土器はみられないようである）。保美貝塚でも帯縄紋系波状口縁深鉢形安行3a式土器（67）が検出されている。これらは安行式土器の広がりを示している。68は、おそらく大洞B式の台付鉢形土器の台部であろう。

　66は、かなり変容しているが、瘤付土器第Ⅱ段階の注口付壺形土器の胴部破片である。直径約7mmの丸い瘤が胴のいちばん張ったところに丁寧に貼付され、貼瘤の上下に並行沈線が胴を水平に回り、貼瘤の外周を左回りに回る紋様（繊細な二重の並行沈線紋）がある。瘤付土器第Ⅱ段階と判断する手がかりで、その沈線の原体は半截竹管であろう。現状でははっきりしないが、1966年の報告書では、胴部にLR縄紋施紋がはっきりうかがえる。

　以上、まとめると、1965年に発掘された保美貝塚には、縄紋後期の指標的な土器として、瘤付土器第Ⅱ段階の土器1例と、瘤付土器第Ⅳ段階の土器あるいは瘤付土器第Ⅳ段階並行の入組紋系安行2式土器のいずれかに該当するもの1例がある。

引用文献
新井正樹編　2008　『清水天王山遺跡（本文編第二分冊）』（第4次5次発掘報告）、静岡市教育委員会。
岩瀬彰利　1991　「市杵嶋神社貝塚出土の土器について」『市杵嶋神社遺跡(Ⅰ)』（豊橋市埋蔵文化財調査報告書13）65-74頁、豊橋市教育委員会。
岩瀬彰利　2008　「漁撈活動からみた東海地方晩期前半の地域的特色」『南山大学人類学博物館オープンリサーチセンター2007年度年次報告書　付編　研究会・シンポジウム資料』356-359頁、南山大学人類学博物館。

第 2 章　1965年調査出土土器群とその編年的位置（坂口　隆・佐野　元・邊見秀子・大竹孝平・松本泰典・大塚達朗）

大塚達朗　1981　「小豆沢出土安行3a型深鉢再考―三叉紋の系譜から―」『彌生』11、14-22頁。
大塚達朗　1995　「橿原式紋様論」『東京大学文学部考古学研究室研究紀要』13、79-141頁。
大塚達朗　1996　「縄文時代　土器―山内型式論の再検討より」『考古学雑誌』82(2)、11-25頁。
大塚達朗　2000　『縄紋土器研究の新展開』同成社。
大塚達朗　2005　「縄紋土器製作に関する理解～その回顧と展望～」『考古学フォーラム』18、2-12頁。
大塚達朗　2009　「保美貝塚の安行3a式と大洞B式：晩期編年の要諦として『南山大学人類学博物館オープンリサーチセンター　2009年度年次報告書　付編　研究会・シンポジウム資料』90-104頁、南山大学人類学博物館。
大塚達朗　2010　「保美貝塚の安行3c式土器と杉田A類壺類似土器」『縄文晩期社会―渥美半島保美貝塚遺跡の研究より―』(南山大学人類学博物館オープンリサーチセンター縄文部会シンポジウム資料)、南山大学人類学博物館。
岡田憲一　2000　「西日本縄文後期後葉土器編年序論」『向出遺跡』（大阪府文化財調査研究センター調査報告書55）317-351頁、大阪府文化財調査研究センター。
岡田憲一　2008　「東海地方の扇状圧痕文を巡って『南山大学人類学博物館オープンリサーチセンター　2007年度年次報告書　付編　研究会・シンポジウム資料』325-328頁、南山大学人類学博物館。
奥　義次ほか　1988　『森添遺跡発掘調査概報Ⅱ』（度会町文化財調査報告4）、度会町遺跡調査会。
加藤岩蔵・斎藤嘉彦ほか　1972　『本刈谷貝塚』、刈谷市教育委員会。
紅村　弘　1959　『東海の先史遺跡―三河編―』（東海叢書10）、名古屋鉄道。
紅村　弘・増子康真・山口　克・和田英雄　1978　『東海先史文化の諸段階（資料編Ⅱ）』、私家版。
後藤守一ほか　1952　『吉胡貝塚』（埋蔵文化財調査報告1）、文化財保護委員会。
小林圭一　2008a　「東海地方における縄文時代後期後葉～晩期前半の東北系土器」『南山大学人類学博物館オープンリサーチセンター　2007年度年次報告書　付編　研究会・シンポジウム資料』394-429頁、南山大学人類学博物館。
小林圭一　2008b　「瘤付土器」『総覧　縄文土器』568-577頁、アム・プロモーション。
小林知生ほか　1966　「保美貝塚」『渥美半島埋葬文化財調査報告』1-12頁、愛知県教育委員会。
佐野　元　2004　「晩期縁帯文土器の範疇」『考古論集―河瀬正利先生退官記念論文集―』205-222頁、河瀬正利先生退官記念事業会。
清水市郷土研究会編　2008　「附編　清水天王山遺跡　第1次3次発掘報告」新井正樹編『清水天王山遺跡（本文編第二分冊）』（第4次5次発掘報告）509-593頁、静岡市教育委員会。
杉原荘介・外山和夫　1964　「豊川下流域における縄文時代晩期の遺跡」『考古学集刊』2(3)、37-101頁。
澄田正一　1952　「第1トレンチ東半部及び第3トレンチ」『吉胡貝塚』（埋蔵文化財調査報告1）24-50頁、文化財保護委員会。
友野良一ほか　1994　『田中下遺跡』、宮田村遺跡調査会。
芳賀　陽　1972　「昭和24年の調査」『伊川津貝塚』98-127頁、渥美町教育委員会。
春成秀爾ほか　1988　『伊川津遺跡』（渥美町埋蔵文化財調査報告書4）、渥美町教育委員会。
半田市誌編纂委員会　1968　「半田市西の宮貝塚」『半田市誌　資料編Ⅰ』35-122頁、半田市。
樋口昇一ほか　1972　『長野県松本市女鳥羽川遺跡緊急発掘調査報告書　昭和45年度』、松本市教育委員会。
久永春男　1952　「第1トレンチ西半部及び第4トレンチ」『吉胡貝塚』（埋蔵文化財調査報告1）51-93頁、文化財保護委員会。
久永春男　1972a　「人工遺物　縄文式土器」『伊川津貝塚』45-75頁、渥美町教育委員会。
久永春男　1972b　「結語」『伊川津貝塚』159-168頁、渥美町教育委員会。
増子康真　1979　「東三河における縄文後期末・晩期文化の再検討(Ⅰ)」『古代人』35、49-56頁。
増子康真　1980　「東三河における縄文後期末・晩期文化の再検討(Ⅱ)」『古代人』36、13-25頁。
増子康真　2004　「東三河縄文晩期前半土器群の編年再編」『古代人』64、10-38頁。
増子康真　2008　「晩期半截竹管文土器」『総覧　縄文土器』774-781頁、アム・プロモーション。
松井直樹　2005　『枯木宮貝塚Ⅰ―N地区―』（西尾市埋蔵文化財調査報告書14）、西尾市教育委員会。
松本泰典　2008　「櫛描文研究から見る後期末・晩期初頭」『南山大学人類学博物館オープンリサーチセンター　2007年度年次報告書　付編　研究会・シンポジウム資料』295-301頁、南山大学人類学博物館。
松本泰典　2009　「西之山式の突帯文土器についての一考察―馬見塚遺跡E地点井上吉貞氏採集資料の紹介―」『南山考人』37、295-301頁。
松本泰典　2010　「保美型深鉢と無文精製壺―保美貝塚出土土器を中心に―」『南山大学人類学博物館オープンリサーチセンター　2009年度年次報告書　付編　研究会・シンポジウム資料』105-117頁、南山大学人類学博物館。
向坂鋼二　1961　「長野県中ノ沢出土の土器と土製耳飾」『第四紀研究』2(1)、40-56頁。
向坂鋼二　1968　「東海地方縄文後期末葉の時期」『遠江考古学研究』1、1-5頁、遠江考古学研究会。
向坂鋼二　1970　「原始時代郷土の生活圏」『郷土史研究と考古学』（郷土史講座1）257-299頁、朝倉書店。
向坂鋼二　1976　「縄文時代のテリトリー」『ドルメン』8、58-65頁。

研究篇　第Ⅰ部　遺跡・遺構・遺物

山内清男　1952　「第２トレンチ」『吉胡貝塚』（埋蔵文化財発掘調査報告１）93-124頁、文化財保護委員会。
山内清男　1964　「縄文式土器・総論」『縄文式土器』（日本原始美術１）148-158頁、講談社。

（**分担**　「はじめに」・「１　1966年報告資料」・「２　1966年未報告資料」・「４　考察【その一】」：坂口　隆、拓本・実測・土器観察表〈項目：土器番号／写真図版頁／発掘地点／1966年報告掲載番号／追加資料（K）整理番号／備考〉・「４　考察【その二】」：邊見秀子、土器観察表〈項目：器種／残存状況／器形・形態の特徴、外面調整・紋様、口端部紋様／内面調整・紋様／胎土／備考〉・「付論――在地系土器について」：佐野　元、「３　参考資料（図９：1950年中山英司調査資料）解説」：松本泰典、土器写真撮影及び作図：大竹孝平、構成：坂口　隆・大塚達朗）

第2章 1965年調査出土土器群とその編年的位置（坂口 隆・佐野 元・邊見秀子・大竹孝平・松本泰典・大塚達朗）

5層

6層

7・8層

9層

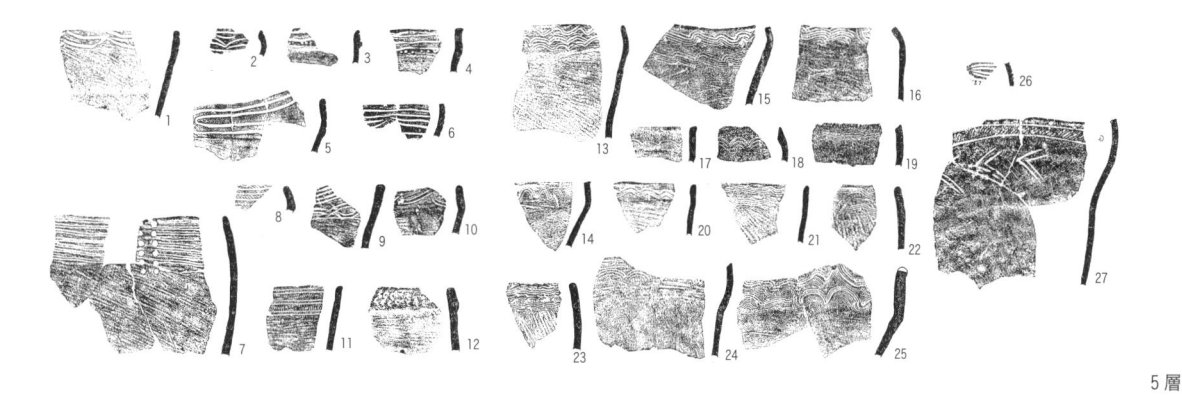

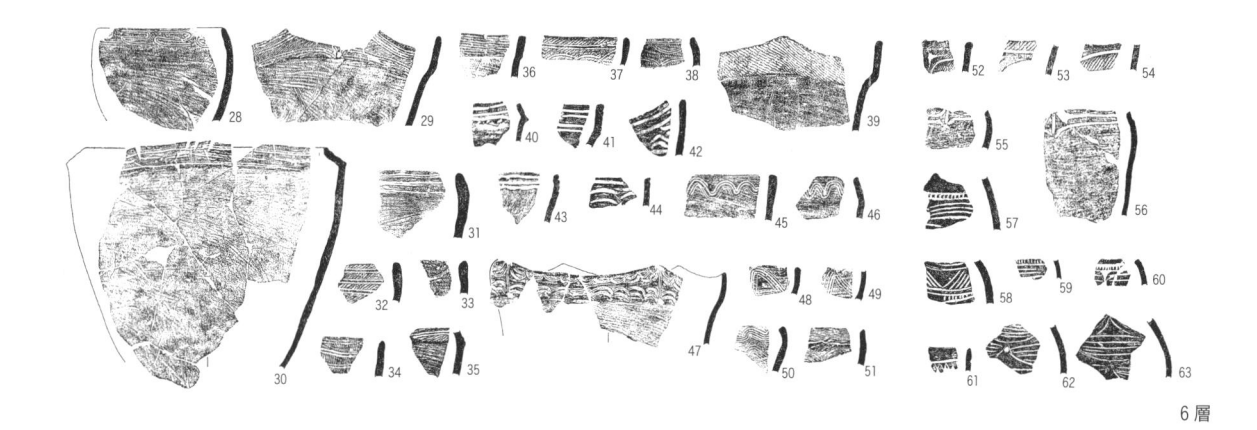

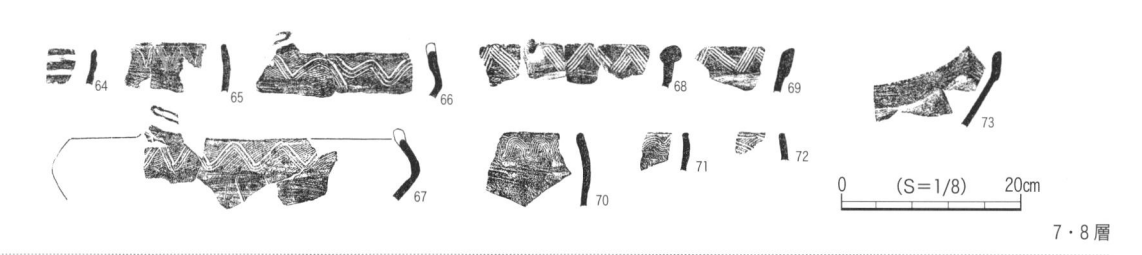

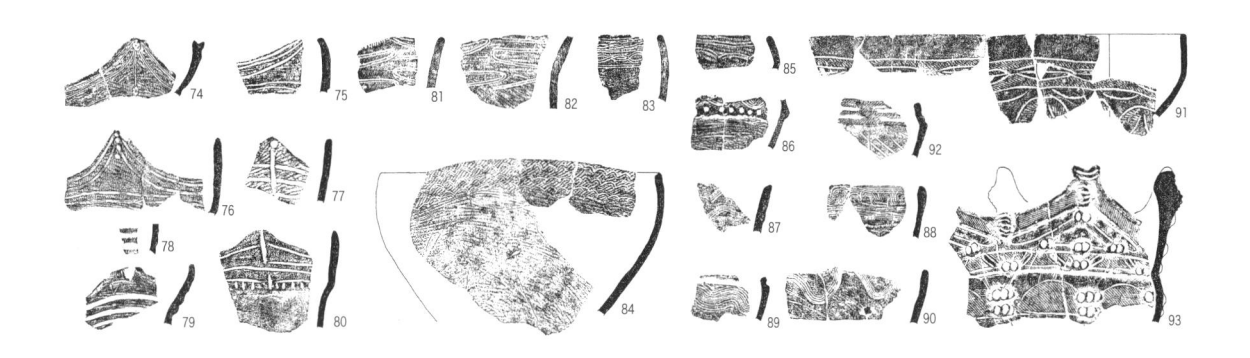

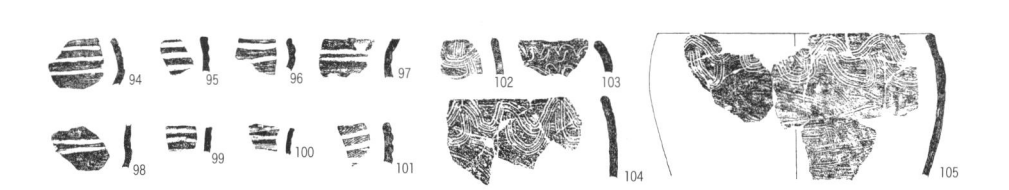

10・11層

図10 伊川津貝塚A～A'トレンチ出土資料（芳賀 1972から作成）

研究篇　第Ⅰ部　遺跡・遺構・遺物

付論——在地系土器について

佐野　元

1　縄文後期後葉〜晩期前半の土器型式についての再編案の提起

　伊勢湾東岸域における縄文後期後葉から晩期前半の土器群についての研究は、大戦前後からの吉田富夫、久永春男らによる編年研究を嚆矢として、向坂鋼二、増子康眞、藤城 泰らによって徐々に進められてきた。これら既往の研究についての概要と、筆者の見解については、別の拙稿（佐野 2001、2004、2008）の記述をご参照いただき、本稿では、これらを踏まえた近年の動向と筆者の立脚点を記載したい。

　2010年12月に「縄文晩期前半の土器編年〜愛知県三河地方を中心に〜」と題して第9回東海縄文研究会が開催された。このなかで、筆者は従来尾張東部・西三河地域において「寺津下層式」（口縁部形状がやや内湾）→「下別所式」（器形は寺津下層式と同）→「寺津式」（口縁部断面が「く」字形に内折する特有な器形）→「雷Ⅱ式（元刈谷式）」（肥厚口縁深鉢Ⅰの出現と一般化）→「桜井式」（口縁部を肥厚する手法は消失する）と変遷すると考えられていた晩期前半の有文深鉢の変遷（増子 2003）について、さきの器形変遷等の大きな方向性に変更の必要性はないものの、器形の変化は複数の系統が時期的な重複関係をもちながら推移するのではないかという問題提起を行った（佐野 2010）。

　寺津式から桜井式にかけての「く」字形内折→肥厚口縁→肥厚手法の消失といった有文深鉢の一系統的な変遷観については、縄文後期後葉から晩期前半を凡そ捉える上では有効である。しかし、資料の一括性や同時性について厳密に検討されるようになると、田原市伊川津貝塚Ａ・Ａ′トレンチ6層（芳賀 1972）、岡崎市真宮遺跡10号住居跡（斎藤 2001）、名古屋市玉ノ井貝塚SB05（纐纈・伊藤ほか 2003）等の一括性が高いもしくは少量の下層資料を含むが層位的下限を想定しうる資料において新旧各型式のメルクマールとなる特徴をもつ個体が同一層から出土する例が多いこと等の矛盾点・不整合がみられはじめた。にもかかわらず、増子、藤城、2010年までの筆者ともに一系統的な変遷観を再検討することなく、あたかも所与のものとして研究が進められた感がある（増子 2003、藤城 1994、佐野 2004）。しかし、器形変遷について複数の系統が時期的な重複関係をもちながら推移する[1]と想定すると、器形変遷の説明ばかりではなく各文様系統の変遷や、他地域の土器型式との併行関係も整然と説明できると筆者は考えた。現在のところ、縄文後期後葉から晩期前半すべての時期・地域についての編年観を明確にできたわけではないが、次節以降に伊川津貝塚ほかの層位的所見を軸とした土器の推移を示し、1965年調査の保美貝塚出土土器の位置づけを行いたい。

2　伊川津貝塚の層位的所見

　1965年の南山大学保美貝塚調査においては、後期後葉〜晩期前半の貝層等の詳細な層位的データは得られていない。また、同貝塚の他の既往の調査においても、時期的なまとまりをもった遺物の出土例はほとんどない。しかし、保美貝塚と並んでいわゆる渥美半島「三大貝塚」と呼ばれる伊川津貝塚、吉胡貝塚では、詳細な分層発掘が行われた例もあるため、これらの成果を整理・援用するかたちで保美貝塚出土土器の評価を行いたい。本章でも考察で援用しているように、分層発掘調査例としてまず挙げら

第2章　1965年調査出土土器群とその編年的位置（坂口　隆・佐野　元・邊見秀子・大竹孝平・松本泰典・大塚達朗）

れるのは、1949・50年に芳賀 陽ら時習館高校史学クラブが、久永春男の指導の下で行った伊川津貝塚A・A'トレンチの発掘調査である（図1、本章図10）。

　Aトレンチの調査は1949年12月の3日間、補足調査として北側に追加されたA'トレンチの調査は翌年2月の3日間行われた。計約7m²（拡張部含む）前後の狭い調査区ではあるが、調査開始前から貝層・有機土層の互層状況が把握され、貝層を形成する貝の種類が上部・中部・下部で異なっている点も既に認識されていた（芳賀　1972）。これらの層序は、上部＝アサリ貝層（4層以上）、中部＝スガイ貝層（6層）、下部＝アサリ貝層（10層）のことかと思われるが、この調査は当初から基本層序が認識された上で、土器型式の層序的変化を追及する明確な目的意識をもって行われた分層発掘であったことが重要である。

　伊川津貝塚A・A'トレンチ調査の翌年、1951年に吉胡貝塚の調査が行われた。第4トレンチを担当した久永は、第1類（いわゆる凹線文土器）「が有文土器の過半を占め」る下層貝層（完存貝層）下の黒褐色混貝細礫層（図3-18～41、久永　1952）を標識として吉胡下層式を設定し、後続の型式として伊川津貝塚「下層貝層」を標識として伊川津式を設定した（久永　1969）。久永1969では、伊川津貝塚「下層貝層」出土土器としてA・A'トレンチの本章図10-67・83・84・91・105ほかの7～11層にわたるものを図示したが、出土層位についての詳細な記述はない。A・A'トレンチの報告書において、この型式設定を踏まえた芳賀は、10・11層が吉胡下層式と伊川津式の混在、7～9層が伊川津式、5・6層が大宮式・寺津式の「混在」（併存の意か）と位置づけている。

　増子康眞は1979・80に、10・11層およびBトレンチ最下層を吉胡KⅠ式、7～9層およびA区1・2トレンチを伊川津式、4～6層を中心として吉胡BⅠ式、保美貝塚1965年小林調査資料から晩期初頭の吉胡BⅠ式併行のものを除いた資料を対象に保美Ⅱ式を設定した（増子　1979・1980）。ここでは、西三河以西の状況との対応関係として、増子が発見し1975年に実測図を公表した枯木宮貝塚における寺津式を含む破砕貝層直下の純貝層から出土した「寺津下層式」（増子　1975）と、伊川津式が併行する認識を示している。後に、1982年に「下別所式」が提唱（山下　1982）されると、10・11層は「伊川津Ⅰ式」、9層を「伊川津Ⅱ式」とし、「寺津下層式」//「伊川津Ⅰ式」・「下別所式」//「伊川津Ⅱ式」と併行関係を訂正している（増子　1988）。

　これ以降、増子はこの併行関係を基本認識とするが、2004年に9層は吉胡KⅠ式と伊川津Ⅰ式を包含する10・11層と「純粋な」伊川津Ⅱ式である7・8層の「移行層」との認識を示し、7・8層と「層位が共通する」A区第2トレンチ混土貝層（図2-41～66）も伊川津Ⅱ式とした（増子　2004）。結果的に伊川津Ⅱ式の基準資料は層位的に上位の7・8層に移され、9層の資料的価値を落とすこととなった。確かに、芳賀の報告によれば、アサリ純貝層の8層はA'トレンチの東端部にのみ検出され、この8層によってのみ6層スガイ純貝層下の有機土層は上位の7層と下位の9層に分層可能であったことがわかる（図1-C芳賀　1972）。このため、AトレンチとA'トレンチの南西部については、9層としたものの中に7層が含まれている可能性が高い。しかし、この状況は調査時に認識しえないことからくる9層・7層遺物の混在であって、決して9層遺物が10層から7・8層への「移行層」として両層の時期の遺物を交えていることを示すものではない。

　9層出土資料に酷似するものが、A'トレンチの北東に接するA区第2トレンチ混土貝層（アサリ主体）から出土しており（9層（本章図10-82・86）とA区第2トレンチ（図2-52・50）など）、遺物の上では9層の広がりを2トレンチにも確認することができる。当初の芳賀の報告にもあるように、7～9層については一つの大きなまとまりとして捉え、部分的に7・8層を層位的に分離することができたと解釈することができよう。このため、A・A'トレンチ10層の混土貝層に層位的に対応する2トレンチ混土

貝層（アサリ主体）は、A・A'トレンチの7〜9層を含み、同トレンチ6層に対応するスガイ純貝層で覆われているものと考えられる（図3上表）。

　増子は前年の2003年に下別所式以降の特徴を述べる中で、下別所式は晩期初頭、つまり大洞B式併行であり、橿原式土器もこれに伴うとした（増子　2003）。それまで、下別所式は逡巡しながらも後期末としていたが、ここで明確な併行関係を示したものである。その論拠は下別所式に伴うものとして①南知多町下別所遺跡出土の橿原式土器（上記文献第2図42）、②西尾市枯木宮（寺津）貝塚谷沢採集資料中の大洞B1式注口土器や橿原文様を持つ浅い壺形を呈する土器（同第4図1〜5）、③岡崎市真宮遺跡J7住居跡出土の「橿原式風土器」（同第9図6・7）等を挙げている。しかし、①の橿原式とするものには三角形刳込文がみられず、①・②ともに出土状況から一括性を担保するものがなく、③については7が三角形刳込文のある橿原文様であり指摘のとおりだが、6は橿原文様の後継と思われる直線的な斜行線がみられる橿原系文様[2]であり、供伴する在地系土器（2）は口縁部の肥厚が顕著ではないものの伊川津6層併行ないしは雷Ⅱ式（古）の特徴を有し、J7住居跡は下別所式の一括資料ではない。つまり、増子の言う下別所式が晩期初頭である論拠は妥当性を欠いており、下別所式＝伊川津Ⅱ式＝晩期初頭を前提とする2004年の東三河における編年（増子　2004）も説得力をもたない。伊川津Ⅱ式の基準資料とされるA区第2トレンチ混土貝層で出土した貼瘤の左右に三叉文が配置される安行3a式との関係を示唆する深鉢（図2-65）とするものも、縦の貼瘤の脇にあるのは三叉文でなく弧状沈線であり、安行2式の胴部文様の影響とするほうが無理なく解釈できると思われる。また伊川津Ⅱ式の多く出土する新城市大ノ木遺跡での大洞B式出土事例（増子　2004（7図7））も、一括性を背景としていないため、伊川津Ⅱ式＝晩期初頭を論証できない。2010年に、増子は、2004年に伊川津Ⅱ式の基準資料としていたA区第2トレンチ混土貝層を伊川津Ⅰb式として後期末に訂正し、A・A'トレンチ7・8層のみを伊川津Ⅱ式の「主要遺跡」としている（増子　2010）。

　今一度A・A'トレンチの6層以下に相当する層序について、近隣の調査トレンチの状況を踏まえ整理すると、A・A'トレンチの層序を基本とすることができる（図2・3上表）。ただ、10層混土貝層の中にカキを主体とする混土貝層がB・Cトレンチ等の南側にみられるところがあり（図2上表）、10層に時期幅を想定すべきかもしれない。これは、松本泰典が東三河の櫛描文土器の編年試案を設定した際、A・A'トレンチ10・11層の第Ⅰ段階と、9層の第Ⅲ段階との間に型式学的な空白がみられるとし、第Ⅱ段階として新城市観音前遺跡SB01出土土器群をその空白期に充てた（松本　2008）時期にあたり、興味深い。A・A'トレンチでは10・11層は出土土器が少量で両層の分層もできなかったため、各層位の性格を明らかにすることはできなかった。しかし、A区第1トレンチ混貝混土礫層（図3-1〜15）は、11層に相当する層で、粘土塊を貼り付けた後に巻貝押圧を施す宮滝2式併行の深鉢（1）や、巻貝による弧状沈線文（8）、櫛描波状文（11）、中部高地系の羽状沈線文（13）がみられる。A・A'トレンチの南西側に位置するBトレンチ灰層ピットの床面出土例として（図3-16）があるが、この灰層ピットは10層相当の中に含まれた混土貝層（カキ主体）に覆われ、前者に先行するものと思われる。さらにその東側に南北に調査区の広がるCトレンチからは、明瞭な調査データが得られたわけではないが、「下層のカキの貝層の下部の基盤に近いところから安行Ⅱ式土器類似の土器片」が出土している（図3-17）。ちなみに渥美半島における凹線文土器が層位的にまとまって検出されているのは、第4トレンチ貝層下混貝細礫層（図3-18〜41、久永　1952）であるが、これと比較した場合、11層相当分の凹線の引き方が浅い等の特徴がみられる。

　上方の6層に相当するのは、A区第2トレンチ純貝層（スガイ主体）（図2-1〜40）であり、A・A'トレンチと同様に、橿原文様（図2-25・26）、橿原系文様（同27・28）がみられる。これは、本章の

第2章 1965年調査出土土器群とその編年的位置（坂口 隆・佐野 元・邊見秀子・大竹孝平・松本泰典・大塚達朗）

既述にあるように、A・A'トレンチ6層においても橿原文様（本章図10-59・60）、橿原系文様（同57・58・61～63）がみられるのと同様である。一方7・8層以下の層位からは橿原文様・橿原系文様の入った土器はみられず（本章図10）、A区第2トレンチにおいてもA・A'トレンチ7～10層相当の混土貝層（アサリ主体）（図2②）からも同文様の入った土器は出土していない。他の10層以下相当層についても同様である（図3③・⑥）。橿原文様が滋賀里Ⅱ式に伴い、一部後期末から晩期初頭に伴う認識（大塚1995、岡田 2003）に立てば、6層以降が滋賀里Ⅱ式併行以降となろう。本章既述にあるように、7・8層からは後期後葉に位置づけられる高井東式類似（中部高地系の中ノ沢古相（百瀬 1999）相当）波状口縁深鉢（本章図10-73）、6層からは三叉文を有する大洞B1式（本章図10-52～54）が出土しており、A区第2トレンチにおいても混土貝層から中ノ沢古相（図2-62・63）、スガイ主体純貝層から中ノ沢中相（同30・31）が出土している。ただ、出土遺物の少ない7・8層に橿原文様がみられない点については、同層に橿原文様が必ずしも伴わないことを決定付けるものではなく、滋賀里Ⅱ式が後期末に一部掛かる（大塚 1995、岡田 2000）ことを考慮に入れれば、7・8層も滋賀里Ⅱ式併行となる可能性も全否定はできない。

3　南山大学1965年保美貝塚調査出土資料の位置づけ

前説では、伊川津A・A'トレンチの層位的出土状況が、10層前後に一部補完すべき部分もありながら、後期後葉から晩期初頭についての基本的な編年軸たりうる点を述べた。この編年観と、晩期前葉以降については、渥美半島での編年細別に有効なデータが得られていないため、旧稿の視点（佐野 2004、2008）を暫定的に用い、南山大学1965年保美貝塚調査出土資料における在地系有文土器東西の特徴的な文様系列の動向を示す事例について若干述べたい。

保美貝塚の地理的な位置づけは、半截竹管をはじめとする二又（状）工具による施文が西三河以西を中心として分布するのと、口縁部に2・3条の沈線とその下方の屈曲部に刺突列を施す「沈線刺突文」等が東三河以東を中心として分布する地域性の接点にあたる点は久永春男・向坂鋼二等諸先学より指摘されている（佐野 2004）。今回の資料再整理の中で本章図1-11、13、18・19がこれらの相互関係について検討を進める端緒となると思われる（図4-7・9）。

在地系土器における二又工具施文は沈線や刺突あるいは押引文で構成される。これまでの編年研究の中では、沈線文は伊川津貝塚A・A'トレンチ9層相当（以下「9層段階」と呼ぶ）以下の層位にみられる巻貝等工具の凹線文による弧状文等にその祖形を求められるが、二又工具による刺突文の出自は明確ではなかった。弧状文の系譜としては、図4-3・4のような波状口縁頂部を基点とした上下に開く弧状文の系譜が、10のような2条の沈線とその上下に配された刺突による弧状文に推移し、11・12のような1条の沈線とその上下に刺突列を施すものに推移する変遷案は増子や藤城により指摘されてきた（増子 1988、2003、藤城 1994）。保美貝塚資料の図4-7は、口縁部が内面に強い凹みを持ちながら屈曲する伊川津7・8層段階に位置づけられ、伊川津6層段階に位置づけられる10に先行するものと考えられ、外面に二又工具による背面対向する2条の弧状沈線とその直下に刺突列、口縁端部面にも刺突列が施されている。この個体は、二又工具文様系列の弧状沈線文と沈線刺突文系列の刺突文を併せもっている。図4-9も2条の背面対向する弧状沈線とその直下に刺突列があるが、口縁部外面の肥厚する器形で、7より型式学的に後出的であり、口縁端部の刺突列も外端のみに施される。筆者は、これら7・9を介し10～12のような二又工具による沈線＋刺突による施文の系譜を導き出すことができると考える。

また、口縁部が内面に強い凹みを持ちながら屈曲する伊川津7・8層段階の保美資料には、図4-13のような二又工具による2列の刺突文のみられるものもあり、14・15のような刺突文のみの二又工具

文様系列の先駆となると考えたい。

　図4-7に関しては刺突の施文部位等が沈線刺突文様系列のものと酷似しているため、直接的には二又工具文様系列との影響関係を想定すべきと思われる。もっとも、下別所式には貼瘤のみられるものが目立つと増子が指摘（増子　2003）するように、伊川津7・8層段階には口縁部に貼瘤や刺突を施すものが多いため、二又工具文様系列への刺突文の導入に関してはより広域の土器製作技法の影響関係を想定すべきであろう。この段階の前後は橿原文様の成立をふくめ東西日本の土器の様相が大きく変化していく時期でもある。何より保美貝塚が知多半島・西三河と東三河以東との地理的結節点にあり、土器様相もその背景を反映していることの一部が明らかとなったことは重要で、二又工具文様系列や沈線刺突文様系列が静的に対峙するのではなく、文様構成の重要な部分に影響関係をもちながら存在している点が重視されよう。筆者が、後期後葉から晩期前半の在地系土器を概括する際に二又工具による施文のみならず櫛描文様や沈線刺突文様を含めた体部条痕系縁帯文土器として全体の動向を見ていくべきと提唱している（佐野　2008）ことは、これら地域性をもった複数の文様系列の各動態・相互関係をふまえた変遷を捉えることの重要性を強調していることでもある。

　こうした文様系列の再編がなされた伊川津7・8層段階、6層段階の土器様相については今後とも注視していく必要があろう。また、今回、吉胡貝塚第2トレンチ出土資料の山内清男による分析には触れることがなかった。

註
1）「寺津式」「元刈谷式」「桜井式」の型式設定を行った久永春男は、「寺津式」の器形について、深鉢の口縁部のみにみられる文様部分が「肥厚せしめられているもの又はくの字形に内方へ屈折せしめられているものが多い」と説明しており、肥厚口縁と内屈口縁が併存する認識は型式設定当初から持っていた（久永　1961）。しかし、肥厚口縁深鉢の寺津式・元刈谷式での各特徴についての記述はこれまで示されたことはない。
2）ここで橿原文様とは、末永雅雄のいう「横位置の条線文に対し直角線の小刻目を加え、もしくはその間に弧形の曲線を表わし、また発達して七宝形文の彫刻的な文様表現をとるもの」（末永　1961：348-349）という認識に準拠し、三角形刻込文のみられるものを「橿原文様」とし、その系譜がたどれるものを「橿原系文様」とした。

引用・参考文献
岩瀬彰利　1999　「縄文土器」『観音前遺跡発掘調査報告書』（新城市埋蔵文化財調査報告書16）33-117頁、新城市教育委員会。
大塚達朗　1995　「橿原式紋様論」『東京大学文学部考古学研究室研究紀要』13、79-141頁。
大塚達朗　2005　「縄紋土器製作に関する理解〜その回顧と展望〜」『考古学フォーラム』18、2-12頁。
大塚達朗　2010　「亀ヶ岡式精製土器移入・模倣論の再考」『南山大学人類学博物館紀要』28、1-28頁。
岡田憲一　2000　「西日本縄文後期後葉土器編年序論」『向出遺跡』（大阪府文化財調査研究センター調査報告書55）317-351頁、大阪府文化財調査研究センター。
岡田憲一　2003　「滋賀里式再考―西日本縄文晩期土器様式の構造転換―」『立命館大学考古学論集Ⅲ』143-156頁
加藤岩蔵・斎藤嘉彦ほか　1972　『本刈谷貝塚』、刈谷市教育委員会。
河合　潔　1972　「発掘の経過と遺跡の構造A区」『伊川津貝塚』21-27頁、渥美町教育委員会。
纐纈　茂・伊藤厚史ほか　2003　『埋蔵文化財調査報告書44玉ノ井遺跡（第3・4次）』（名古屋市文化財調査報告58）、名古屋市教育委員会。
斎藤嘉彦　2001　『国指定史跡　真宮遺跡』、岡崎市教育委員会。
佐野　元　2001　「東海地方西部縄文晩期縁帯文土器様式の様相―瀬戸市大六遺跡出土晩期前葉遺物を中心として―」『瀬戸市埋蔵文化財センター研究紀要』9、1-82頁。
佐野　元　2004　「晩期縁帯文土器様式の範疇―その東部域の解明に向けた学史の整理―」『考古論集―河瀬正利先生退官記念論文集―』205-222頁、河瀬正利先生退官記念事業会。
佐野　元　2008　「「体部条痕系縁帯文土器」型式群最末の「桜井式」」『丸根遺跡・丸根城跡』（豊田市埋蔵文化財発掘調査報告書32）、86-314頁。
佐野　元　2010　「体部条痕系縁帯文土器型式群の文様系列」『縄文晩期前半の土器編年〜愛知県三河地方を中心に〜』

第2章　1965年調査出土土器群とその編年的位置（坂口　隆・佐野　元・邊見秀子・大竹孝平・松本泰典・大塚達朗）

東海縄文研究会　第9回研究会発表要旨、45-60頁。
設楽博己　2008　「土器に関する諸問題の検討」『清水天王山遺跡　第4次－第5次発掘報告』425-496頁、静岡市教育委員会。
末永雅雄　1961　『橿原』（奈良県史跡名勝天然記念物調査報告17）、奈良県教育委員会。
西本豊弘　1988　「第1章1984年の発掘調査　第2節発掘区の層序」『伊川津遺跡』（渥美町埋蔵文化財調査報告書4）32-35頁、渥美町教育委員会。
芳賀　陽　1972　「昭和24年度の調査」『伊川津貝塚』98-127頁、渥美町教育委員会。
久永春男　1952　「第1トレンチ西半部及び第4トレンチ」『吉胡貝塚』（埋蔵文化財発掘調査報告1）40-93頁、文化財保護委員会。
久永春男　1961　「宮東遺跡出土の縄文式土器の相対年代」『刈谷市泉田貝塚群』33-37頁、刈谷市文化財保護委員会。
久永春男　1969　「縄文後期文化　中部地方」『新版　考古学講座　第3巻先史文化』231-248頁、雄山閣。
久永春男　1972　「昭和25年度の調査」『伊川津貝塚』98-127頁、渥美町教育委員会。
藤城　泰　1994　「土器文様の脈絡—愛知県伊川津貝塚出土土器を中心として—」『文化財学論集』1-10頁、文化財学論集刊行会。
増子康眞　1975　「縄文文化研究の現状」『東海先史文化の諸段階』31-68頁、紅村　弘。
増子康眞　1979　「東三河における縄文後期末・晩期文化の再検討(I)」『古代人』35、49-56頁。
増子康眞　1980　「東三河における縄文後期末・晩期文化の再検討(II)」『古代人』36、13-24頁。
増子康眞　1988　「刈谷市本刈谷貝塚報告の縄文式土器の分析—下別所式土器の検討—」『古代人』49、4-18頁。
増子康眞　2003　「愛知県西部の縄文晩期前半土器型式の推移」『古代人』63、15-47頁、名古屋考古学会。
増子康眞　2004　「東三河縄文晩期前半土器群の編年再編」『古代人』64、10-38頁、名古屋考古学会。
増子康眞　2008　「晩期半截竹管文土器」『総覧　縄文土器』774-781頁、アム・プロモーション。
増子康眞　2010　「三河の縄文後期末～晩期初頭土器」『縄文晩期前半の土器編年～愛知県三河地方を中心に～』東海縄文研究会　第9回研究会発表要旨、61-76頁。
松本泰典　2008　「櫛描文研究から見る後期末・晩期初頭」『南山大学人類学博物館オープンリサーチセンター　2007年度年次報告書　付編　研究会・シンポジウム資料』295-301頁、南山大学人類学博物館。
百瀬長秀　1999　「中ノ沢式土器の再検討」『長野県考古学会誌』89、21-47頁。
安井俊則　1988　「第3章出土遺物　第1節土器」『伊川津遺跡』（渥美町埋蔵文化財調査報告書4）55-131頁、渥美町教育委員会。
山下勝年　1982　「下別所遺跡採集の縄文式土器」『古代人』39、21-38頁。

研究篇　第Ⅰ部　遺跡・遺構・遺物

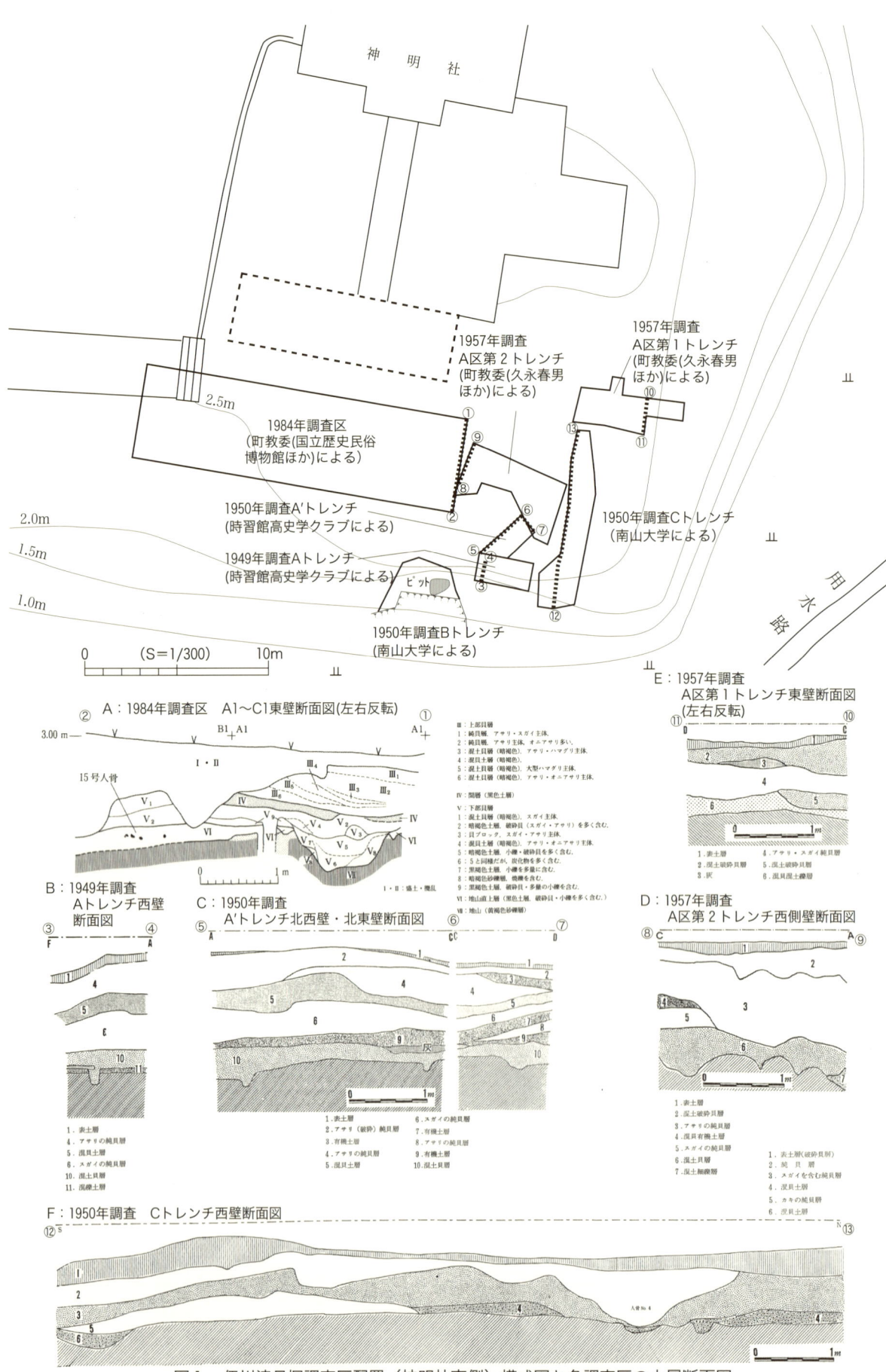

図1　伊川津貝塚調査区配置（神明社南側）模式図と各調査区の土層断面図
（河合　1972・芳賀　1972・久永　1972・西本　1988から作成）

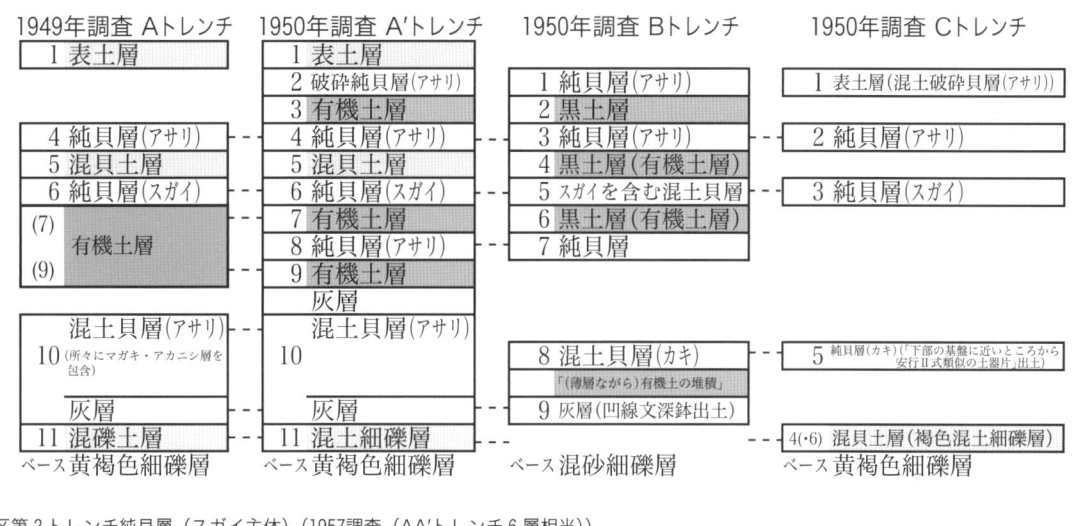

第2章 1965年調査出土土器群とその編年的位置（坂口 隆・佐野 元・邊見秀子・大竹孝平・松本泰典・大塚達朗）

1949年調査 Aトレンチ	1950年調査 A'トレンチ	1950年調査 Bトレンチ	1950年調査 Cトレンチ
1 表土層	1 表土層	1 純貝層（アサリ）	1 表土層（混土破砕貝層（アサリ））
	2 破砕純貝層（アサリ）	2 黒土層	
	3 有機土層	3 純貝層（アサリ）	2 純貝層（アサリ）
4 純貝層（アサリ）	4 純貝層（アサリ）	4 黒土層（有機土層）	
5 混貝土層	5 混貝土層	5 スガイを含む混土貝層	3 純貝層（スガイ）
6 純貝層（スガイ）	6 純貝層（スガイ）	6 黒土層（有機土層）	
(7) 有機土層	7 有機土層	7 純貝層	
	8 純貝層（アサリ）		
(9)	9 有機土層		
	灰層		
10 混土貝層（アサリ）（所々にマガキ・アカニシ層を包含）	10 混土貝層（アサリ）	8 混土貝層（カキ）「（薄層ながら）有機土の堆積」	5 純貝層（カキ）（「下部の基盤に近いところから安行Ⅱ式類似の土器片」出土）
灰層	灰層	9 灰層（凹線文深鉢出土）	
11 混礫土層	11 混土細礫層		4(·6) 混貝土層（褐色混土細礫層）
ベース黄褐色細礫層	ベース黄褐色細礫層	ベース混砂細礫層	ベース黄褐色細礫層

①A区第2トレンチ純貝層（スガイ主体）（1957調査（AA'トレンチ6層相当））

②A区第2トレンチ混土貝層（アサリ主体）
（1957調査（AA'トレンチ7～10層相当））

0　(S=1/5)　10cm

図2　伊川津貝塚（神明社南側）土層対応表と各層位出土遺物（1）
（表：芳賀 1972・久永 1972、図：河合 1972から作成）
1～40：A区第2トレンチ純貝層（スガイ主体）、41～66：A区第2トレンチ混土貝層（アサリ主体）

研究篇　第Ⅰ部　遺跡・遺構・遺物

1950年調査 A'トレンチ	1957年調査 A区第2トレンチ	1957年調査 A区第1トレンチ	1984年調査 A〜B-1区東壁
1 表土層	1 表土層	1 表土層	Ⅰ・Ⅱ 表土層・撹乱層
2 破砕純貝層（アサリ）	2 混土破砕貝層（アサリ）	2 混土破砕貝層（アサリ）	Ⅲ 上部貝層（-1：アサリ・スガイ主体純貝、-2：アサリ主体純貝、-3〜6：混貝土層）
3 有機土層		3 灰［ブロック］	
4 純貝層（アサリ）	3 純貝層（アサリ）		
5 混貝土層	4 混貝有機土層	4 純貝層（アサリ・スガイ）	Ⅳ 間層（黒色土層）
6 純貝層（スガイ）	5 純貝層（スガイ）		Ⅴ1 下部貝層（スガイ主体混土貝層）
7 有機土層			
8 純貝層（アサリ）			Ⅴ2〜 下部貝層（アサリほか）
9 有機土層			
灰層			
10 混土貝層（アサリ）	6 混土貝層（アサリ）	5 混貝破砕土層（アサリ）	
灰層			
11 混土細礫層	7 混土細礫層	6 混貝混土礫層	Ⅵ 地山直上層（黒色土層）
ベース黄褐色細礫層	ベース黄褐色細礫層	ベース黄褐色細礫層	Ⅶ 地山（黄褐色砂礫層）

③A区第1トレンチ混貝混土礫層（1957調査（AA'トレンチ11層相当））

⑥吉胡貝塚第4トレンチ　貝層下混貝細礫層（1951調査）

④Bトレンチ灰層ピット床面（1950調査（AA'トレンチ10層相当））→

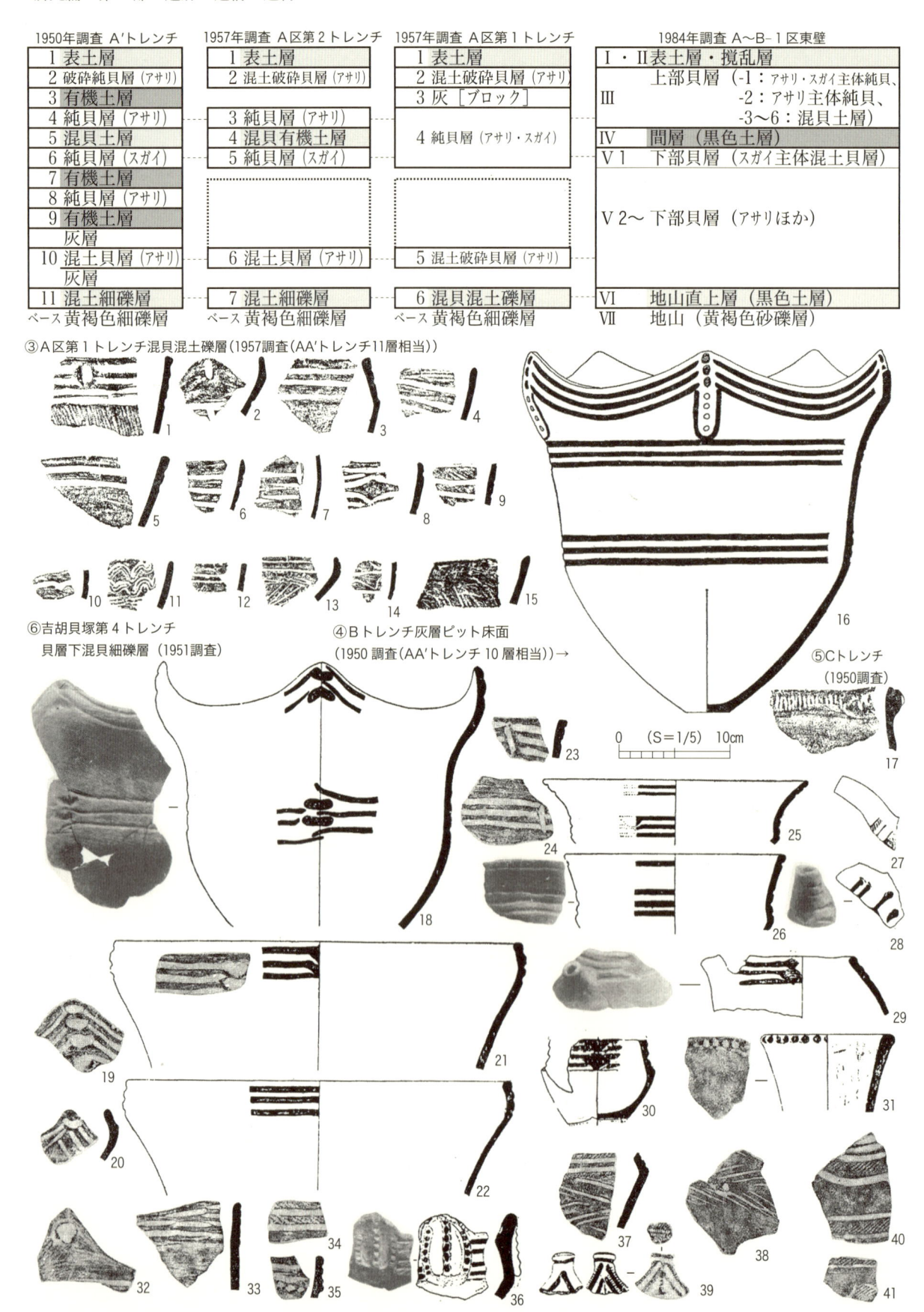

⑤Cトレンチ（1950調査）

0　(S=1/5)　10cm

図3　伊川津貝塚（神明社南側）土層対応表と各層位出土遺物 (2) および吉胡貝塚出土遺物
（表：芳賀　1972・河合　1972・久永　1972、西本　1988、図：河合　1972・久永　1969・久永　1972、同　1952から作成）
伊川津貝塚 [1〜15：A区第1トレンチ混貝混土礫層、16：Bトレンチ灰層ピット床面、17：Cトレンチ（カキ純貝層下部?)]
吉胡貝塚 [18〜41：第4トレンチ貝層下混貝細礫層]

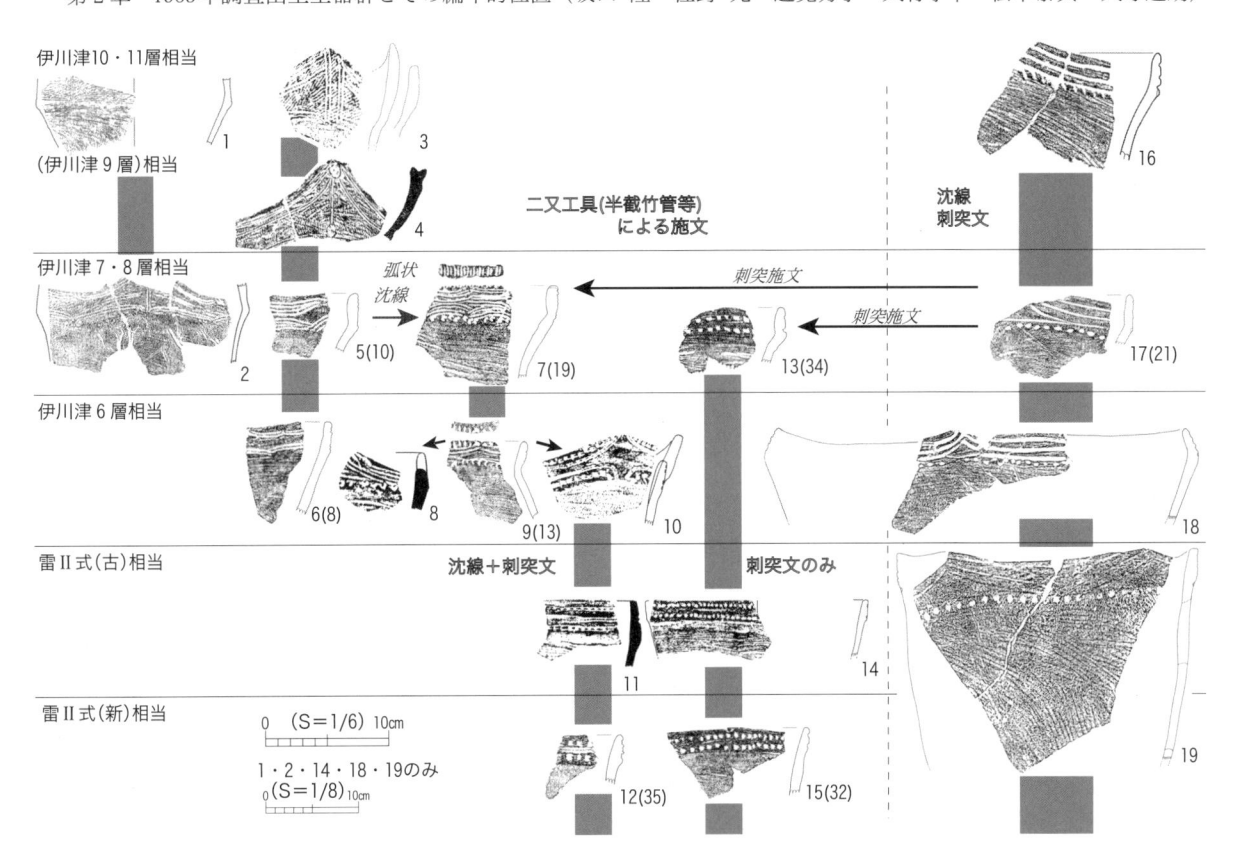

第2章　1965年調査出土土器群とその編年的位置（坂口　隆・佐野　元・邊見秀子・大竹孝平・松本泰典・大塚達朗）

図4　保美貝塚出土土器における二又工具（半截竹管ほか）施文と沈線刺突文の影響関係
（図中数字右に（）のあるものは保美貝塚南山大学1965調査資料（（）内の数字は本章に図示した番号を示す）、
1：観音前 SB01（岩瀬　1999）、2：真宮 J12（斉藤　2001）、3・8・11・14：本刈谷（加藤ほか　1972（断面白抜は筆者作図））、4：伊川津A区2T（河合　1972）、16：清水天王山下層a類（設楽　2008）、18・19：伊川津（安井　1988））

第3章　骨角器・貝製品の様相

川　添　和　暁

1　はじめに

　ここでは、南山大学人類学博物館収蔵資料の骨角器・貝器について概要を報告し、その意義について分析・検討する。収蔵資料について、保美貝塚出土資料が保管されていたコンテナ内および展示資料を、骨角器および骨角製品（以下まとめて骨角器とする）、貝製品および貝器（以下まとめて貝製品とする）について、すべて表3・4に提示した。諸経緯により、他遺跡の資料が混入している事例も確認できているが、表3・4では、除外せずに掲載した。遺物には、整理段階ですべての資料につけた整理番号と、実測図を提示した図番号、写真図版に付した写真番号があり、対応関係は表中の通りである。諸事情により、すべてを同条件で報告することができなかったため、今回これらの番号をすべて提示することとした。なお、研究報告文中では、特に断りがない場合は、図番号で記述することとし、写真番号および整理番号で呼称する場合は、その都度明示する。

　この資料は、注記などから判断して、1950年中山英司調査資料（以下、中山資料とする）、1965年小林知生調査資料（以下、小林資料とする）、仮称斎藤専吉コレクションの、三種類に大きく分けられる。今回、記録および収納状態などから、中山資料と小林資料について、確認できた資料のみ抽出し、それ以外の資料については、本論では便宜上仮称斎藤専吉コレクション資料として一括して扱うこととした。なお、仮称斎藤専吉コレクションとしたものの中心は、『渥美郡史　附図』（山村ほか編　1923b）掲載資料で、ほかに渥美郡史掲載資料の注記とよく似た注記を有する一群を含めた（本書序説参照）。これら三種類の資料群については、一覧表に記載した。以下の報告は、このような手続きを経た上での成果である。なお、出土土器の時期比定から、小林資料は晩期前半（突帯文土器以前）、中山資料は突帯文土器である五貫森式期を中心とした晩期後半に属するものが多いと考えられる（本書研究篇第Ⅰ部第1章参照）。

2　骨角器の様相

(1) 収蔵遺物の概要

　出土骨角器の器種と点数は表1にまとめた。骨角器の図番号は、図1～図6に対応するものである。1～15が小林資料、16～41、66～76が中山資料、42～65が仮称斎藤コレクションほかである。以下、器種別に概観する。

　a．点状刺突具類（1～8、16～27、42～56）　根挟み・鏃・ヤスを含む。これらの分類については、以前示したことがあり（川添　2009）、この成果に基づいて整理した。根挟みは7点確認できた（8、49～52）。中山資料・仮称斎藤コレクションなどで所在を確認したもので、小林資料では1点のみ確認することができた。小林資料の報告では、別に4点の報告があるが（小林ほか　1966）、これらの所在は不明である。いずれも完形資料はなく、茎部あるいは二叉部が欠損しており、後者の方が多い傾向に

表1　南山大学人類学博物館収蔵保美貝塚出土骨角器点数一覧表

器種・素材		素材	小林資料	中山資料	斎藤資料ほか	器種別計
点状刺突具類	根挟み	鹿角	1	3	3	7
	鏃	シカ中手・中足骨			2	2
		鹿角		6	3	9
	ヤス	シカ中手・中足骨	3	5	4	12
	ヤスor鏃	シカ中手・中足骨	2	7		9
		エイ尾棘	1	1		2
	その他	鹿角		1		1
扁平刺突具類	ヘラ	シカ中手・中足骨		1		1
		海獣骨製		1		1
	斧	鹿角		1		1
錐		シカ中手・中足骨	2	1	2	5
釣針		鹿角		2		2
装身具類など	弭形製品・浮袋の口	角形			1	1
		臼形			1	1
	ヘアピン	鳥骨？		1		1
		シカ中手・中足骨	1	1		2
	垂飾	シカ指骨		1		1
		イノシシ牙			1	1
	鹿角製装身具類（腰飾り）			1	1	2
	鹿角製装身具類（管玉状）				1	1
	鹿角製装身具類（棒状）				1	1
	その他加工品1（擦られた鹿角）	鹿角	1			1
	その他加工品2（男根状??）	鹿角		4		4
	その他加工品3	シカ中手・中足骨			1	1
	その他加工品4	鹿角	3		3	6
加工のある鹿角	角幹角枝半截材		2	25		27
	二叉部半截材			4		4
	非半截・角幹角枝丸太材		2	4		6
	非半截・二叉部丸太材			1		1
	角幹角枝その他			14		14
	二叉部その他			5		5
	角座残存部			7		7
	鹿角小片			1		1
加工のある骨	半截状態		3	17	16	36
	その他		13	11	13	37
加工のある猪牙			1			1
計			35	126	53	214

ある。鹿角製鏃についても中山資料・仮称斎藤コレクションでは9点確認できているにもかかわらず（20〜24、53〜56）、小林資料では確認することができていない。ヤスはシカ中手・中足骨製が主体であり、いずれも磨滅・欠損などの激しい使用状況を示しており、欠損後の再加工が行なわれているものも認められる（42）。その他、エイ尾棘製の刺突具も2点確認できている（7、27）。

b．扁平刺突具類（11、30、32）　ヘラ・斧を含める。中山資料および仮称斎藤コレクションで確認できている。全体の形状が扁平なヘラは、シカ中手骨製で1点（30）、鯨骨と思われる海獣骨製で1点（32）ある。30は、中手骨を骨溝に沿って切断した半截材を用いており、骨溝を前面とした場合、側面側で半截した材を使用しているということができる。東海地域の縄文時代後晩期では、中手・中足骨の骨溝に対して縦方向・垂直に切断した半截材を用いたものが圧倒的に多い傾向にあり、30のような事

例は少数派である。類例は本刈谷貝塚と伊川津貝塚でも1点ずつ確認できているのみである。32は刃部が斜方向に作られているもので、刃部に対して垂直方向の線状痕が著しく認められるものである。全体形状が厚手になると考えられる斧は鹿角製で1点あり（11）、角枝の先端部のみを半截状にしたものである。

　c．釣針（28・29）　中山資料で2点確認できた。いずれも鹿角製であり、1点は鹿角二叉部の半截材を用いたもの（28）で、もう1点は角枝角幹部の半截材を用いたものである（29）。当該地域・時期の資料では、前者の事例が大多数を占める。29は軸部が欠損しているものの、残存長で10.6cmを測り、極めて大型の部類に属する。材の使用部位のみならず法量においても、東海地域の当該時期釣針の中では特異な存在である。

　d．錐（9・10、30・31、57）　小林資料・中山資料・仮称斎藤コレクションのいずれでも確認できた。一端の尖頭部に回転運動による磨滅および横方向の線状痕が認められるものである。5点すべてがシカ中手中足骨などの骨製である。半截材を用いたものがある一方で、9・10は中手骨近位端骨端部を残したものもある。

　e．弭形製品・浮袋の口（58・59）　仮称斎藤コレクションなどで角形を1点（58）、臼形を1点（59）確認した。58は上部を扁平に尖らせ、体部には中央に凸部があり、凸部周囲に円弧を描くような線刻と横方向への4条の線刻によって、浮文が形成されている。中央穿孔は、径1.1×1.3cm、深さ2.3cmを測る。59は断片で、全体の形状を窺うことはできない。

　f．ヘアピン（13、33・34）　シカ中手中足製2点と鳥骨製が1点確認できている。小林資料の13は、長さ19.7cmを測るもので、破片で出土することが多いヘアピンの中で、完存状態で出土している、東海地域では特異な事例である。中山資料では、鳥骨製のもので×印などの線刻が認められる（34）。これについては頭骨付近から出土したと、カードの記録が同封されていた。

　g．垂飾（36・37、64）　中山資料では、シカ指骨製の例1点がある（36）。近位端付近の側面に穿孔がある。孔の端部には磨滅のような状態を示しているものの、回転による穿孔かは不明である。穿孔のあり方を含め、この資料については、検討の余地が多く残されている。中山資料では、サメ類脊椎骨製垂飾が1点確認できた（37）。臼状に凹んだ中央部に穿孔が施されているもので、穿孔の大きさが3×6mmとやや不定形を呈していることから、紐ズレなどの磨滅を示す可能性がある。これとは別に、小林資料でもサメ類脊椎骨製垂飾2点の報告があるが、これについては所在不明である。仮称斎藤コレクションほかでは、イノシシ牙製が1点ある（64）。

　h．鹿角製装身具類（60～63）　腰飾りなどの資料を含むもので、筆者は鹿角製装身具類と総称してA類～M類の13類に分類したことがある（川添　2007）。仮称斎藤コレクションなどでは、G類棒状を呈するものが1点（61）、J類管玉状が1点出土している（60）。今回、新たにB類に近いと考えられる事例が、中山資料で1点（63）、仮称斎藤コレクションほかで1点確認できた（62）。62は鹿角二叉部を用いたもので、横方向に穿孔と、凸部分に格子目状の線刻が施されている。

　i．その他　特徴的な資料を2器種取り上げる。

　一つ目は小林資料にある、磨かれた鹿角である。鹿角の角座から第一枝部分が残存しており、落角を使用している（14）。類例は、吉胡貝塚などで報告がある（清野　1969）。二つ目は中山資料にある、鹿角の角座骨から角座にかけての部分で、角座直上で角幹が切断されているものである（39～41）。この部分は素材が最も厚手の部分であり、切断・分割する際には不都合な部分である。この加工を積極的に評価するならば、これ自体が意図をもって作られた製品であるとも考えられる。

　j．加工のある材　鹿角・シカ中手中足骨・猪牙の各種で確認ができている。

鹿角では、落角と非落角の両者が使用されており、角座部分14点のうち、落角5点、非落角5点、角座骨4点で、非落角に由来するものが多い傾向がある。根挟み・鏃などの点状刺突具に対応する、角幹角枝半截材は、中山資料で25点と多く見つかっている。これらは長さ5cm前後に加工された半截材であることが一般的であるが、今回、長さ14.6cmを測る事例が1点のみ確認できた（70）。このような長さの鹿角半截材を作出する事例は、東海地域の当該時期では他遺跡で認められないものであり、今回確認できた、釣針軸部（29）と併せて、極めて興味深い事例といえる。また、釣針に対応する、二叉部半截材も中山資料で4点確認できている（69）。分割は、敲打および剥ぎ取りによる分割方法が主体であった考えられるが、ごく一部、擦切りによる分割も行なわれていたようである。

シカ中手中足骨を主体とする管状骨製では、半截状態のものと非半截状態で切断されたものがある。遠位端を敲打により切断後、近位端の切断をすることなく分割を行なっており、主に側辺からの連続敲打によって半截を行なっている。加工のある材の方では、擦切りによる加工は1例のみ確認でき（74）、製品側（ヤス・鏃などの点状刺突具類）では、縦（長軸）方向の切断で、擦切りの痕跡が確認できるものが複数例ある（26、46）。但し、加工のある材については、一側辺が擦切りで、もう一側辺が連続敲打による事例であることが示すように、擦切り・敲打の両者によって分割が行なわれていたものの、敲打の方がより主体的であったであろう。

猪牙では、非半截状態の材について、横方向に周囲から擦切りを行ない、折り取りで切断を行なったものが、見つかっているのみである。半截に分割した事例は確認できなかった。

(2) 収蔵遺物の特徴について

以下、収蔵遺物についての特徴について論じていく。

まず点状刺突具類について言及する。現状で確認できている点数に基づけば、根挟みの出土点数は20点弱となり、100点近くが出土している、伊川津貝塚・吉胡貝塚と比べて点数が少ない。保美貝塚の資料は散在しており、合計の出土点数を把握することは難しいものの、もし、伊川津・吉胡に比べ出土点数が少ないのであれば、活動内容が異なるのか、主体となる帰属時期が異なるためか、などの検討が必要となる。根挟みでない鹿角鏃のまとまった存在などから、現在のところ、筆者は後者の可能性を考えているが、これも今後、散在している資料を総合した際に、再度検討する必要があろう。シカ中手中足骨製のヤスは磨滅が著しく、破損後の再生を行なったものも存在することから、刺突具漁が盛んに行なわれていたことが想定できる。漁具の中では、大型の釣針の存在が注目できる。軸部のみの残存で、全形を窺うことができないものの、素材の状況から、針部も一括して製作することは難しいとも考えられる。これに対応する鹿角半截材の存在もあり、当地での製作・使用が想定できる。これは結合式釣針を想定することができるかもしれないが、その場合、対応する針部の存在が鍵となる。

ヘラ・斧などの扁平刺突具類でも、鯨骨と考えられる海獣骨製ヘラの存在は、保美貝塚での活動様相を考える上で注目できる。機能としては貝オコシが考えられ、潜水漁撈を想定できる。

骨製錐がまとまって確認できたことも今回の大きな成果である。保美C貝塚では、イノシシ牙製が出土しているとあるが（小野田ほか　1991）、今回の資料ではシカ中手中足骨製のみで5点確認できている。一方、伊川津貝塚では、錐はイノシシ牙製のみがまとまっており、扁平刺突具についてイノシシ腓骨製ヘラが多数出土している。動物遺存体との状況との対比が必要であるが、道具の中でも利器素材としてのイノシシ牙あるいは骨の利用は、低調であったと考えられる。一方で、鹿角およびシカ中手中足骨から半截材を作出しての刺突具製作はおおいに行なわれていたことが窺える。

鹿角製装身具類については、G類棒状の存在など、保美貝塚と伊川津貝塚の様相は近いものと考えられるが、B類の存在により、保美貝塚での装身具類の様相にも伊川津貝塚との差異を指摘することがで

きるようになった。近年の調査で、吉胡貝塚でしか確認できていなかったE類に類似した資料が、保美貝塚で人骨に共伴した出土例が報告された（高木・坂口ほか　2010）。

　また、機能・用途は不明であるものの、儀器的ともいえる特徴のある鹿角加工品の出土も併せて注目できる。晩期前半の小林資料では14のような擦られた鹿角が、晩期後半の中山資料では39～41のような特異な形状に加工された資料がまとまって確認できた。機能的な同一性は別として、鹿角を用いた儀器的な道具の存在が晩期全般にわたって認められることは、シカあるいは鹿角、さらには狩猟に関わる諸活動の一端として考えることができよう。

3　貝製品の様相

(1)　収蔵遺物の概要

　器種などは表2にまとめた。総点数82点を確認し、このうち貝輪が73と最も多い。また、資料の大多数が中山資料であり、小林資料は貝製品全体でも9点のみである。貝製品の図番号は図7～図12が該当する。1～7が小林資料、8～38が中山資料、39～44が仮称斎藤コレクションほかである。器種としては、貝輪・貝穿孔品・いわゆる舌状貝器があり、以下器種別に概観する。

　a．貝輪（1～5、9～35、39～43）　貝輪については、以前まとめたことがあるが（川添　2005b・2006）、部位名称などはこれに基づいて記載する。小林資料では、ベンケイガイ5点（71.4％）、フネガイ科2点（28.6％）である。内輪部については、初回敲打段階から複数敲打段階まで認められるものの、腹縁部についてはいずれも無調整のママである。フネガイ科については、内輪部について、初回敲打および複数回敲打の資料が確認できる。

　中山資料については、ベンケイガイ34点（56.7％）、フネガイ科12点（20.0％）、イタボガキ右殻2点（3.3％）、同左殻1点（1.7％）、チョウセンハマグリ？6点（9.0％）、オニアサリ？1点（1.7％）、アカニシ2点（3.3％）、その他ツタノハガイ科など2点（3.3％）である。ベンケイガイ製は、貝素材のママ・内輪部初回敲打・内輪部複数回敲打・腹縁部敲打・表面研磨・内法面研磨・内法面端部研磨の各状態の資料が確認できる（8～23）。中山資料における腹縁部敲打（19～23）および内法面端部研磨（23）の存在は、この時期の貝輪の製作状況を示す好例である。素材貝の法量が、幅5.3～9.0cmと範囲が広いのも、東海地域の当該時期貝輪の特徴のひとつである。腹縁部敲打は、腹縁幅を1cm以下の5～6mmに細くする意図で行なわれたものと考えられるが、貝素材の法量が大きいもののみならず、小さいもの（19）についても同様に認められる。フネガイ科製は複数回穿孔・表面研磨の状態の資料が確認できる（24～26）。表面研磨の事例は、表面の放射肋を平滑にしている。イタボガキ製は、右殻（30・31）・左殻（29）の両者が存在する。内輪部以外の加工としては右殻の資料では側辺を中心に面取りが施されていることがある。アカニシ製は、長さ11.5cmを測るものと同じく6.1cmを測るものの、大小両者がある（32・33）。いずれも敲打調整によって内法面の調整が行なわれている。ツタノハガイ科など、いわゆるカサガイ目による貝輪は2点ある（34・35）。そのうち1点はマツバガイ製と考えられ、内法面の敲打調整のみならず、周囲に放射肋に沿って細かい刻みが施されている（34）。チョウセンハマグリ製？の貝輪に特徴的な加工が施されているものが2例ある（27・28）。いずれの資料も腹縁側に大きな抉りがあり面取りを施しており、28では加工の研磨痕が顕著に残されている。この2例は、形状からイノシシ牙製にも認められる装身具類を想起させるもので、半環状を呈するなど他の貝輪とは別の性格を有する資料かもしれない。

　仮称斎藤コレクションでは、ベンケイガイ・フネガイ科・チョウセンハマグリ？・アカニシ・オオツタノハ各種の貝輪が確認できている。特に注目すべき資料として、アカニシ製（42）とオオツタノハ製（43）

研究篇　第Ⅰ部　遺跡・遺構・遺物

表2　南山大学人類学博物館収蔵保美貝塚出土貝製品点数一覧表

器種	貝素材	小林資料	中山資料	斎藤資料ほか	器種別計
貝輪	ベンケイガイ	5	34	2	41
	フネガイ科	2	12	1	15
	イタボガキ右		2		2
	イタボガキ左		1		1
	チョウセンハマグリ？		6	1	7
	オニアサリ？		1		1
	アカニシ		2	1	3
	オオツタノハ			1	1
	ツタノハガイ科など		2		2
貝素材	ベンケイガイ		1		1
打上貝破片	ベンケイガイ		1		1
貝穿孔品	イタボガキ右	1			1
	イタボガキ左			1	1
	オニアサリ？	1			1
舌状貝器	チョウセンハマグリ？		3		3
	アカニシ		1		1
計		9	66	7	82

がある。42は最終調整として研磨が施されているものであり、敲打調整で終了することの多いアカニシ製貝輪の中では、特異である。43は保存状況が良好なものであり、内法面の調整のみならず、表面にも部分的に研磨が施されている様子などを観察することができる。

　いずれの資料も水摩・虫喰痕があり、浜に打ち上がった貝殻を利用しているものである。この水摩・虫喰痕はベンケイガイのみならず、アカニシ（32）にも認められることが注目できよう。

　b．貝穿孔品（6・7、44）　イタボガキ右殻（6）・同左殻（44）・オニアサリ？（7）で確認できた。イタボガキに関しては、貝輪製作における初回敲打の可能性も考えられるものである。しかし、イタボガキ左殻の資料では、穿孔部周囲に磨滅部分が確認できるほか、名古屋市玉ノ井遺跡の事例などから、これ自体を別器種として考えた。

　c．いわゆる舌状貝器（36〜38）　中山資料で4点確認できており、3点はチョウセンハマグリ？製（37・38）、1点はアカニシ製（36）である。いずれも敲打および剥離と磨滅が繰り返されているが、チョウセンハマグリ？製の例では、いずれも貝素材腹縁部以外の部分に認められることで共通している。

(2) 収蔵遺物の特徴について

　中山資料を中心に、各素材の貝輪資料がまとまって確認できた。晩期後半を主体とする、貝輪製作・使用の状況が確認できる、好例である。ベンケイガイ製貝輪については、法量の範囲の幅が大きいことや、腹縁部敲打調整を行なうことなど、当該時期・地域の特徴がよく表れている。

　貝種で特徴的な事例としては、オオツタノハとマツバガイなどのカサガイ目がある。オオツタノハは東海地域の各遺跡で数点ずつ出土しており、吉胡貝塚や伊川津貝塚では補修孔が認められるなど、他種貝輪とは明らかに扱われ方が異なるものである。伊豆諸島に端を発する関東地域など東日本域との関係を示すものと考えられ、貝輪の中でも上位を占めるものと想定できる。また、その他カサガイ目の出土は、東海地域の縄文時代晩期では初めての確認であり、特にマツバガイ製には周囲に細かい刻みが施されることも注目できる。

　また、問題となるのは、対象遺跡における人骨着装資料との対比である。保美貝塚では、小金井6号（成年女性）の左3・右1の計4点のベンケイガイ製貝輪が出土していることが知られている。今後は、

貝種の再吟味を含めて、加工状況などの分析・検討が必要となろう。

(3) 東海地域の縄文時代晩期貝輪の構造的様相について

　ここでは、保美貝塚出土資料をも含めた、東海地域の縄文時代晩期の貝輪の様相について、若干言及したい。貝輪は貝種によって大きく性格が付与される道具であったと考えられ、貝種によって、素材獲得・製作・使用・廃棄（埋納）に至る様相に相違が認められる。素材に対する絶対的数量もさることながら、素材に対する加工が施される程度も貝種によって異なる。以上、埋葬人骨との共伴関係などを勘案して、構造的理解を試みた案が図13である。

　当該地域・時期で最も上位を占める貝種はオオツタノハであろう。南方から交易などの流通によってもたらされたものと考えられ、伊豆諸島などを起点とする東日本域の分布の中では、東海地域がもっとも西域にあたる。素材の希少性もあろうが欠損後の補修孔の存在も、他貝種には認められない事象である。イタボガキは左殻・右殻で素材の形状が大きく異なる。左殻の形状とオオツタノハの形状の類似からオオツタノハ製貝輪を模した可能性を指摘したのは、伊川津遺跡の報告での安川英二の指摘であり（小野田・春成・西本　1988）、筆者もこれを支持するものである。また、イタボガキ右殻も併せると、オオツタノハ・イタボガキ右殻・イタボガキ左殻はいずれも、中央に大きく穿孔し、面取り・研磨以外は顕著な加工が施されない特徴がある。

　一方、フネガイ科・ベンケイガイ・チョウセンハマグリ？は、穿孔・面取り・研磨以外にも、半環状や腹縁部側への加工装飾など、資料によってはより程度の大きい加工を施される場合がある。これらの貝種では、腹縁幅を1cm未満に細く加工する志向があり、いわば細いリング状を志向しているようでもある。これら三者の貝種の関係の追究は今後の課題であるが、埋葬人骨に共伴する貝輪の種類などから、三者が同質ではない可能性も視野に入れなくてはならない。

　保美貝塚では、その他アカニシ製で丁寧に研磨が施される事例が認められた。他遺跡の出土事例ではアカニシ製貝輪は敲打調整で終了している事例が多く、保美貝塚の特性かもしれない。

　以上、貝種からオオツタノハ・イタボガキ左殻・同右殻の資料群（第一群と呼称する）、フネガイ科・ベンケイガイ・チョウセンハマグリ？の資料群（第二群と呼称する）、それ以外の群（第三群と呼称する）に分けることができる。特に第二群の貝輪は、加工の程度の幅が広く、製作＋使用遺跡あるいは使用遺跡の状況をより反映されている資料群と考えることができ、遺跡間関係など地域社会を解明するのに、より具体的な情報を得ることが期待されるものである。

4　まとめ——保美貝塚での活動とその特色

(1) 狩猟・漁撈活動について

　刺突具としては骨角製の点状刺突具類と石鏃とがある。点状刺突具類には長いヤスと短い鏃が両者認められ、石鏃もこれまでに計2000点以上が確認されている状況である。筆者はこれらが狩猟にも漁撈にも使用された可能性を考えており、両者の活動はともに活発であったであろう。直接的な事象ではないが、鹿角製装身具類や儀器と考えられる鹿角加工品の存在、牙製垂飾および牙製垂飾を模した石製垂飾の存在は、上記の狩猟に関連して、狩猟にも重きを置いていた活動様相の一端を示しているものと考えられる。その一方で、サメ製脊椎骨の垂飾の存在にもあるように、より大きな漁獲対象物をも得ようとしていた活動を窺うこともできる。

　漁撈について、注目すべき資料を二点提示したい。一点目は極めて大型の釣針の存在である。鹿角製の軸部と考えられるこの資料は、保美貝塚を舞台に製作・使用されたものと考えられ、結合式釣針である可能性も考えられるものである。より大型の獲物を獲得する志向が窺えられるものか。吉胡貝塚

では法量的には他遺跡の事例と類似するものの、アグのある事例がまとまって報告されている（清野1969）。釣針という点から見た場合の遺跡の特性として、併せて提示する。二点目は海獣骨製ヘラの存在で、南山大学人類学博物館収蔵品以外も含めて保美貝塚では計4点を筆者は確認できている。伊川津貝塚ではシカ中手・中足骨製が12点確認できている状況とは好対照であり、海獣骨製の方がシカ中手・中足骨製に比べ、より幅広の作業部を有するものである。いずれも貝オコシを想定するならば、同じ潜水漁撈を行なっていたとしても両者は捕獲対象物が異なる可能性もあり、動物遺存体での出土貝類分析と対比して検討する必要がある。

(2) 貝輪について

今回、中山資料では晩期後半の様相を呈する良好な資料群を提示することができた。ベンケイガイ製およびフネガイ製では、中央部への初回敲打から複数回敲打へ、さらには腹縁部敲打や器面研磨へと製作諸段階の資料が含まれていた。これらを製作した工具として、石器を一瞥した場合、局所的な打撃作業を行なった、磨石敲石類の中でも棒状の敲石と不定形砥石の存在が注目できる（図14）。棒状敲石の資料は7点と、今回まとまった数量を確認することができた。中央穿孔の敲打は、最初に中央の殻頂部よりに施され、連続した敲打によって徐々に拡大させていくようである。ただ、先端の細い工具が特に必要となったのは、中山資料で見られるように、腹縁部の敲打調整を行なうためではないかとも考えられるのである。不定形砥石の存在は、東海地域では初めて確認できた事例である。このように、今回、貝輪製作に対応する石器を推定できたことも大きな成果であるが、縄文時代晩期中葉以降、渥美半島全域—篠島—伊勢志摩地域でのベンケイガイを中心とした貝輪製作が盛んに行なわれていたことから、このような貝輪製作に対応する石器などが、今後、多く確認されてくることを期待するものである。

(3) 鹿角製装身具類について

今回の資料提示に併せて、近年の発掘調査でも資料の提示があり、保美貝塚における鹿角製装身具類の様相がかなり明らかになった。この結果、B類と考えられる事例の複数存在や吉胡貝塚でしか確認されなかったE類の存在、より装飾性のあるG類の確認と、伊川津貝塚とは異なる様相を呈する可能性があり、近隣遺跡間での差異が認められる。筆者はこれまで保美貝塚の様相は伊川津貝塚の様相に近いものと考えていたが、ここでこれを訂正したい。

以上のことを総合すると、狩猟具・漁具および装身具類において、遺跡の特性を垣間みることができ、渥美半島でいうならば、保美貝塚の様相は吉胡貝塚・伊川津貝塚との様相とは同一ではないことは明らかである。これはそれぞれの遺跡を舞台にした人間活動（集団）の様相に起因するものであるが、装身具類からは単純に距離間隔だけではない、複雑な遺跡間関係を考えなくてはならない。狩猟具・漁具では、やはり渥美半島先端部に位置する立地が大きいとも考えられるが、漁撈と同時に狩猟も活発に行なっていたことも考慮に入れておかなくてはならないであろう。

引用・参考文献

小野田勝一ほか　1991　『渥美町史　考古・民俗編』、渥美町。
小野田勝一・春成秀爾・西本豊弘　1988　『伊川津遺跡』、渥美町教育委員会。
川添和暁　2001　「「棒状鹿角製品」少考」『愛知県埋蔵文化財センター研究紀要』2、1-12頁。
川添和暁　2004　「「道具」からみる縄文晩期の生業について—根挟みを中心に—」『愛知県埋蔵文化財センター研究紀要』5、1-14頁。
川添和暁　2005a　「縄文時代後晩期の石鏃について—部分磨製石鏃を中心に—」『愛知県埋蔵文化財センター研究紀要』6、18-33頁。

川添和暁　2005b　「東海地域における貝輪について―その製作・使用・消費の流れ―」『考古学フォーラム』18、60-77頁。

川添和暁　2005c　「東海地域における縄文時代後晩期の石鏃について」『関西縄文時代における石器・集落の諸様相』（関西縄文論集2）45-56頁、六一書房。

川添和暁　2006　「東海地域における縄文時代後晩期ベンケイガイ製貝輪について」『愛知県埋蔵文化財センター研究紀要』7、1-20頁。

川添和暁　2007　「鹿角製装身具類について―東海地域の縄文時代晩期を中心に―」『愛知県埋蔵文化財センター研究紀要』8、1-22頁。

川添和暁　2008　「弭形製品・浮袋の口について―東海地域の縄文時代晩期を中心に―」『愛知県埋蔵文化財センター研究紀要』9、11-30頁。

川添和暁　2009　「東海地域縄文時代後晩期の骨角製点状刺突具類について―ヤス・鏃・針の分析―」『愛知県埋蔵文化財センター研究紀要』10、1-22頁。

川添和暁　2010a　「縄文後晩期の岩偶岩版類について―東海地域の事例を中心に―」『愛知県埋蔵文化財センター研究紀要』10、1-24頁。

川添和暁　2010b　「弥生大規模集落における狩猟具・漁具の保有と特質」『伊勢湾岸弥生社会シンポジウム・中期篇　大規模集落と弥生社会』189-204頁、石黒立人。

清野謙次　1969　『日本貝塚の研究』、岩波書店。

紅村　弘　1963　『東海の先史遺跡　綜括編』（東海叢書13）、名古屋鉄道。

小林知生ほか　1966　「保美貝塚」『渥美半島埋蔵文化財調査報告』1-12頁、愛知県教育委員会。

高木祐志・坂口　隆ほか　2010　『保美貝塚発掘調査報告書―渥美セレモニーホール建設に伴う発掘調査―』、有限会社丸金横江仏具。

山村敏行ほか編　1923a　『渥美郡史』、愛知県渥美郡役所。

山村敏行ほか編　1923b　『渥美郡史　附図』、愛知県渥美郡役所。

藤巻悦子・神取龍生　2000　「保美貝塚採集資料紹介―叉状研歯を模したと思われるヒスイ玉製品―」『三河考古』13、84-89頁。

(**分担**　図表作成・分析・執筆は川添がおこなったが、遺物写真撮影は金子知久氏（スタジオ遊）にお願いし、トレース作業の一部は(株)イビソクに委託した。石材の同定に関しては、堀木真美子氏（愛知県埋蔵文化財センター）にご教示を頂いた部分があるが、誤りがあれば川添の責任である。)

研究篇 第Ⅰ部 遺跡・遺構・遺物

表3 南山大学人類学博物館収蔵保美貝塚出土骨角器一覧表

図番号	写真番号	整理番号	コンテナ・袋番号	資料種別	器種	分類1	分類2	注記	標本シールほか	素材	部位	右左	長さ(cm)	幅(cm)	厚さ(cm)	備考
		1	HB-002-4		不明加工品					シカ	角?		[2.90]	[1.27]	0.82	釣針軸部の可能性あり
		2	HB-005-5		加工のある骨		半截・棒状			シカ	中足骨		4.35	0.95	0.75	点状刺突具類に対応するか
34	8	3	HB-021-5		装身具類	ヘアピン			保美No.10(頭骨付近)	鳥類	管状骨		[3.10]	0.95	0.75	
		4	HB-005-5		加工のある骨		半截・棒状			シカ	中手・中足骨?		3.08	0.86	0.48	
52		5	HB-009-2	中山資料?	点状刺突具類	根挟み				シカ	角		[4.46]	1.13	0.66	
48		6	HB-009-2	中山資料?	点状刺突具類	鏃				シカ	中手・中足骨?		4.33	0.60	0.53	
47		7	HB-009-2	中山資料?	点状刺突具類	鏃				シカ	中手・中足骨		4.66	0.86	0.68	欠損品の再加工品
55		8	HB-009-2	中山資料?	点状刺突具類	鏃				シカ	角		4.47	1.32	0.58	
56		9	HB-009-2	中山資料?	棒状加工品?					シカ	角		[4.90]	1.01	0.84	
		10	HB-019-9	小林資料	加工のある鹿角		非半截・丸太材	保美□□□		シカ	角		12.75	2.39	1.77	
		11	HB-019-9	小林資料	加工のある鹿角					シカ	角		12.09	3.19	2.14	
3		12	HB-019-11	小林資料	点状刺突具類	ヤス				シカ	中手・中足骨		[5.95]	0.83	0.62	
		13	HB-019-11	小林資料	加工のある骨			92					7.03	0.89	0.49	
		14	HB-019-11	小林資料	加工のある骨		半截				中手骨		7.98	0.84	1.09	
		15	HB-019-11	小林資料	加工のある骨					シカ?	脛骨?		9.89	2.20	1.35	敲打痕
		16	HB-019-11	小林資料	加工のある骨					シカ?	脛骨?		11.95	2.25	2.23	敲打痕
		17	HB-019-11	小林資料	加工のある骨					シカ?	脛骨?		11.03	1.94	1.36	敲打痕
		18	HB-019-11	小林資料	加工のある骨			72		シカ?	脛骨?		11.90	2.30	0.86	敲打痕
		19	HB-019-11	小林資料	加工のある骨			92		シカ?	脛骨?		10.81	2.65	2.33	敲打痕
14		20	HB-019-11	小林資料	加工のある牙					イノシシ	雄犬歯下		5.11	1.33	1.26	
		21	HB-019-11	小林資料	加工のある骨			103		シカ?	脛骨?		13.83	2.50	1.31	敲打痕
		22	HB-019-11	小林資料	加工のある骨			12		シカ?	脛骨?		8.86	2.43	1.27	
		23	HB-019-11	小林資料	点状刺突具類	ヤス?		□□□		シカ?	中手・中足骨?		[3.31]	[0.61]	0.47	
		24	HB-019-11	小林資料	加工のある鹿角		非半截・丸太材	28		シカ	角枝		5.42	1.37	1.14	
		25	HB-019-11	小林資料	加工のある骨			105					6.19	1.14	0.63	
		26	HB-019-11	小林資料	加工のある骨			64					5.22	1.13	0.44	
		27	HB-019-11	小林資料	加工のある骨								4.99	1.12	0.48	
4		28	HB-019-11	小林資料	点状刺突具類	ヤス or 鏃		保美65' 1		シカ	中手・中足骨		[5.35]	0.75	0.47	
5		29	HB-019-11	小林資料	点状刺突具類	ヤス or 鏃				シカ	中手・中足骨		[4.60]	0.60	0.46	
7		30	HB-019-11	小林資料	点状刺突具類	ヤス or 鏃		46		エイ類	尾棘		[2.86]	0.67	0.37	
		31	HB-019-11	小林資料	加工のある骨			□		シカ?	脛骨?		15.17	2.72	2.34	
		32	HB-019-11	小林資料	加工のある骨					シカ?	脛骨?		9.50	2.52	1.05	
6		33	HB-019-11	小林資料	点状刺突具類	ヤス				シカ	中手・中足骨		[7.52]	0.74	0.57	
11		34	HB-019-11	小林資料	加工のある鹿角		半截	□		シカ	角枝		[7.39]	1.67	0.88	ヘラの可能性あるか
		35	HB-019-11	小林資料	加工のある骨 3											
20		36	HB-021-3	中山資料	点状刺突具類	鏃		HOBI B32		シカ	角		4.30	0.94	0.62	
24		37	HB-021-3	中山資料	点状刺突具類	鏃		HOBI 不明貝層 B18		シカ	角		[5.14]	1.26	0.73	
21		38	HB-021-3	中山資料	点状刺突具類	鏃		HOBI B23		シカ	角		4.35	0.95	0.50	
		39	HB-021-3	中山資料	点状刺突具類	ヤス or 鏃		HOBI B□4		シカ	中手・中足骨?		[1.86]	[0.58]	[0.55]	
		40	HB-021-3	中山資料	点状刺突具類	ヤス?		HOBI B6		シカ	中手・中足骨		[5.20]	[0.64]	0.67	
22		41	HB-021-3	中山資料	点状刺突具類	鏃		HOBI B66		シカ	角		4.16	1.01	0.77	
		42	HB-021-3	中山資料	点状刺突具類	ヤス		HOBI B39		シカ	中手・中足骨		7.08	0.80	0.60	
		43	HB-021-3	中山資料	点状刺突具類	根挟み		HOBI B63		シカ	角		4.64	[0.78]	0.74	
		44	HB-021-3	中山資料	点状刺突具類	根挟み		HOBI 25		シカ	角		[2.11]	[0.72]	0.60	
		45	HB-021-3	中山資料	点状刺突具類	ヤス		HOBI A 第1貝層 B70		シカ	中手・中足骨		[3.77]	[1.06]	0.58	
25		46	HB-021-3	中山資料	点状刺突具類	ヤス or 鏃		HOBI B59		シカ	中手・中足骨		4.96	0.57	0.52	
16		47	HB-021-3	中山資料	点状刺突具類	ヤス		B26 HOBI		シカ	中手・中足骨		[7.01]	0.90	0.72	
26		48	HB-021-3	中山資料	点状刺突具類	ヤス or 鏃		HOBI B27		シカ	中手・中足骨		4.19	0.92	0.45	
		49	HB-021-3	中山資料	点状刺突具類	根挟み		HOBI B28		シカ	角		[2.58]	[0.44]	0.76	
		50	HB-021-3	中山資料	加工のある鹿角			HOBI 不明貝層 B12		シカ	角		5.35	1.26	1.55	
		51	HB-021-3	中山資料	加工のある骨			HOBI B44					3.90	0.84	0.40	
23		52	HB-021-3	中山資料	点状刺突具類	鏃		B4		シカ	角		4.78	1.30	0.85	
		53	HB-021-3	中山資料	点状刺突具類	ヤス or 鏃		HOBI B2		シカ	中手・中足骨		4.76	[0.67]	0.59	
28		54	HB-021-3	中山資料	単式釣針			HOBI 不明貝層 B6		シカ	角		[3.83]	[1.27]	0.71	
38		55	HB-021-3	中山資料	不明加工品			HOBI B31		シカ?	角?		[5.10]	[0.98]	[0.51]	新しい可能性あり?
35		56	HB-021-3	中山資料	不明加工品			HOBI B53		シカ	角		4.97	[1.03]	0.82	
31		57	HB-021-3	中山資料	錐			HOBI B1		シカ	中足骨		[6.19]	1.21	0.62	
		58	HB-021-3	中山資料	加工のある鹿角		非半截・丸太材	HOBI B71		シカ	角枝		3.44	0.97	0.89	計測値は290との接合後の値
		59	HB-021-3	中山資料	点状刺突具類	ヤス or 鏃		HOBI A' B61		シカ	中手・中足骨		[2.39]	[0.75]	[0.69]	
32		60	HB-021-3	中山資料	扁平刺突具類	ヘラ		HOBI 不明貝層 B11		海獣類	骨		[19.05]	[3.17]	1.41	
		61	HB-021-3	中山資料	加工のある骨		半截・角材	HOBI A B65		シカ	角		5.50	1.42	1.22	
17		62	HB-021-3	中山資料	点状刺突具類	ヤス		HOBI カクラン貝層 B33		シカ	中手・中足骨		[7.50]	1.06	0.55	
		63	HB-021-3	中山資料	加工のある鹿角		半截・板材	HOBI A' B62		シカ	角		5.26	1.30	0.70	
		64	HB-021-3	中山資料	加工のある鹿角		半截・角材	HOBI B22		シカ	角		5.78	1.22	0.90	
29		65	HB-021-3	中山資料	釣針			HOBI B7		シカ	角		[10.64]	[1.33]	[0.81]	大型・単式釣針?(軸部のみ残存)
36		66	HB-023-1	中山資料	装身具類	垂飾				シカ	指骨		3.35	1.24	1.96	
44		67	HB-025-2		点状刺突具類	鏃				シカ	中手・中足骨		9.80	0.91	0.58	完形品
51		68	HB-025-2		点状刺突具類	根挟み				シカ	角		4.42	1.05	0.83	
60	6	69	HB-025-2		装身具類	管状				シカ	角		5.27	2.32	2.21	
33	7	70	HB-021-6	中山資料	装身具類	ヘアピン				シカ	中手・中足骨		[5.20]	0.74	0.83	
		71	HB-021-6	中山資料	点状刺突具類	鏃		HOBI 不明貝層 B17		シカ	角		3.73	0.86	0.59	
19		72	HB-021-6	中山資料	点状刺突具類	ヤス or 鏃		HOBI B15		シカ	中手・中足骨		[4.56]	0.89	0.77	
27		73	HB-021-6	中山資料	点状刺突具類	ヤス or 鏃		HOBI A 第1貝層 B68		エイ類	尾棘		[4.69]	0.66	0.31	
18		74	HB-021-7	中山資料	点状刺突具類	ヤス or 鏃		HOBI 不明貝層 B17		シカ	中手・中足骨		[5.47]	0.70	0.54	
30		75	HB-021-6	中山資料	扁平刺突具類	ヘラ		HOBI 不明貝層 B14		シカ	中手骨		[8.20]	1.25	0.94	
		76	HB-025-6	中山資料	加工のある鹿角		非半截・丸太材	保美 貝層下部		シカ	角幹		14.32	3.18	2.54	
		77	HB-025-6	中山資料	加工のある鹿角		非半截・丸太材	保美 貝層下部		シカ	角		7.14	1.27	1.21	角幹ならば幼獣か
		78	HB-026-1		点状刺突具類	鏃				シカ	角		5.69	0.96	0.73	完形品
15		79	HB-026-2		不明加工品					シカ	角枝		13.33	1.83	2.22	角枝先端部をそのママ使用
57		80	HB-026-2		錐					シカ	中手・中足骨		[6.72]	0.91	0.68	
		81	HB-001-2		加工のある骨					シカ	中足骨近位端	右	6.74	2.24	2.80	解体痕あり
		82	HB-002-8		骨						中手骨遠位端のみ欠	右	19.04	2.96	2.10	
		83	HB-002-12		加工のある骨						中手骨近位端	左	5.23	2.57	1.93	
		84	HB-003-2		加工のある骨		半截状態				中手骨近位端		3.50	2.19	1.59	
		85	HB-003-2		加工のある骨						中手骨近位端	左	7.74	2.59	2.00	
		86	HB-003-2		加工のある骨						中手骨近位端	右	7.16	2.65	2.20	
72		87	HB-003-2		加工のある骨		半截状態				中足骨近位端	右	9.03	2.54	1.53	半截を行なうための両側辺からの連続敲打痕あり
75		88	HB-003-2		加工のある骨						中手骨遠位端	右	7.75	3.26	2.23	解体痕あり
		89	HB-004-2		加工のある骨						中手骨遠位端直上	右	4.81	2.67	1.74	解体痕あり
		90	HB-004-2		加工のある骨		半截状態				中手骨遠位端直上		[4.76]	2.61	1.44	扁平刺突具類・ヘラの可能性あり
		91	HB-004-2		加工のある骨						中手・中足骨近位端		4.68	1.38	2.09	
		92	HB-004-2		加工のある骨					シカ?	中手・中足骨					
		93	HB-004-2		骨					シカ	中手骨	右	20.89	3.08	2.19	
		94	HB-004-3		加工のある骨		半截状態				中足骨近位端	右	[5.43]	2.43	1.20	扁平刺突具類・ヘラの可能性あり
		95	HB-004-4		骨					シカ	中手骨		21.78	2.85	2.74	
		96	HB-004-4		骨						中手・中足骨遠位端		2.29	1.42	2.19	
		97	HB-004-4		加工のある骨		半截状態				中手骨近位端		[5.25]	0.97	1.65	
		98	HB-005-4		加工のある骨		半截状態			シカ	中手骨近位端	左	[12.13]	3.03	2.30	

第3章 骨角器・貝製品の様相（川添和暁）

図番号	写真番号	整理番号	コンテナ・袋番号	資料種別	器種	分類1	分類2	注記	標本シールほか	素材	部位	右左	長さ(cm)	幅(cm)	厚さ(cm)	備考
		99	HB-005-4		加工のある骨					シカ	中手骨近位端	右	[4.35]	2.72	2.06	
		100	HB-005-5		加工のある骨		半截状態			シカ	中足骨近位端	左	[8.70]	2.51	1.32	
76		101	HB-005-5		加工のある骨					シカ	中手骨遠位端	左	[5.55]	2.80	1.94	
71		102	HB-006-4		加工のある骨		半截状態			シカ	中手骨近位端	右	[13.68]	2.75	1.50	
		103	HB-006-2		加工のある骨					シカ	中手骨近位端	右	[12.10]	2.59	1.45	
		104	HB-006-4		加工のある骨		半截状態			シカ	中手骨近位端	左	[3.46]	2.59	1.95	
		105	HB-006-4		加工のある骨		半截状態			シカ	中手骨近位端	右	5.12	1.99	1.09	
		106	HB-006-4		加工のある骨					シカ	中足骨骨幹	右	5.62	2.65	1.75	
		107	HB-006-4		加工のある骨					シカ	中足骨遠位端		8.46	2.91	2.08	
		108	HB-006-4		加工のある骨					シカ	中手骨近位端	右	17.16	2.66	2.09	
		109	HB-008-1	中山資料	加工のある骨					シカ	中手骨遠位端直上	左	7.06	3.01	1.95	
		110	HB-008-1	中山資料	加工のある骨		半截状態			シカ	中手骨近位端	左	7.41	2.34	1.78	
		111	HB-008-1	中山資料	加工のある骨		半截状態			シカ	中手骨近位端	左	8.06	2.52	1.37	
		112	HB-008-1	中山資料	加工のある骨		半截状態			シカ	中手骨近位端	左	11.75	2.34	1.55	
9		113	HB-019-11	小林資料	錐					シカ	中足骨近位端	左	12.74	2.78	2.08	端部を残したママ
		114	HB-019-11	小林資料	加工のある骨		半截状態			シカ	中足骨近位端	左	12.70	2.32	1.62	
10		115	HB-019-11	小林資料	錐			12		シカ	中手骨近位端	左	9.05	2.85	2.30	端部を残したママ
		116	HB-020-2		加工のある骨		半截状態			シカ	中足骨近位端	左	6.56	2.37	1.38	
73		117	HB-019-13		加工のある骨		半截状態			シカ	中手骨近位端	左	8.83	1.28	1.03	
		118	HB-020-2		加工のある骨					シカ	中足骨近位端	左	7.86	2.66	1.43	
		119	HB-021-3	中山資料	加工のある骨		半截状態	HOBI B36		?	?		3.25	1.90	0.69	被熱による黒色化
		120	HB-021-3	中山資料	加工のある骨			HOBI B34		シカ	中手骨骨幹		3.53	1.58	0.76	被熱による黒色化
		121	HB-021-3	中山資料	骨			HOBI B35		シカ	下顎骨		2.21	3.53	0.85	被熱による黒色化
		122	HB-021-3	中山資料	骨			HOBI B37		?	肩甲骨		3.60	2.31	0.55	
		123	HB-023-1	中山資料	加工のある骨		半截状態			シカ	中手骨近位端	左	8.05	2.95	2.30	
74		124	HB-023-1	中山資料	加工のある骨		半截状態			シカ	中手骨近位端	左	8.03	2.72	2.13	
		125	HB-023-1	中山資料	加工のある骨					シカ	中手骨近位端	左	9.71	2.50	1.96	
		126	HB-023-1	中山資料	加工のある骨		半截状態			シカ	中足骨近位端	右	6.72	2.09	1.24	
		127	HB-023-1	中山資料	加工のある骨		半截状態			シカ	中足骨近位端	右	10.07	2.45	1.58	
		128	HB-023-1	中山資料	加工のある骨		半截状態			シカ	中手骨近位端	左	3.94	2.50	1.90	
		129	HB-023-1	中山資料	加工のある骨					シカ	中手骨近位端	右	8.87	2.53	2.00	
		130	HB-023-1	中山資料	加工のある骨					シカ	中足骨近位端	右	10.56	2.55	2.92	
		131	HB-023-1	中山資料	加工のある骨					シカ	中足骨近位端	左	13.73	2.56	2.86	
		132	HB-023-1	中山資料	加工のある骨					シカ	中手骨近位端	左	5.21	2.63	1.74	
		133	HB-023-1	中山資料	加工のある骨		半截状態			シカ	中手骨近位端	右	7.01	2.93	1.34	
		134	HB-023-1	中山資料	加工のある骨		半截状態			シカ	中手骨近位端	左	7.58	2.80	1.46	
		135	HB-023-1	中山資料	加工のある骨					シカ	中手・中足骨遠位端	右?	2.82	3.23	2.09	解体痕あり
		136	HB-023-1	中山資料	加工のある骨					シカ	中足骨遠位端	右	4.61	2.53	1.88	
		137	HB-023-1	中山資料	加工のある骨					シカ	中足骨遠位端	右	8.64	2.97	2.24	
		138	HB-023-1	中山資料	加工のある骨		半截状態			シカ	中足骨近位端	右	7.03	2.39	1.37	解体痕あり
		139	HB-023-1	中山資料	加工のある骨		半截状態			シカ	中足骨遠位端	右	5.30	2.72	1.98	
		140	HB-023-1	中山資料	加工のある骨		半截状態			シカ	中足骨近位端	右	5.26	2.37	1.47	解体痕あり
		141	HB-023-1	中山資料	加工のある骨		半截状態			シカ	中足骨近位端	右	7.97	2.18	1.21	
		142	HB-023-1	中山資料	加工のある骨		半截状態			シカ	中手骨近位端	左	6.96	2.30	1.71	
		143	HB-023-1	中山資料	加工のある骨					シカ	中手・中足骨遠位端	左	3.22	3.05	2.10	
		144	HB-023-2-2	小林資料	骨					シカ	中手骨近位端	左	15.96	2.46	1.73	解体痕あり
		145	HB-023-2-2	小林資料	加工のある骨					シカ	中足骨近位端	右	4.85	2.27	1.36	解体痕あり
		146	HB-003-2		加工のある鹿角					シカ	角 二叉部		1.72	2.15	1.30	
		147	HB-005-4		加工のある鹿角		半截状態			シカ	角幹角枝		6.24	2.24	1.23	
		148	HB-006-4		加工のある鹿角					シカ	落角 角座					
		149	HB-008-1	中山資料	加工のある鹿角					シカ	角座骨	左	7.40	2.83	4.66	
67		150	HB-008-1	中山資料	加工のある鹿角		半截状態			シカ	角幹角枝		5.10	1.50	0.98	
68		151	HB-008-1	中山資料	加工のある鹿角		半截状態			シカ	角幹角枝		5.26	1.66	0.67	
		152	HB-008-1	中山資料	加工のある鹿角					シカ	角 二叉部		5.86	4.37	1.62	
		153	HB-008-1	中山資料	加工のある鹿角					シカ	角幹角枝		4.65	1.64	0.85	
		154	HB-008-1	中山資料	加工のある鹿角					シカ	角幹角枝		3.06	0.88	0.57	
		155	HB-008-1	中山資料	加工のある鹿角					シカ	角幹角枝		3.83	1.32	0.97	
		156	HB-008-1	中山資料	加工のある鹿角					シカ	角幹角枝		4.55	1.60	1.47	
		157	HB-008-1	中山資料	加工のある鹿角		半截状態			シカ	角幹角枝		3.40	0.89	1.00	
		158	HB-014-1		加工のある鹿角					シカ	角 二叉部		13.59	8.22	1.95	
		159	HB-021-3	中山資料	加工のある鹿角		半截状態	HOBI 不明貝層 B15		シカ	角枝		3.44	1.28	1.72	
		160	HB-021-3	中山資料	加工のある鹿小片					シカ	角 二叉部		2.35	2.51	0.80	
		161	HB-021-3	中山資料	加工のある鹿角		半截状態	HOBI B57		シカ	角枝		4.06	1.24	0.63	
		162	HB-021-3	中山資料	加工のある鹿角			HOBI カクラン貝層 B29		シカ	角座骨＋角座	右	8.76	6.31	4.73	
		163	HB-021-3	中山資料	加工のある鹿角		半截状態	HOBI B40		シカ	角幹角枝		7.75	2.05	0.70	
		164	HB-021-3	中山資料	加工のある鹿角		半截状態	HOBI B55		シカ	角幹角枝		8.66	2.76	1.57	
		165	HB-021-3	中山資料	加工のある鹿角			HOBI B51		シカ	角座骨		4.25	3.18	4.72	
66		166	HB-021-3	中山資料	加工のある鹿角			HOBI B20		シカ	角座骨＋角座	右	14.35	7.03	5.39	
		167	HB-021-3	中山資料	加工のある鹿角			HOBI B46		シカ	角 二叉部		6.36	7.31	1.82	
		168	HB-021-3	中山資料	扁平刺突具類？	斧		HOBI B9		シカ	角		[6.50]	[1.37]	[2.89]	
70		169	HB-021-3	中山資料	加工のある鹿角		半截状態	HOBI 不明貝層 B13		シカ	角幹角枝		14.86	2.20	1.49	
		170	HB-021-3	中山資料	加工のある鹿小片			HOBI B58		シカ	角 二叉部		4.50	1.20	0.71	
		171	HB-021-3	中山資料	加工のある鹿角	角座残存部		HOBI B56		シカ	角座骨	右	6.78	4.11	4.70	
		172	HB-021-3	中山資料	加工のある鹿角	丸太材		HOBI B8		シカ	角 二叉部		14.33	4.46	3.44	
		173	HB-021-3	中山資料	加工のある鹿角			HOBI B49		シカ	角枝		4.98	1.90	1.06	
		174	HB-021-3	中山資料	加工のある鹿角		半截状態	HOBI B63		シカ	角枝		3.70	1.70	0.70	
		175	HB-021-3	中山資料	加工のある鹿角		半截状態	HOBI 不明貝層 B10		シカ	角 二叉部		7.88	4.39	1.32	
		176	HB-021-3	中山資料	加工のある鹿角	角座残存部		HOBI B52		シカ	角座骨＋角座	右	6.93	3.83	4.05	
		177	HB-021-3	中山資料	加工のある鹿角		半截状態	HOBI B40		シカ	角 二叉部		3.97	4.07	0.96	
		178														177と接合・欠番
		179	HB-021-3	中山資料	加工のある鹿角		半截状態	HOBI B47		シカ	角座＋角幹	左	6.44	1.69	3.50	
		180	HB-021-3	中山資料	扁平刺突具類	ヘラ	半截状態	HOBI B□□		シカ	角枝		9.09	1.99	1.48	
		181	HB-021-3	中山資料	加工のある鹿角		半截状態	HOBI カクラン貝層 B30		シカ	角枝		5.86	1.37	0.67	
		182	HB-021-3	中山資料	加工のある鹿角			B3		シカ	角枝		6.01	1.72	1.65	断面方形状に加工
		183	HB-021-3	中山資料	加工のある鹿角		半截状態	HOBI B50		シカ	角枝		4.44	2.69	1.41	
		184	HB-021-3	中山資料	加工のある鹿小片			HOBI B60		シカ	角 二叉部		5.27	1.83	0.70	
		185	HB-021-3	中山資料	加工のある鹿角		半截・角材	HOBI B21		シカ	角幹角枝		5.10	1.52	1.03	
		186	HB-023-1	中山資料	点状刺突具類？		半截状態			シカ	角幹角枝		3.08	1.17	0.70	
		187	HB-023-1	中山資料	加工のある鹿角		半截状態			シカ	角幹角枝		4.94	1.60	0.81	
		188	HB-023-1	中山資料	加工のある鹿角					シカ	角座骨	左	8.16	2.47	2.53	幼獣か？
		189	HB-023-1	中山資料	加工のある鹿角					シカ	角 二叉部		5.18	3.55	1.14	
		190	HB-023-1	中山資料	加工のある鹿角	角座残存部				シカ	落角 角座	左	6.73	4.26	4.05	
40		191	HB-023-1	中山資料	男根状製品			B-1		シカ	角座骨	右	10.90	4.90	4.08	
		192	HB-023-1	中山資料	加工のある鹿角	角座残存部				シカ	角座骨＋角座	左	9.50	3.70	3.94	
		193	HB-023-1	中山資料	加工のある鹿角		半截状態			シカ	角幹角枝		7.04	1.74	1.12	
		194	HB-023-1	中山資料	加工のある鹿角		半截状態			シカ	角幹角枝		6.22	2.20	1.06	
		195	HB-023-1	中山資料	加工のある鹿角		半截状態			シカ	角幹角枝		5.29	1.52	0.72	
		196	HB-023-1	中山資料	加工のある鹿角	丸太材				シカ	角幹角枝		5.98	2.42	2.51	
		197	HB-023-1	中山資料	点状刺突具類					シカ	角幹角枝		[5.31]	1.01	0.72	
40		198	HB-023-1	中山資料	男根状製品					シカ	角座骨＋角座		8.83	5.50	5.03	
39		199	HB-023-1	中山資料	男根状製品					シカ	角座骨＋角座	右	9.37	4.46	3.46	
		200	HB-023-1	中山資料	加工のある鹿角					シカ	角枝		[5.34]	1.48	1.30	先端部に穿孔あり
		201	HB-023-1	中山資料	点状刺突具類			HOBI B□5		シカ	角幹角枝		2.78	1.14	0.91	
69		202	HB-023-1	中山資料	加工のある鹿角		半截状態			シカ	角 二叉部		5.82	2.20	0.74	
41		203	HB-023-1	中山資料	男根状製品					シカ	角座骨＋角座	左	10.68	4.87	3.33	
		204	HB-023-1	中山資料	加工のある鹿角					シカ	角 二叉部		5.28	5.60	1.72	
		205	HB-023-1	中山資料	加工のある鹿角	角座残存部				シカ	落角 角座＋第一枝	左	13.14	9.02	3.76	

研究篇　第Ⅰ部　遺跡・遺構・遺物

図番号	写真番号	整理番号	コンテナ・袋番号	資料種別	器種	分類1	分類2	注記	標本シールほか	素材	部位	右左	長さ(cm)	幅(cm)	厚さ(cm)	備考
		206	HB-023-1	中山資料	加工のある鹿角					シカ	落角 角座		[1.33]	[3.40]	[1.42]	
		207	HB-023-1	中山資料	加工のある鹿角		半截状態			シカ	角幹角枝		5.74	1.62	0.76	
		208	HB-023-1	中山資料	加工のある鹿角					シカ	角 二叉部		4.15	4.84	1.73	
		209	HB-023-1	中山資料	加工のある鹿角		角座残存部			シカ	落角 角座＋角幹	左	15.09	4.40	6.40	
		210	HB-023-1	中山資料	加工のある鹿角		角座残存部			シカ	落角 角座	右	7.66	4.60	5.19	
		211	HB-023-2-2	小林資料	加工のある鹿角		半截状態			シカ	角 二叉部		6.54	3.73	1.02	
63	5	212	HB-005-2		装身具類	腰飾り				シカ			[3.54]	1.27	0.67	
37		213	HB-004-3		装身具類	垂飾				サメ類	脊椎骨		2.55	3.00	1.45	
		214	HB-006-4		加工のある骨					シカ	中手骨・中足骨		10.93	1.16	0.73	擦切り痕もあり
		215	HB-006-4		加工のある骨					シカ	中手骨	左	8.79	2.08	2.03	
		216	HB-006-4		加工のある骨		半截状態			シカ	中手骨		7.90	1.98	1.07	
		217	HB-006-4		加工のある骨		半截状態			シカ	中手骨		8.73	1.79	1.15	
		218	HB-006-4		加工のある骨		半截状態			シカ	中足骨		3.03	1.50	0.72	
		219	HB-006-4		加工のある骨		細片			シカ	中手骨・中足骨		4.06	1.00	0.42	
		220	HB-003-3		加工のある骨		半截状態			シカ	中足骨		7.06	1.10	0.61	
		221	HB-003-3		加工のある骨		細片			シカ	中手骨・中足骨		4.37	0.90	0.53	
		222	HB-003-3		加工のある骨		細片			シカ	中足骨		2.77	0.85	0.51	
		223	HB-003-3		加工のある骨		半截状態			シカ	中足骨		5.76	1.83	0.60	
		224	HB-003-3		加工のある骨		半截状態			シカ	中手骨		6.76	1.55	0.83	
		225	HB-003-3													
		226	HB-003-3		加工のある骨		半截状態			シカ	中手骨・中足骨		10.13	1.49	0.74	
		227	HB-023-1	中山資料	加工のある骨		半截状態			シカ	中手骨		7.64	1.85	1.19	
		228	HB-023-1	中山資料	加工のある骨		半截状態			シカ	中手骨・中足骨		5.67	1.43	0.90	
		229	HB-023-1	中山資料	加工のある骨		半截状態			シカ	中手骨		7.25	1.54	1.01	
		230	HB-023-1	中山資料	加工のある骨		半截状態			シカ	中手骨・中足骨		6.20	1.55	1.14	
		231	HB-023-1	中山資料	加工のある骨		半截状態			シカ	中手骨・中足骨		5.53	1.50	0.70	被熱
		232	HB-023-1	中山資料	加工のある骨		半截状態			シカ	中手・中足骨		6.50	1.36	0.65	
		233	HB-023-1	中山資料	加工のある骨		半截状態			シカ	中足骨		7.00	1.66	0.87	
		234	HB-023-1	中山資料	加工のある骨		半截状態			シカ	中手骨		5.35	1.56	0.60	
		235	HB-023-1	中山資料	加工のある骨					シカ	中手骨		6.96	1.81	1.33	解体痕あり
		236	HB-023-1	中山資料	加工のある骨		半截状態			シカ	中足骨		13.32	1.74	1.15	
		237	HB-023-1	中山資料	加工のある骨		半截状態			シカ	中手骨		8.41	1.68	0.89	
		238	HB-023-1	中山資料	加工のある骨		半截状態			シカ	中手骨・近位端	右	9.28	1.70	0.74	
		239	HB-023-1	中山資料	加工のある骨		半截状態			シカ	中手・中足骨		5.34	1.22	0.48	
		240	HB-023-1	中山資料	加工のある骨		半截状態			シカ	中足骨		3.07	1.65	0.75	
		241	HB-023-1	中山資料	加工のある骨		半截状態			シカ	中手骨		5.36	1.20	0.54	
		242	HB-023-1	中山資料	加工のある骨		半截状態			シカ	中手骨		5.25	1.82	0.41	
		243	HB-023-1	中山資料	加工のある骨		半截状態			シカ	中足骨		4.84	1.31	0.68	
		244	HB-023-1	中山資料	加工のある骨					シカ	中足骨		5.56	1.97	1.45	解体痕あり
		245	HB-023-1	中山資料	加工のある骨		半截状態			シカ	中足骨		8.97	1.63	0.81	
		246	HB-023-1	中山資料	加工のある骨		半截状態			シカ	中手骨		4.46	1.56	0.60	
		247	HB-005-6	中山資料	加工のある骨		半截状態			シカ	中足骨・近位端	右	5.96	1.83	0.80	
		248	HB-005-6		加工のある骨					シカ	中足骨		7.82	1.72	1.70	
		249	HB-002-8		加工のある骨		半截状態			シカ	中足骨		2.70	1.05	0.55	
		250	HB-004-2		加工のある骨		半截状態			シカ	中足骨		8.30	1.94	0.74	
		251	HB-020-1		加工のある骨		半截状態			シカ	中足骨		2.08	1.44	0.56	被熱
		252	HB-008-1	中山資料	加工のある骨		半截状態			シカ	中手骨		4.84	1.36	0.60	
		253	HB-023-2-2	小林資料	加工のある骨		半截状態			シカ	中手骨		5.72	1.68	0.60	
		254	HB-006-5		加工のある骨		半截状態			シカ	中手骨・近位端	右	4.86	1.97	1.28	
		255	HB-003-2		加工のある骨		半截状態			シカ	中足骨		5.61	1.30	0.59	
		256	HB-003-2		加工のある骨		半截状態			シカ	中足骨		5.00	1.16	0.70	
		257	HB-008-1	中山資料	加工のある骨		半截状態			シカ	中足骨・近位端	左	4.88	2.02	0.71	
		258	HB-004-3		加工のある骨		半截状態			シカ	中足骨		4.75	1.38	0.56	
		259	HB-005-4		加工のある骨		半截状態			シカ	中手骨		6.47	1.56	0.60	
		260	HB-005-4		加工のある骨		半截状態			シカ	中足骨		6.17	1.58	0.72	
		261	HB-005-5		加工のある骨		半截状態			シカ	中手・中足骨		3.92	0.81	0.50	
		262	HB-001-4		加工のある骨					シカ	中手骨		4.95	1.27	0.59	
		263	HB-002-5		加工のある骨					シカ	中手骨		3.56	0.90	0.59	
		264	HB-004-2		加工のある骨		半截状態			シカ	中足骨・近位端	左	3.06	2.67	1.37	
		265	HB-023-1	中山資料	加工のある鹿角		角座残存部	保美A上層貝層		シカ	角座＋第一枝	右	12.98	7.90	5.35	非落角の角座骨を切断
		266	HB-020-2		加工のある鹿角					シカ	角幹＋角枝		21.15	4.70	2.94	奇形
		267	HB-023-2-5		加工のある鹿角		半截状態			シカ	角幹角枝		3.68	1.72	1.00	
		268	HB-010-4		加工のある鹿角		半截状態			シカ	角幹角枝		3.40	1.35	0.82	
		269	HB-003-3		加工のある鹿角					シカ	二叉部		4.23	2.40	0.63	
		270	HB-003-3		加工のある鹿角		半截状態			シカ	角幹角枝		4.88	1.42	0.84	
		271	HB-003-3		加工のある鹿角		半截状態			シカ	角幹角枝		5.54	1.37	0.97	
		272	HB-003-3		加工のある鹿角		半截状態			シカ	角幹角枝		5.54	1.10	1.02	
		273	HB-003-3		加工のある鹿角					シカ	二叉部		4.07	1.27	0.97	
		274	HB-003-3		加工のある鹿角					シカ	二叉部		5.52	2.30	0.69	
		275	HB-023-1	中山資料	加工のある鹿角					シカ	角幹角枝		5.70	1.16	1.02	
		276	HB-023-1	中山資料	加工のある鹿角					シカ	角幹角枝		4.07	1.55	0.60	
		277	HB-020-2		加工のある鹿角					シカ	落角 角座		4.10	3.14	1.89	
		278	HB-002-3		加工のある鹿角					シカ	角幹		5.87	1.40	0.84	
		279	HB-006-4		加工のある鹿角					シカ	角幹角枝		5.13	1.98	0.76	
		280	HB-005-2		加工のある鹿角		半截状態			シカ	角幹角枝		2.58	1.24	0.75	
		281	HB-003-2		加工のある鹿角					シカ	角幹角枝		6.51	1.67	0.61	
		282	HB-003-2		加工のある鹿角		半截状態			シカ	角幹角枝		3.86	1.40	1.12	
		283	HB-002-11		加工のある鹿角					シカ	角幹		4.89	1.20	0.83	
		284	HB-002-10		加工のある鹿角					シカ	角幹角枝		4.03	1.40	0.87	
		285	HB-006-5		加工のある鹿角		半截状態			シカ	角幹角枝		3.87	0.88	0.58	
		286	HB-006-5		加工のある鹿角		細片			シカ	角座		1.47	1.66	1.23	
		287	HB-014-2		加工のある鹿角		半截状態			シカ	角幹角枝		2.39	1.52	0.99	
		288	HB-005-5		加工のある骨					シカ	角		2.99	0.67	0.54	
		289	HB-005-5		加工のある鹿角		半截状態			シカ	角幹角枝		3.20	0.89	0.70	
		290	HB-008-1		扁平刺突具類					海獣骨						0060と接合・欠番
59		291	HB-001-5		弾製品・浮袋の口	臼状							2.39	[1.25]	[0.54]	
1			D-1	小林資料	点状刺突具類	ヤス		ホビ65' 8.11 小林トレⅠ・2区の壁	I-661	シカ	中手骨・中足骨		[7.96]	0.67	0.60	
2			D-2	小林資料	点状刺突具類	ヤスor銛		保美65100	I-660	シカ	中手骨・中足骨		6.78	0.75	0.53	
8			D-3	小林資料	点状刺突具類	根挟み			I-662	シカ	角		[4.75]	1.34	0.78	
58	3		D-4		弾形製品・浮袋の口	角状			I-915	シカ	角		5.32	1.60	1.39	
61	1		D-5	小林資料	装身具類	棒状			J-420(2)	シカ	角		17.13	1.42	1.55	
13	9		D-6	小林資料	装身具類	ヘアピン				シカ	中手骨・中足骨		19.70	1.95	1.55	
12	2		D-7	小林資料	磨られた鹿角			保美65' 86		シカ	落角 角座＋第一枝		6.84	7.04	3.72	
42			D-8	小林資料	点状刺突具類	ヤス		80	I-653	シカ	中手骨・中足骨		7.76	1.05	0.74	欠損後、再加工
43			D-9		点状刺突具類	ヤス			I-654	シカ	中手骨・中足骨		[8.08]	0.85	0.74	
45			D-10		点状刺突具類	ヤスor銛			I-655	シカ	中手骨・中足骨		[5.90]	0.72	0.73	
46			D-11		点状刺突具類			4C 104 ホビ		シカ	中手骨・中足骨		[10.72]	0.88	0.75	擦切り痕もあり
49			D-12		点状刺突具類	根挟み			I-647	シカ	角		4.96	[1.17]	1.00	
50			D-13		点状刺突具類	根挟み			I-648	シカ	角		[5.03]	[0.65]	0.75	
53			D-14		点状刺突具類	銛			I-852	シカ	角		5.22	1.10	0.78	
54			D-15		点状刺突具類	銛			I-853	シカ	角		5.85	1.12	0.92	
62	4		D-16		装身具類	腰飾り			I-880	シカ	角		5.03	1.79	1.97	
64			D-17		装身具類	垂飾		ホビ	J-420	イノシシ	牙		3.93	1.70	0.83	
65			D-18		不明加工品			ホビ 115		シカ	中手骨・中足骨		[8.16]	1.90	0.95	

第 3 章　骨角器・貝製品の様相（川添和暁）

表 4　南山大学人類学博物館収蔵保美貝塚出土貝製品一覧表

図番号	写真番号	整理番号	コンテナ・袋番号	資料種別	器種	分類1	分類2	注記（赤字）	標本シールその他	素材	部位	右左	長さ(cm)	幅(cm)	厚さ(cm)	備考
8		1	HB-003-3	中山資料	貝素材				A区撹乱貝層 No.1 S.25.7.8	ベンケイガイ		右	6.03	6.10	1.88	
39		2	HB-009-2		貝輪	初回敲打		保美平城貝塚		ベンケイガイ		右	6.05	6.36	1.29	
40		3	HB-023-1		貝輪	敲打＋研磨				フネガイ科		右	[3.46]	[5.57]	0.63	
41		4	HB-023-1		貝輪					チョウセンハマグリ？		右	[5.37]	[7.13]	15.50	
6		5	HB-019-3	小林資料	貝穿孔品	初回敲打				イタボガキ		右	10.01	7.18	2.82	
4		6	HB-019-3	小林資料	貝輪	複数回敲打		保美65'44		フネガイ科		右	[4.32]	[5.45]	2.10	
1		7	HB-019-4	小林資料	貝輪	初回敲打				ベンケイガイ		左	[5.51]	6.65	1.78	
2		8	HB-019-4	小林資料	貝輪					ベンケイガイ		左	[4.57]	5.65	1.45	
3		9	HB-019-4	小林資料	貝輪	複数回敲打	内縁＋腹縁			ベンケイガイ		右	[5.05]	6.16	0.82	
		10	HB-019-4	小林資料	貝輪	複数回敲打				ベンケイガイ		右	[4.54]	[5.75]	0.92	
7		11	HB-019-4	小林資料	貝穿孔品	初回敲打				オニアサリ？		右	4.16	4.95	1.88	完形
5		12	HB-019-4	小林資料	貝輪					フネガイ科		左	5.52	6.52	2.50	完形
		13	HB-019-9	小林資料	貝素材	破片				ベンケイガイ		右				
		14	HB-021-4	中山資料	貝輪	複数回敲打		HOBI K60		ベンケイガイ		左	[4.32]	[5.78]	1.18	
		15	HB-021-4	中山資料	貝輪	複数回敲打		HOBI K60		ベンケイガイ		左	[4.62]	[5.14]	1.16	
		16	HB-021-4	中山資料	貝輪	初回敲打		HOBI B51		ベンケイガイ		左	[5.13]	[5.67]	1.56	
		17	HB-021-4	中山資料	貝輪	複数回敲打	内縁＋腹縁	HOBI B38		チョウセンハマグリ？		?	[3.02]	[4.27]	0.87	
		18	HB-021-4	中山資料	貝輪	複数回敲打		HOBI K47		チョウセンハマグリ？		?	[3.04]	[3.99]	0.64	
		19	HB-021-4	中山資料	貝輪	敲打＋研磨		HOBI カクラン貝層 K44		フネガイ科		右	[4.96]	[6.60]	1.14	
35		20	HB-021-4	中山資料	貝輪	敲打＋研磨		HOBI K50		ツタノハガイ科など			[3.56]	[2.57]	0.69	
		21	HB-021-4	中山資料	貝輪	複数回敲打		HOBI K13		ベンケイガイ		右	[3.86]	[5.50]	1.25	虫食い痕著しい
		22	HB-021-4	中山資料	貝輪	複数回敲打		HOBI B36		ベンケイガイ		左	[1.28]	[2.93]	0.79	
22		23	HB-021-4	中山資料	貝輪	複数回敲打	内縁＋腹縁	HOBI K31		ベンケイガイ		左	[6.53]	[6.64]	1.01	
		24	HB-021-4	中山資料	貝輪	複数回敲打		HOBI K17		チョウセンハマグリ？		左	[5.12]	[7.78]	1.07	
		25	HB-021-4	中山資料	貝輪	複数回敲打		HOBI K39		ベンケイガイ		右	[5.69]	[6.75]	1.38	
21		26	HB-021-4	中山資料	貝輪	複数回敲打	内縁＋腹縁	HOBI K40		ベンケイガイ		左	[4.91]	[5.42]	1.15	虫食い痕著しい
		27	HB-021-4	中山資料	貝輪	複数回敲打		HOBI K11		ベンケイガイ		左	[4.72]	[7.77]	1.27	虫食い痕著しい
18		28	HB-021-4	中山資料	貝輪	複数回敲打		HOBI B52		ベンケイガイ		右	[5.85]	[6.82]	1.09	
		29	HB-021-4	中山資料	貝輪	初回敲打		HOBI K58		ベンケイガイ		左	[5.87]	[7.25]	1.61	
		30	HB-021-4	中山資料	貝輪	初回敲打		HOBI K27		ベンケイガイ		左	[5.63]	[6.36]	1.57	
		31	HB-021-4	中山資料	貝輪	複数回敲打		HOBI カクラン貝層 K45		ベンケイガイ		右	[5.67]	[6.37]	1.22	
19		32	HB-021-4	中山資料	貝輪	複数回敲打		HOBI K65		ベンケイガイ		左	[4.94]	[5.54]	0.81	
20		33	HB-021-4	中山資料	貝輪	複数回敲打	内縁＋腹縁	HOBI B32		ベンケイガイ		右	[4.41]	[4.70]	1.14	
		34	HB-021-4	中山資料	貝輪	複数回敲打		HOBI A' K63		ベンケイガイ		右	[5.99]	[7.54]	1.14	
11		35	HB-021-4	中山資料	貝輪	初回敲打		HOBI A' K26		ベンケイガイ		左	[7.15]	[7.53]	2.15	
33		36	HB-021-4	中山資料	貝輪	複数回敲打		HOBI K19		アカニシ			6.05	4.00	2.11	
		37	HB-021-4	中山資料	貝輪	複数回敲打		HOBI K43		ベンケイガイ		右	[6.09]	[3.97]	1.04	
		38	HB-021-4	中山資料	貝輪	初回敲打		HOBI K5		ベンケイガイ		右	[5.44]	[7.56]	1.57	
12		39	HB-021-4	中山資料	貝輪	複数回敲打		HOBI A 表土 K56		ベンケイガイ		右	[5.23]	[6.26]	1.40	
		40	HB-021-4	中山資料	貝輪	複数回敲打		HOBI K8		フネガイ科		右	[4.09]	[6.69]	1.97	
36		41	HB-021-4	中山資料	ヘラ状貝器			HOBI A 貝層 K1		アカニシ			9.00	4.80	3.36	
		42	HB-021-4	中山資料	貝輪	複数回敲打		HOBI K10		ベンケイガイ		右	[3.88]	[6.25]	1.04	
37		43	HB-021-4	中山資料	ヘラ状貝器			HOBI K57		ベンケイガイ			5.79	3.56	0.89	長軸両端に微細剥離
		44	HB-021-4	中山資料	貝輪	複数回敲打		HOBI K8		フネガイ科		左	3.48	1.87	2.23	
		45	HB-021-4	中山資料	貝輪	複数回敲打		HOBI K64		フネガイ科		右	[2.18]	[3.34]	1.14	
23		46	HB-021-4	中山資料	貝輪	複数回敲打	内縁＋腹縁	HOBI K30		ベンケイガイ		左	[4.38]	[5.86]	0.77	
		47	HB-021-4	中山資料	貝輪	複数回敲打		HOBI K29		ベンケイガイ		左	[2.72]	[3.57]	1.30	
		48	HB-021-4	中山資料	貝輪	複数回敲打		HOBI K49		フネガイ科		左	[5.08]	[6.34]	2.05	
		49			欠番											
		50	HB-021-4	中山資料	貝輪	複数回敲打		HOBI K48		ベンケイガイ		右	[6.45]	[7.11]	1.64	
		51	HB-021-4	中山資料	貝輪？			HOBI K12		アワビ類			2.33	6.52	1.27	
28		52	HB-021-4	中山資料	貝輪	複数回敲打	内縁＋腹縁	K57		チョウセンハマグリ？		左	[3.46]	[7.46]	0.92	
		53	HB-021-4	中山資料	貝輪	複数回敲打		HOBI カクラン貝層 K45		フネガイ科		右	[4.52]	[5.90]	2.11	
38		54	HB-021-4	中山資料	ヘラ状貝器			HOBI B37		チョウセンハマグリ？		右	7.53	4.86	1.89	長軸両端に微細剥離
		55	HB-021-4	中山資料	打上貝破片			HOBI B35		ベンケイガイ		左	2.92	3.49	0.66	
34		56	HB-021-4	中山資料	貝輪	複数回敲打		HOBI A 第1貝層		ツタノハガイ科など（マツバガイ？）			[4.54]	[2.75]	0.51	
		57	HB-021-4	中山資料	貝輪	複数回敲打		HOBI K28		フネガイ科		右	[4.94]	[7.13]	1.98	
		58	HB-021-4	中山資料	貝輪	複数回敲打		HOBI K22		ベンケイガイ		右	[6.96]	[7.60]	1.38	
27		59	HB-021-4	中山資料	貝輪	複数回敲打		HOBI K□□		チョウセンハマグリ？		左	[3.00]	[6.33]	0.71	
		60	HB-021-4	中山資料	貝輪	複数回敲打		HOBI K42		チョウセンハマグリ？		左	[5.10]	[5.63]	0.99	
16		61	HB-021-4	中山資料	貝輪	複数回敲打		HOBI K9		ベンケイガイ		左	[6.00]	[6.35]	1.10	
13		62	HB-021-4	中山資料	貝輪	複数回敲打		HOBI B34		ベンケイガイ		左	[6.65]	9.16	1.66	
		63	HB-021-4	中山資料	ヘラ状貝器			HOBI K21		チョウセンハマグリ？			5.84	2.94	0.70	
29		64	HB-021-4	中山資料	貝輪	複数回敲打		HOBI K7		イタボガキ		左	[5.72]	[3.98]	1.23	
		65	HB-021-4	中山資料	貝輪	敲打＋研磨		HOBI K14		ベンケイガイ		左	[2.08]	[5.96]	0.74	
		66	HB-021-4	中山資料	貝輪			HOBI K4		フネガイ科		右	4.59	[7.78]	2.02	
		67	HB-021-4	中山資料	貝輪	複数回敲打		HOBI K23		オニアサリ		左	[3.29]	[4.63]	0.92	
		68	HB-021-4	中山資料	貝輪	複数回敲打		HOBI B33		フネガイ科		右	[4.24]	[6.59]	1.77	
		69	HB-025-2		貝輪複製品					アカニシ						原生資料で製作実験したものか（考古資料ではない）
		70	HB-032-2	中山資料	貝輪	敲打＋研磨		HOBI K61		ベンケイガイ		左	[5.28]	[6.55]	0.98	
17		71	HB-032-2	中山資料	貝輪	敲打＋研磨		HOBI K62		ベンケイガイ		左	5.53	6.27	0.82	完形
26		72	HB-032-2	中山資料	貝輪	複数回敲打		HOBI K41		フネガイ科		左	[5.10]	[7.47]	1.21	
15		73	HB-032-2	中山資料	貝輪	複数回敲打		K56		ベンケイガイ		右	[5.49]	[8.59]	1.34	
30		74	HB-032-2	中山資料	貝輪			HOBI K5		イタボガキ		右	[7.80]	[7.13]	1.63	
24		75	HB-032-2	中山資料	貝輪	複数回敲打		HOBI A 貝層 K3		フネガイ科		左	5.25	7.19	1.89	完形
10		76	HB-032-2	中山資料	貝輪	初回敲打		HOBI K15		ベンケイガイ		右	5.64	6.28	1.46	完形
31		77	HB-032-2	中山資料	貝輪			HOBI K16		イタボガキ		右	8.05	6.63	1.50	完形
14		78	HB-032-2	中山資料	貝輪	初回敲打		HOBI A 貝層 K2		ベンケイガイ		右	7.98	8.90	1.97	完形
25		79	HB-032-2	中山資料	貝輪	初回敲打		HOBI K25		フネガイ科		右	[5.40]	7.06	1.97	
9		80	HB-032-2	中山資料	貝輪	初回敲打		HOBI B53		ベンケイガイ		右	5.12	5.43	1.44	完形
32		81	HB-032-2	中山資料	貝輪	複数回敲打		HOBI K59		アカニシ			11.52	8.37	4.90	完形
42		D-1	展示資料		貝輪	敲打＋研磨		ホビ	I-865	アカニシ			8.90	5.39	2.07	完形
43		D-2	展示資料		貝輪	敲打＋研磨		福江町保美平城貝塚	I-867	オオツタノハ			9.05	7.34	1.83	完形
44		D-3	展示資料		貝穿孔品	初回敲打				イタボガキ		左	10.87	10.48	1.16	

研究篇　第Ⅰ部　遺跡・遺構・遺物

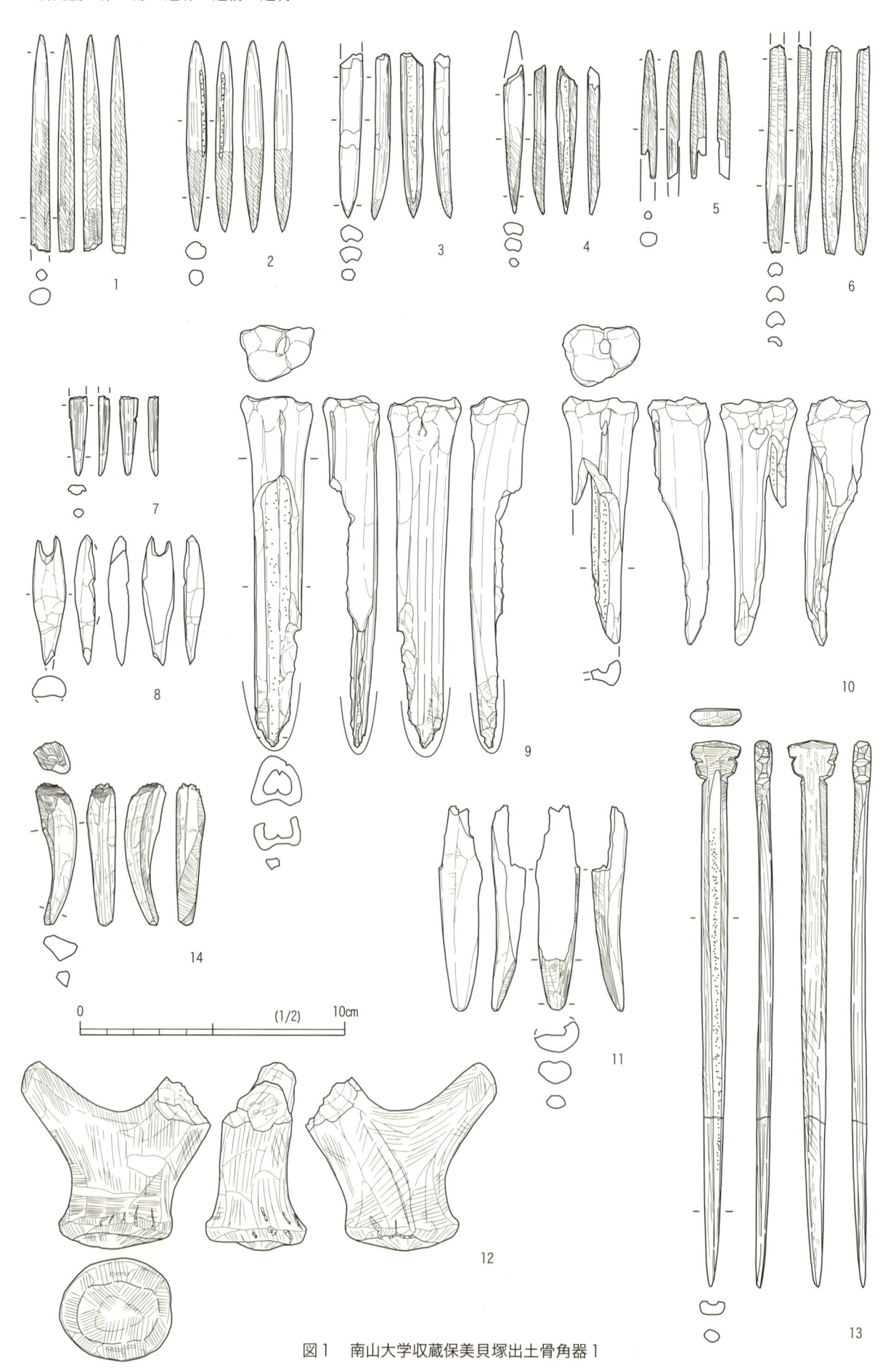

図1　南山大学収蔵保美貝塚出土骨角器1

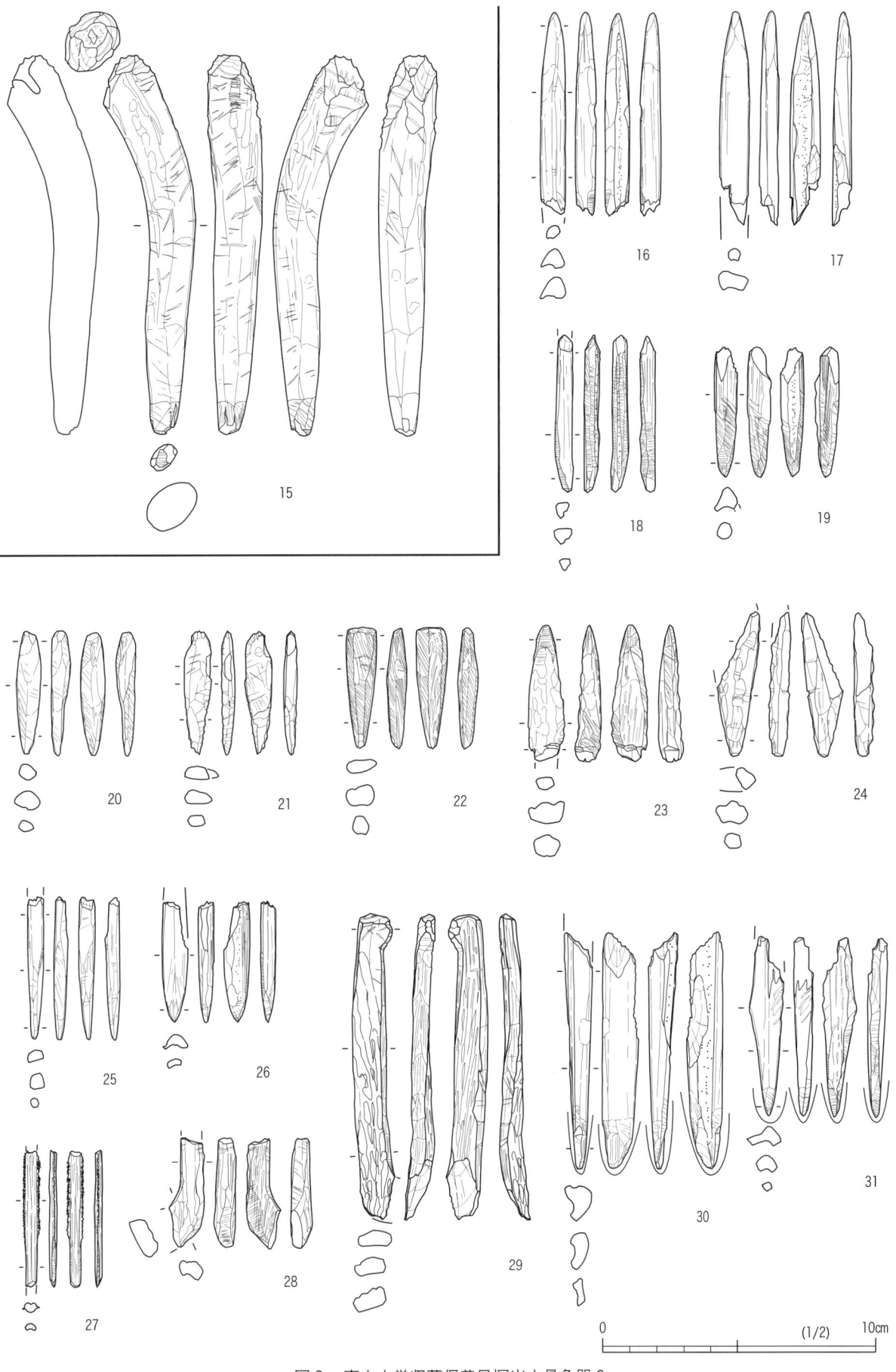

第3章　骨角器・貝製品の様相（川添和暁）

図2　南山大学収蔵保美貝塚出土骨角器2

研究篇　第Ⅰ部　遺跡・遺構・遺物

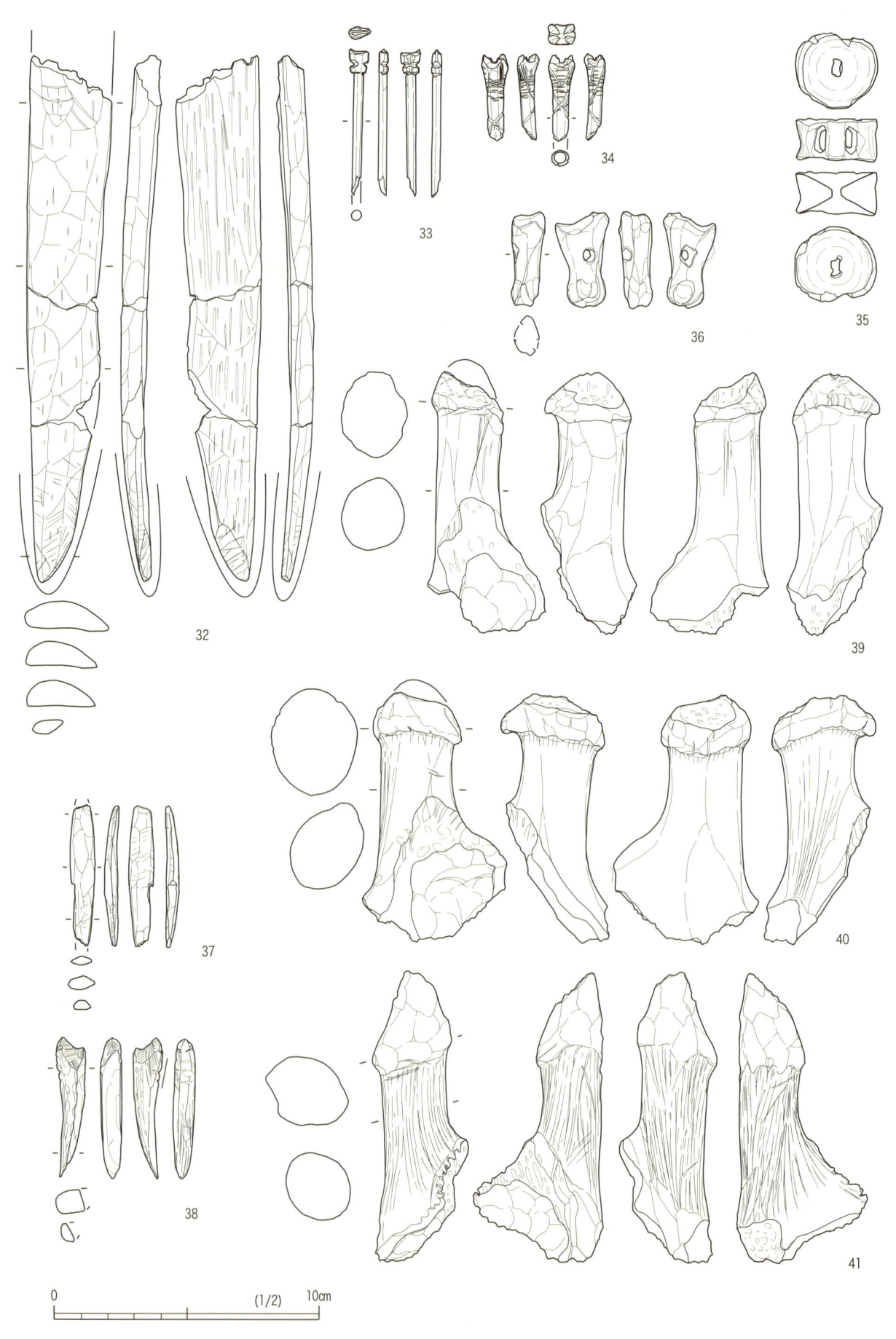

図3　南山大学収蔵保美貝塚出土骨角器3

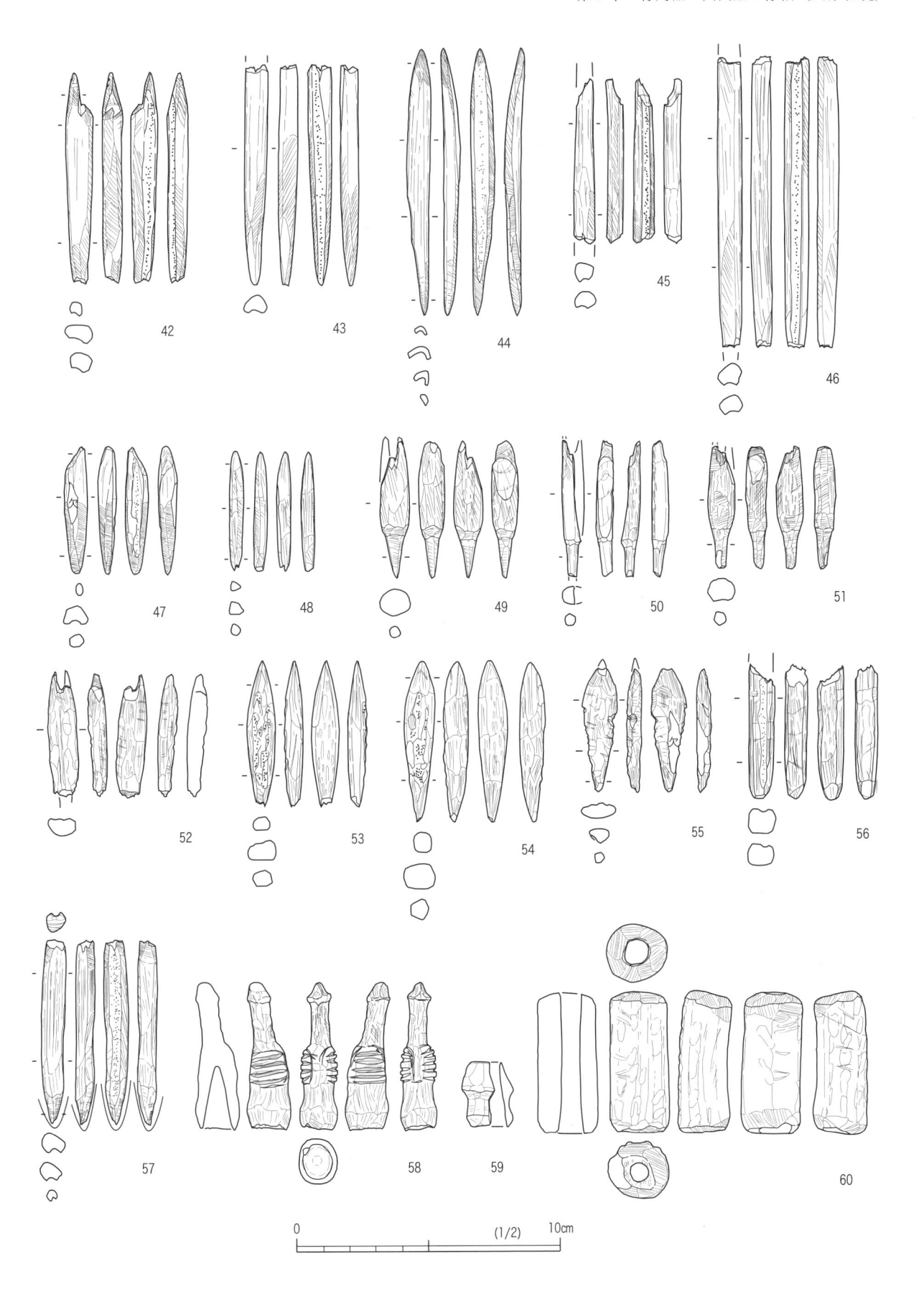

第3章 骨角器・貝製品の様相（川添和暁）

図4　南山大学収蔵保美貝塚出土骨角器4

研究篇　第Ⅰ部　遺跡・遺構・遺物

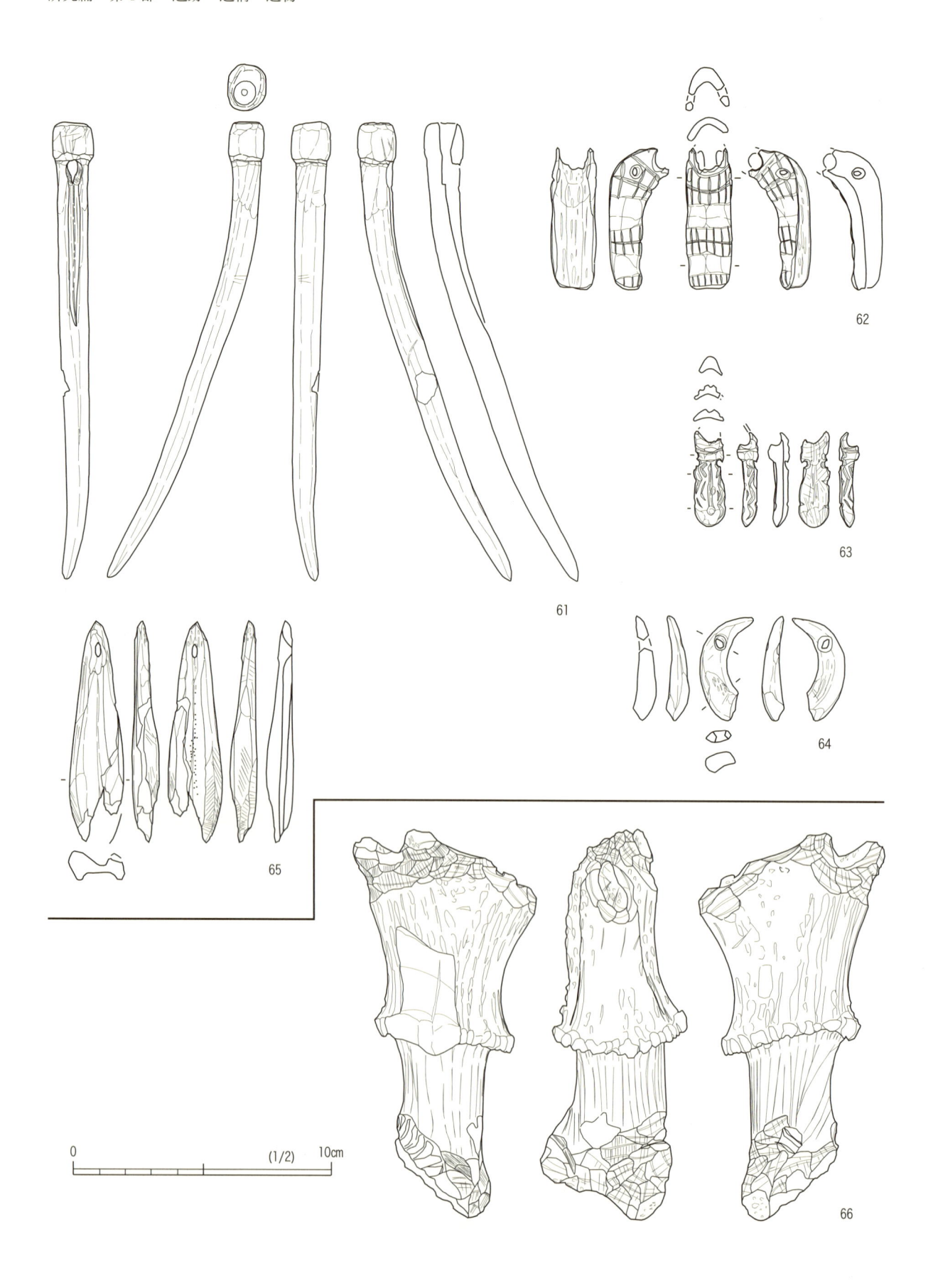

図5　南山大学収蔵保美貝塚出土骨角器5

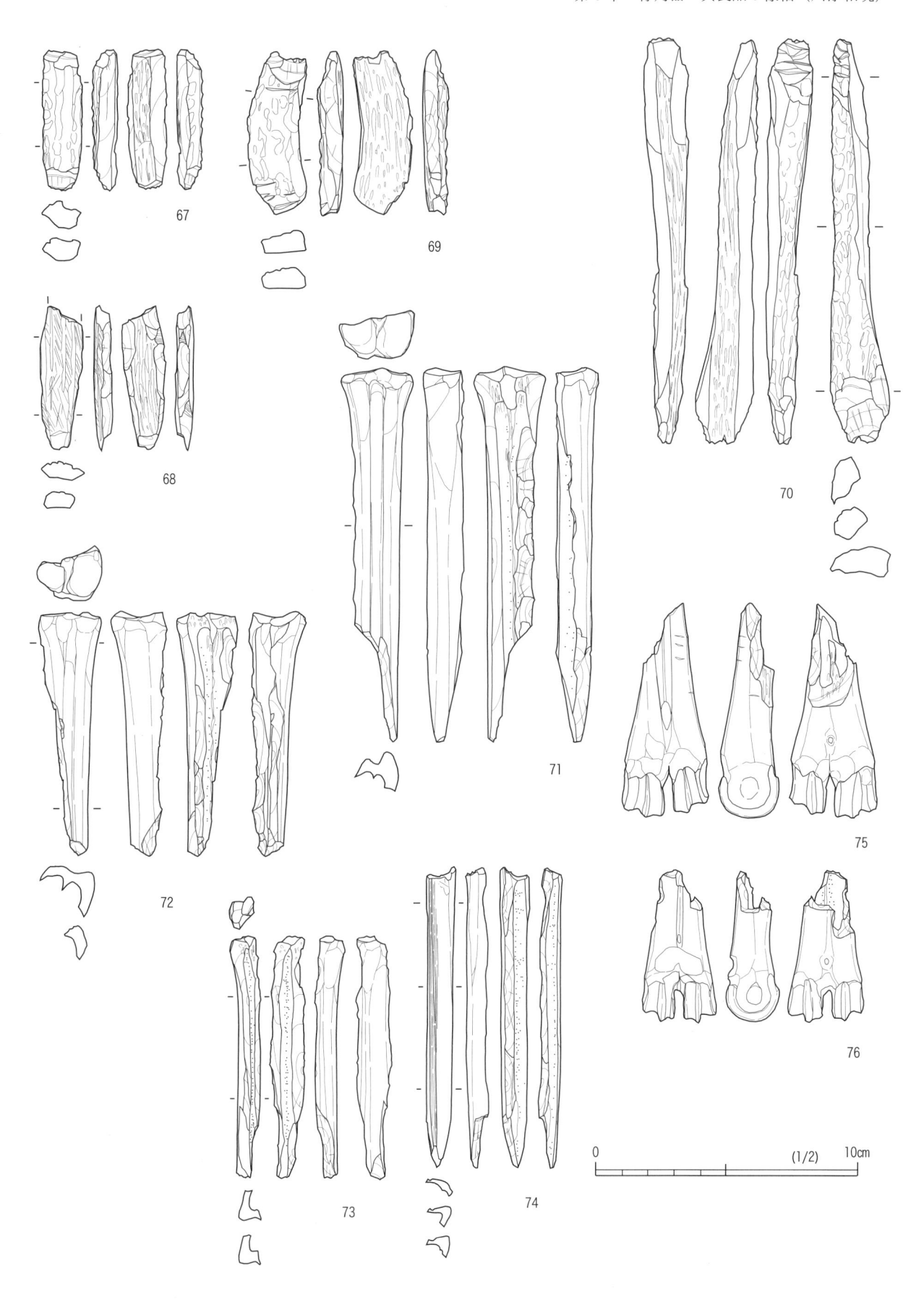

第3章 骨角器・貝製品の様相（川添和暁）

図6　南山大学収蔵保美貝塚出土骨角器6

研究篇　第Ⅰ部　遺跡・遺構・遺物

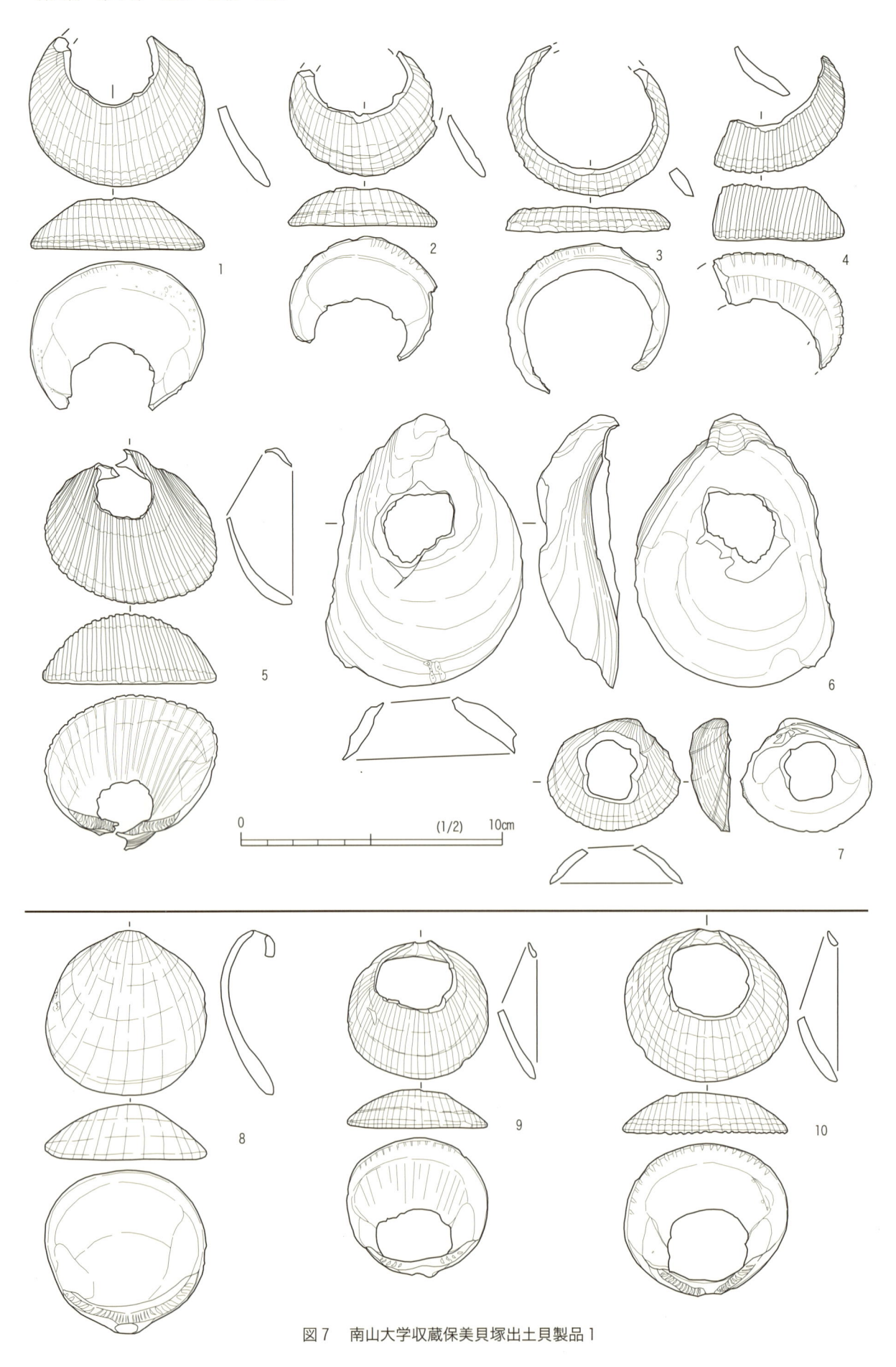

図7　南山大学収蔵保美貝塚出土貝製品1

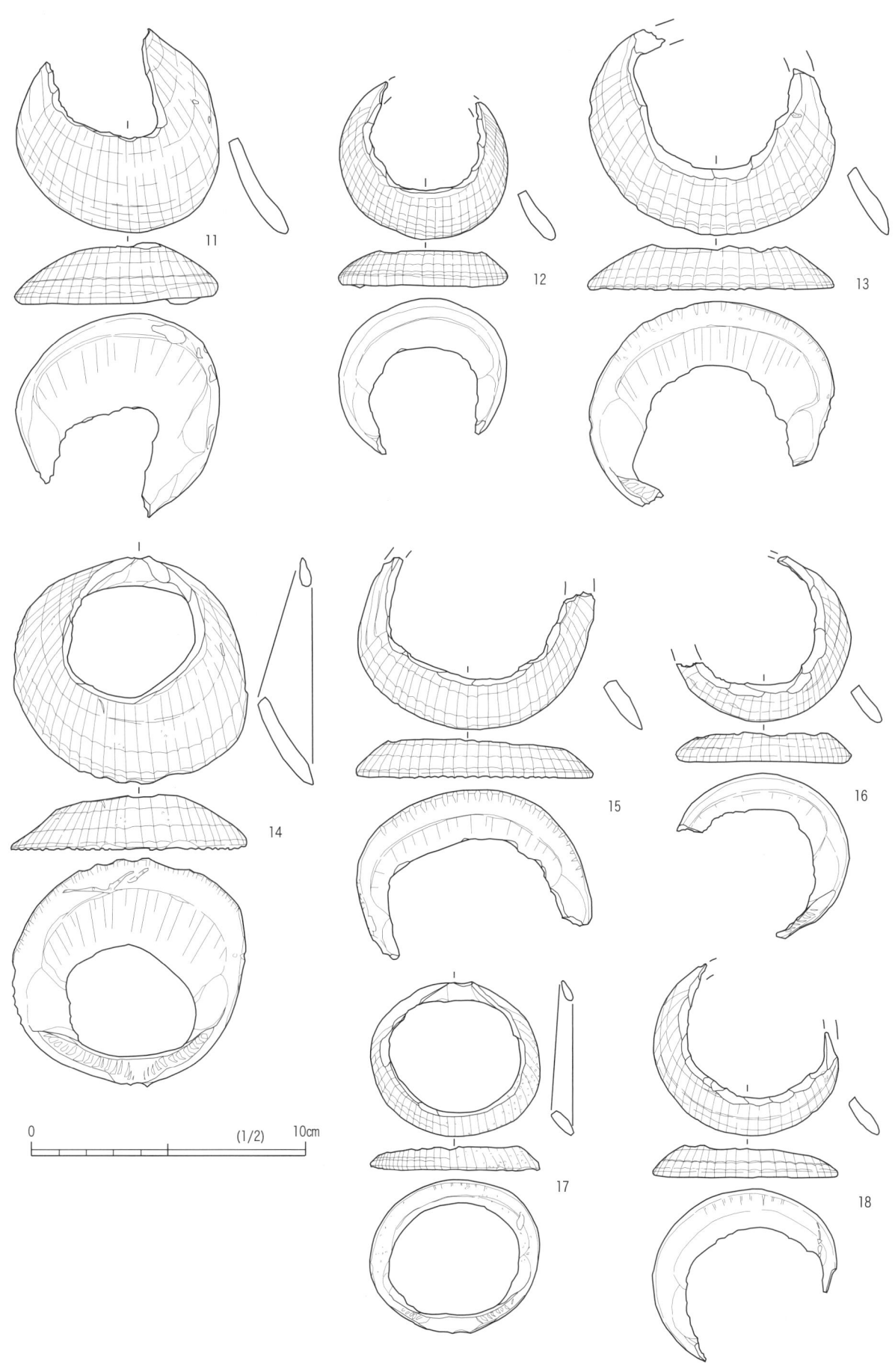

第3章 骨角器・貝製品の様相（川添和暁）

図8 南山大学収蔵保美貝塚出土貝製品2

研究篇　第Ⅰ部　遺跡・遺構・遺物

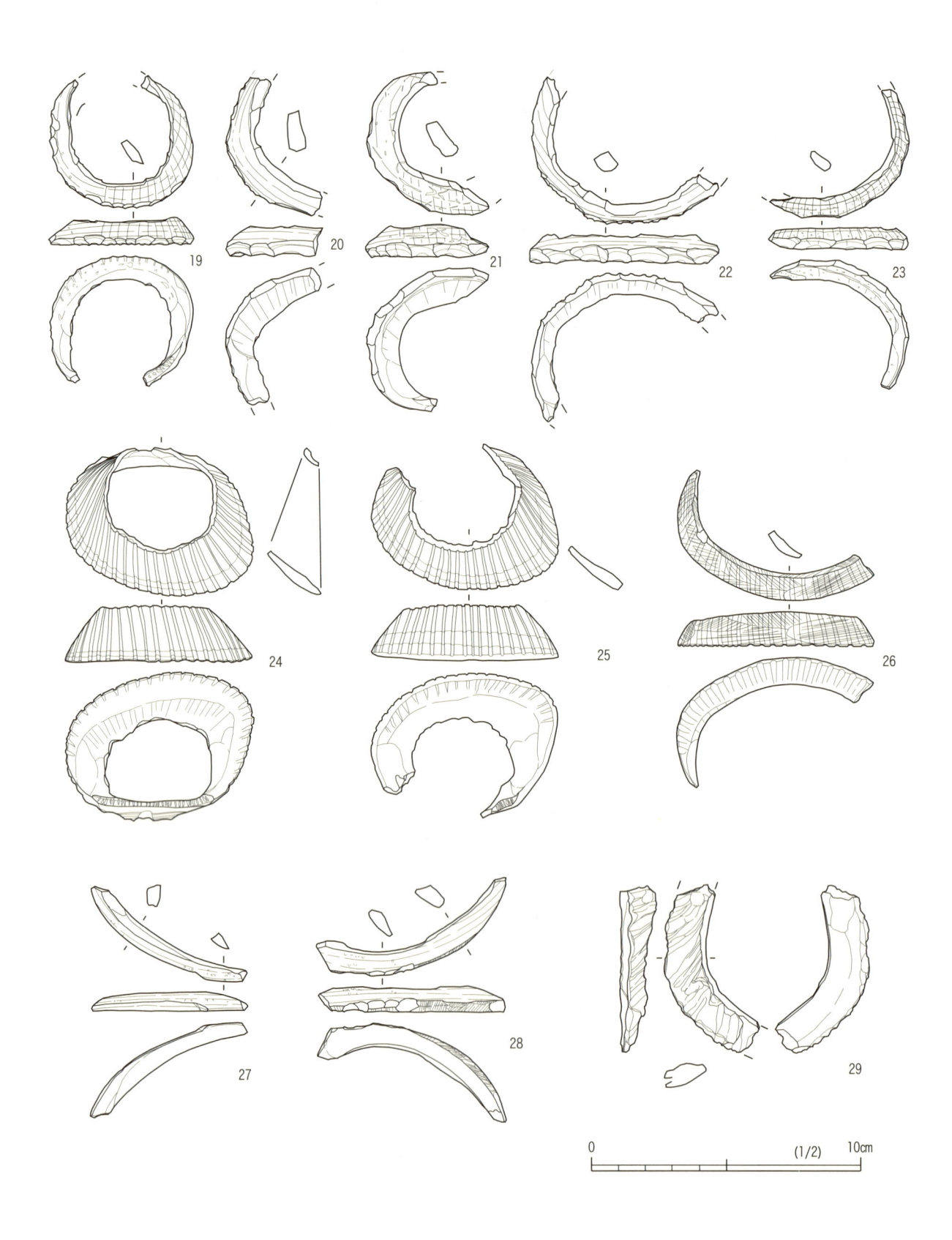

図9　南山大学収蔵保美貝塚出土貝製品3

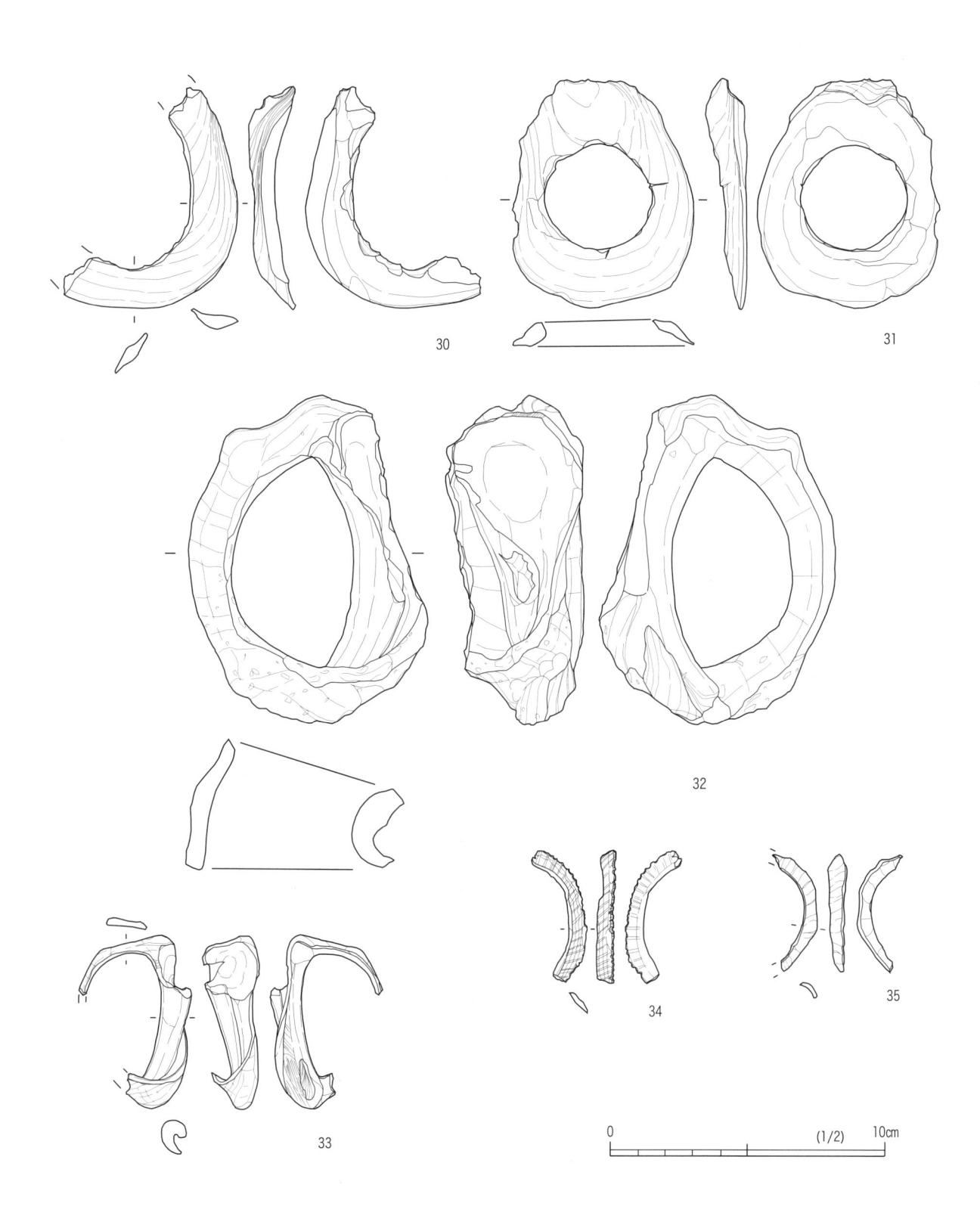

第 3 章 骨角器・貝製品の様相（川添和暁）

図10 南山大学収蔵保美貝塚出土貝製品 4

研究篇　第Ⅰ部　遺跡・遺構・遺物

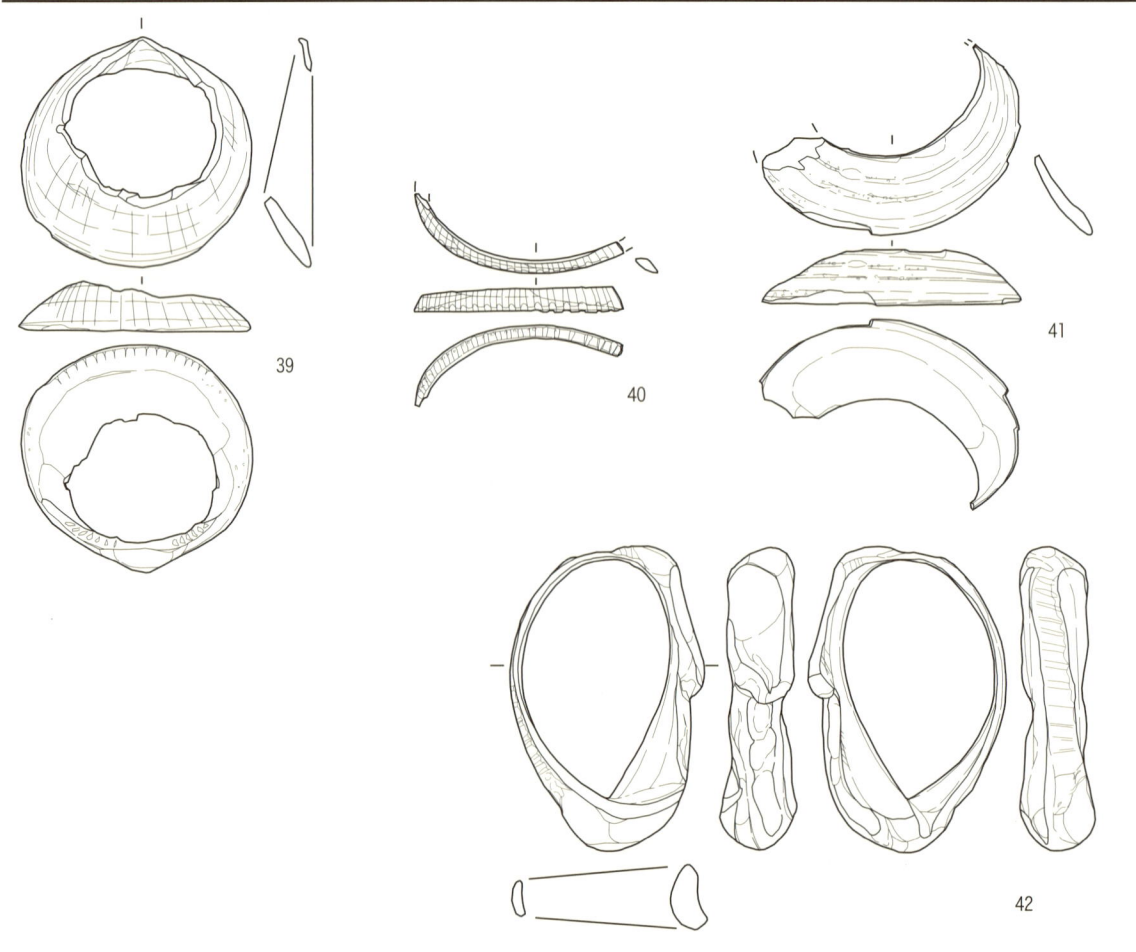

図11　南山大学収蔵保美貝塚出土貝製品 5

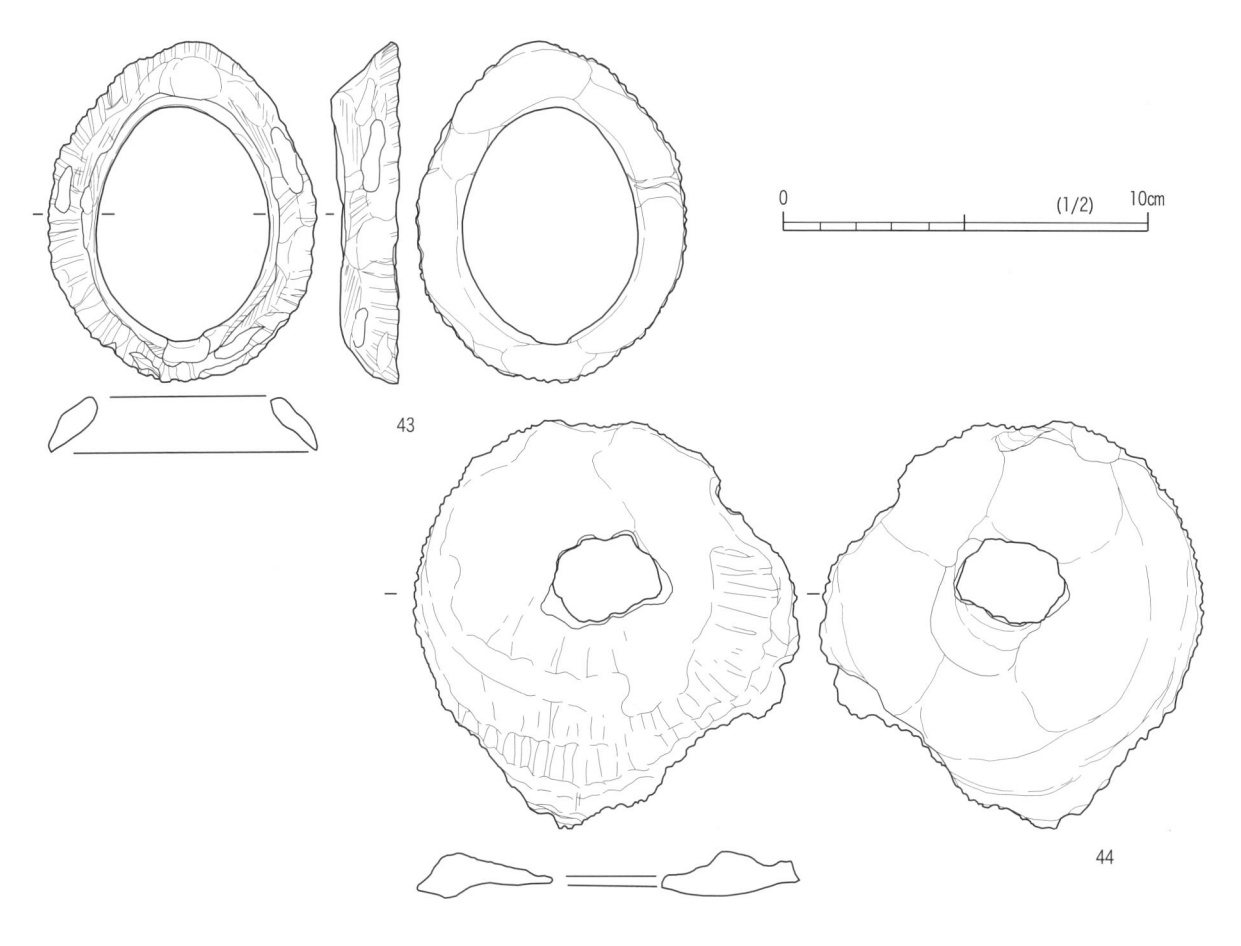

第 3 章　骨角器・貝製品の様相（川添和暁）

図12　南山大学収蔵保美貝塚出土貝製品 6

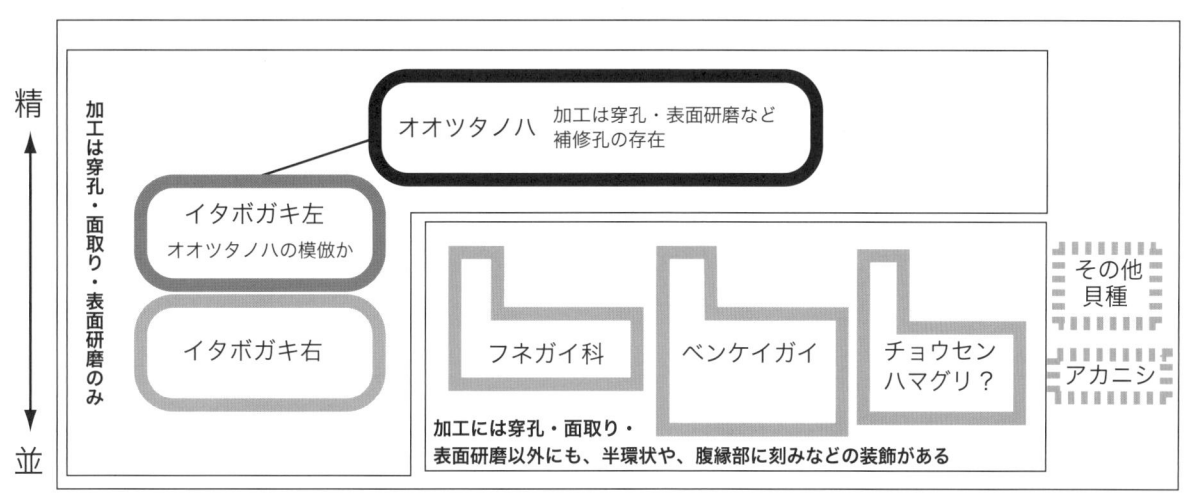

※埋葬人骨共伴出土点数 / 貝種別貝輪総点数では、オオツタノハ＞イタボガキ左＞イタボガキ右＞フネガイ科＞ベンケイガイ

図13　東海地域縄文時代晩期の貝輪相関図

研究篇　第Ⅰ部　遺跡・遺構・遺物

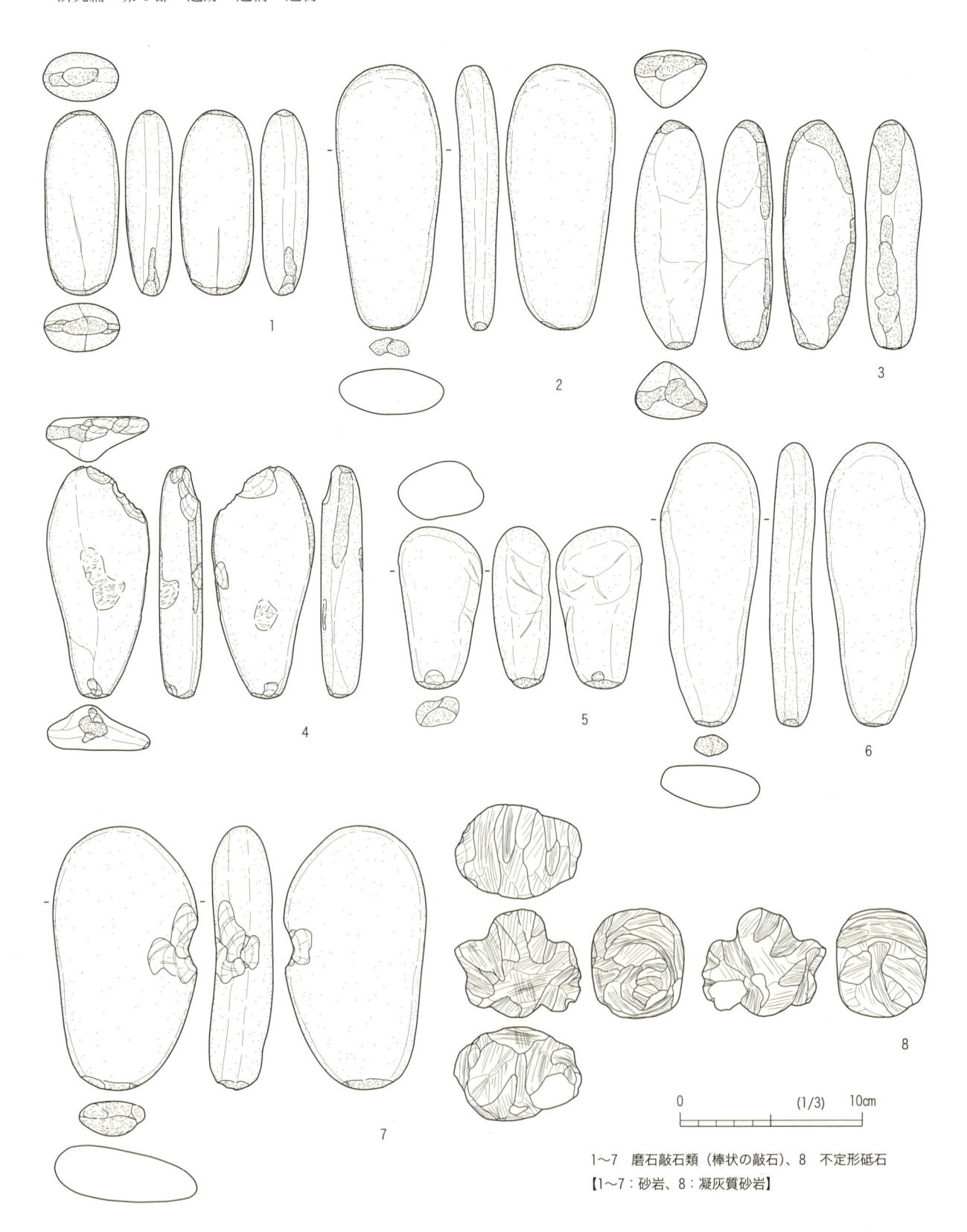

1〜7　磨石敲石類（棒状の敲石）、8　不定形砥石
【1〜7：砂岩、8：凝灰質砂岩】

図14　南山大学収蔵保美貝塚出土石器1

第 3 章　骨角器・貝製品の様相（川添和暁）

9〜14 磨石敲石類、15 置砥石
【9〜11：砂岩、12：塩基性岩、13：泥岩、14：花こう岩、15：凝灰質砂岩】

図15　南山大学収蔵保美貝塚出土石器 2

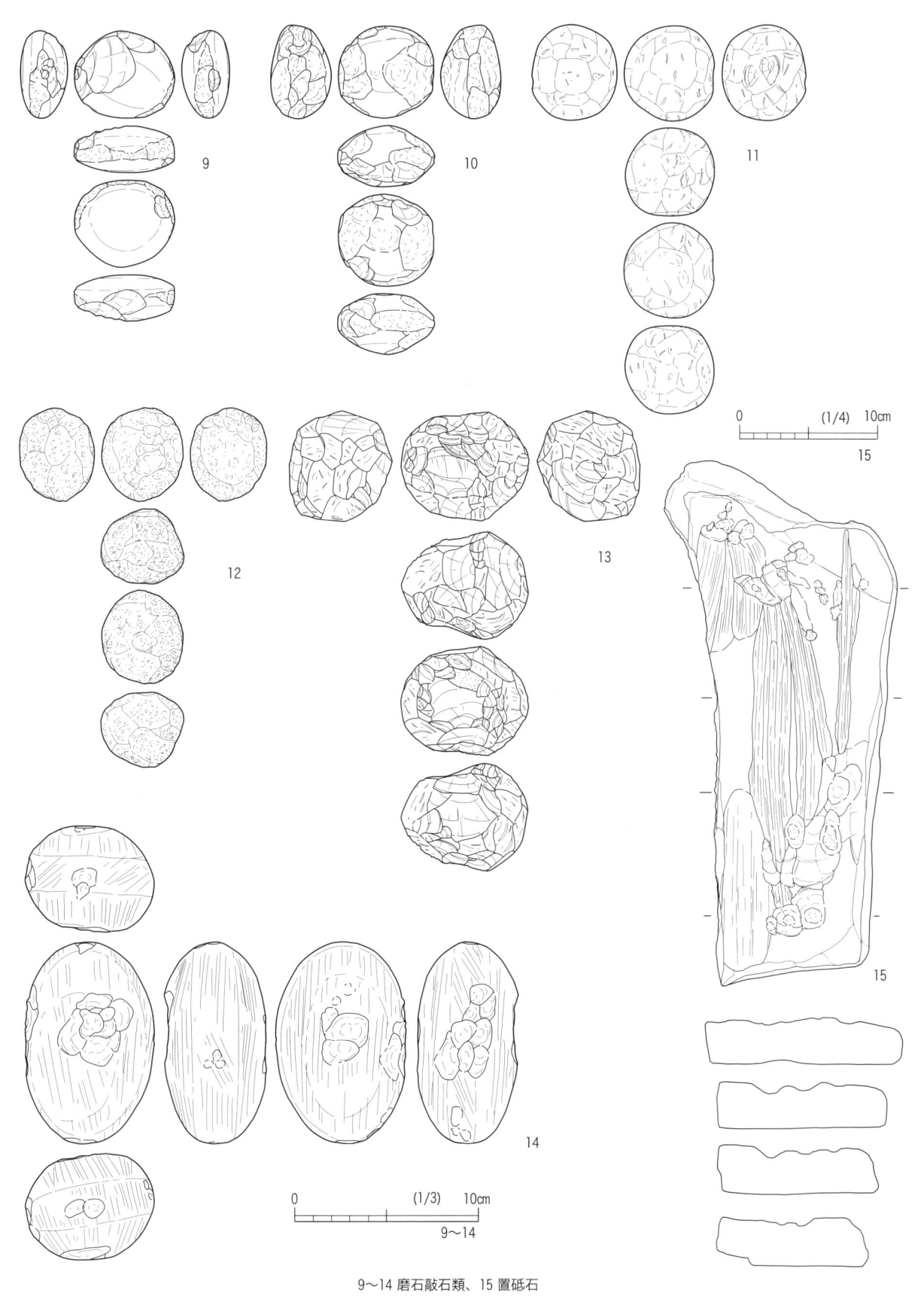

研究篇
[第II部]

さまざまな分析

第1章　橿原式紋様土器と安行3c式土器からみた保美貝塚

大　塚　達　朗

はじめに

　筆者が保美貝塚を知ったのは、山内清男の著名な論文「所謂亀ヶ岡式土器の分布と縄紋式土器の終末」中の付図「第五図　三河保美貝塚発見土器（原始工芸転載）」および当該貝塚土器資料の記述（山内　1930：151-152）による。そしてもう一つは、やはり山内の著名な仕事である「縄紋土器型式の大別」に付された縄紋土器型式編年「縄紋土器型式の大別」（山内　1937：31）（図1）による。

　保美貝塚は、その「縄紋土器型式の大別」（図1）では晩期末（大洞A、A′式並行）に位置づけられていた。晩期末（大洞A、A′式並行）の位置を与えることとなった根拠は、1930年論文に転載された「三河保美貝塚発見土器（原始工芸転載）」であり、今日では浮線紋土器とよばれる土器である。詳しい事情はいまだに分からないが、1930年論文に転載された「三河保美貝塚発見土器（原始工芸転載）」のうち、2番の土器が本学人類学博物館に収蔵されていた（大塚　2008）。そして、当該浮線紋土器は「離山式か氷Ⅰ式古段階」となった次第である（中沢　2008）。なお、「離山式か氷Ⅰ式古段階」に比定された当該浮線紋土器は、1923年に刊行された『渥美郡史　附図』の「第十七図　保美平城貝塚土器（亀山尋常小学校蔵）」の中央に掲載された土器であった（山村ほか編　1923b）。この文献が初出であろう。紅村弘が1959年に著した『東海の先史遺跡—三河編—』では、「第34図　保美貝塚出土遺物（南山大学人類学研究所蔵）」の中で3番の土器として拓本図が紹介された（紅村　1959：115）。1959年当時にはすでに南山大学人類学研究所蔵になっていたことが分かる点でも興味深い。だが、それ以前の事情が皆目分からないのである。とはいえ、保美貝塚からは晩期末の指標となった土器が得られ、幸いにも戦禍を被らずに今に伝わる次第である。

1　問題の所在

　東海地方晩期末の在地の様相は、『吉胡貝塚』第二トレンチ報文中で山内清男が提示した吉胡貝塚編年（後期後半A型式→後期末B型式→晩期旧A段階→晩期旧B段階→晩期中段階→晩期新段階［山内1952：113-124］）によって、明らかになったといえるであろう。山内によって晩期新段階として大洞A式に相当する紋様を有する土器と一緒に凸帯紋土器が提示されて以来、東海地方晩期末は凸帯紋土器が指標となって来た訳である。1950年本学中山英司教授（当時）調査地点からは、今日説かれるところの五貫森式土器を主体に凸帯紋土器が大量に得られていたことが注記などのチェックから分かった。

　他方、1965年本学小林知生教授（当時）調査地点からは、決して量は多くはないが後期後半から晩期前半を中心に、そして量はさらに減じるが晩期後半の凸帯紋土器までが得られた。土器片一つ一つを丁寧に観察・分析した結果がすでに報告されている（小林ほか　1966）。いわく、「出土したこれら晩期の土器は、単一な型式とは認められず、晩期前葉から後葉にいたる諸型式がみうけられる」（小林ほか1966：9）であった。再検討からは（本書研究篇第Ⅰ部第2章参照）、晩期以前の土器もそれなりにある

研究篇　第Ⅱ部　さまざまな分析

ことになるが、「単一な型式とは認められず」という所見に関しては、正にその通りである。

　ところが、増子康真は、時期的にばらつきがあると報告された1965年調査保美貝塚出土土器資料をもとに「保美Ⅱ式」を設定した（増子　1980）。本人いわく、晩期第１段階に「吉胡ＢⅠ式」をあてることを前提に、「保美貝塚では吉胡ＢⅠ式から晩期全般に及ぶ土器の存在をみるが、晩期の第２段階に遺跡形成の中心がある。したがって、これを保美Ⅱ式土器と呼称し型式名とすることは妥当であろう」と判断して、晩期第２段階が「保美Ⅱ式」で、晩期第３段階が「稲荷山式」とのことである（増子　1980：15-19）。だが、「晩期の第２段階に遺跡形成の中心がある」という遺跡形成論に関しては、本書研究篇第Ⅰ部第１章による限り、その認定ははなはだ疑わしい。また、本書研究篇第Ⅰ部第２章—考察【その一】による限り、増子の見立てる在地土器の様相や編年的位置づけに関しても疑問がわくものばかりであろう。

　1966年の報告書では、すでに「桜井式」と「安行Ⅲc式」が報告されていた。「安行Ⅲc式」についてはあとで検討するとして、ここでは増子の「桜井式」の扱いを検討したい。報告書第４図土器拓影-7［38］（本書掲載土器個体番号を［　］の中に記す）が、「桜井式」として報告された（小林ほか　1966：8）。本書における検討でも（本書研究篇第Ⅰ部第２章-Ⅲ類参照）、同じ同定である。これを増子は「保美Ⅱ式」の１類に含める（増子　1980：第８図　保美Ⅱ式土器（保美貝塚出土）-11）。その一方、「桜井式」は、「稲荷山式」並行におくようで、しかも、〈桜井式—稲荷山式—安行３c式〉という広域編年を考えているようであるから（例、増子　2003、2004）、どうして晩期第３段階の稲荷山式より前の段階として「保美Ⅱ式」が成り立つのか不思議でならない。

　詳しくみると、増子（1980）の「保美Ⅱ式」は、有紋土器の「第８図　保美Ⅱ式土器（保美貝塚出土）」（１～38〈１類：１～12、２類：14～19、３類：13、４類：20～25、５類：26～35、６類：36～38〉）と無紋土器の「第９図　保美Ⅱ式土器（2）（保美貝塚出土）」（39～46〈７類〉）で設定されたが、「第８図」（１～38）の中には、関東および東北方面の異系統土器と関西方面のそれが含まれる点が特徴であろう。それらを、時期比定してみたい。

　　29［72］：後期末（瘤付土器第Ⅳ段階あるいはそれに並行する入組文系安行２式）
　　31［67］：晩期安行３a式
　　32［76］：晩期安行３c式
　　34［75］：晩期安行３c式
　　33［69］：晩期大洞Ｂ２式
　　35［70］：晩期大洞Ｂ２式
　　26［73］：晩期大洞ＢＣ式
　　38［81］：晩期の土器で、橿原式紋様土器から大きく変化したもの

　以上、「保美Ⅱ式」には明らかに時期が大きく違う異系統土器が含まれる。しかも、後期末の土器があるから、どうして晩期第２段階の「保美Ⅱ式」が成り立つのか、ますます不思議である。

　31［67］、33［69］、35［70］についてはすでに論じたので（大塚　2009）、ここでは触れない。保美貝塚に「桜井式」である報告書第４図-7［38］があり、それを安行３c式並行と考える増子には、実際に32［76］、34［75］という安行３c式土器が保美貝塚にあったのであるから、まことに都合いい事例と思われるが、そのような議論は全く立ち上げない。

　そこまで無視され続けると、「保美Ⅱ式」にとらわれずに、その32［76］、34［75］の安行３c式土器はどのような意義を有するのであるか、こちらとしては是非とも考えてみたくなる。また、38［81］の土器を正しく理解するには、その安行３c式の論究なくしてははたせないということも述べたい。

筆者は、以前の主張（大塚 1995、2000）に基づき、山内清男が『吉胡貝塚』の報文中の註で宮滝式を後期末に位置づけたことは大きな誤りであるとしばしば注意を喚起してきた。しかしながら、同報文中で山内が説いた晩期編年（晩期旧Ａ段階→晩期旧Ｂ段階→晩期中段階→晩期新段階［山内 1952：113-124］）本体に関しては、直接には論評しないままできた。ちなみに、山内の吉胡貝塚晩期編年は、当貝塚出土土器の晩期の部分を旧・中・新の三段階に区分し、旧段階はさらに二細別（Ａ・Ｂ）を加えるものであった。これは、層位的な根拠と、伴う大洞式の細別型式が明示されたもので、先史考古学上意義深いものと考えるが、東海地方の研究者には評判がよくないらしい。とくに晩期初頭に当たる晩期旧Ａ段階の内容が支持し得ないようである（例、増子 1985、向坂 2004）。筆者も晩期旧Ａ段階がそのまま妥当することは考えにくいと思う。とはいえ、晩期旧Ｂ段階や中段階の内容は興味深いと考えてきた。そこで、その吉胡貝塚晩期編年の意義も考えたい。

結論を予め述べるならば、層位的根拠と、伴う大洞式の細別型式が明示された吉胡貝塚晩期編年を下敷きにして、保美貝塚の土器資料を俎上にのせると、橿原式紋様土器の位置づけとその後の変遷（三角形刻込紋の消失）、および晩期安行式諸型式（安行３ａ、３ｂ、３ｃ式）の東海地方への流入を指摘できるという次第である。

２　分　析

⑴　晩期旧Ｂ段階と晩期中段階

吉胡貝塚晩期旧Ｂ段階では、粗製土器（器面調整はさまざま）が大部分である、と山内は指摘した（山内 1952）。そして、僅少な土着紋様土器の紹介のあと、異系統土器として、大洞ＢＣ式や、富山県方面とつながりのある土器をあげ、さらには、関東とつながりのある土器を取り上げた。それに続けて、土着紋様の土器と関東からの異系統土器は、以下のような説明がなされた。

晩期旧Ｂの土着紋様の土器　（挿図第四五８図版第三七下段右）の文様も器形が変わっているが特有なものに入るであろう。（山内　1952：120）

晩期旧Ｂの異系統土器（関東）　同図27・28（挿図第四七の中：引用者註）は関東の安行３ｂ式位に似ている様でもある。（山内　1952：120）

そして、山内は、晩期中段階では、やはり粗製土器（器面調整はさまざま）が大部分で、しかも、土着紋様が希有な点を指摘した。つぎに、異系統土器として、大洞Ｃ１式を取り上げたあと、さらに以下の土器を紹介した。

晩期中の異系統土器　文様帯が三重にあり、口端に突起のあるものがある（図版四三上段右下、挿図第四八22）。突起下の文様は越中朝日貝塚、近江滋賀里、関東安行３式の中に近似があるかも知れない。（山内　1952：121-122）

今や学史的な部分でしか言及されることのない『吉胡貝塚』中で示された晩期旧Ｂ段階や晩期中段階であるが、筆者が注目したいのは、晩期旧Ｂ段階では、土着紋様の土器（挿図第四五８、図版第三七下段下右・中央）で、図３-４に転載する。さらに、大洞ＢＣ土器（挿図第四七25、図版第三七下段上中央）と「関東の安行３ｂ式位に似ている様」な土器（挿図第四七27、図版第三七下段上右から二番目）を、それぞれ図３-２と同３に転載する。晩期中段階では、異系統土器（挿図第四八22、図版第四三上段下右）に着目し、それを図３-６に転載する。さらに、伴出の大洞Ｃ１式土器（挿図第四八21、図版第四三上段上右）を図３-５に転載する。以上、引用は『吉胡貝塚』の挿図と図版からである[1]。

晩期中段階の図３-６をよく観察すると、緩い波状口縁で波頂部が二頭状の下に三叉紋が施され、胴部にはＩ字状の三叉紋や、波頭状（右傾・左傾）の三叉紋がある。三叉紋はみな東日本によくみられる

研究篇　第Ⅱ部　さまざまな分析

もののように思われる。とくに、口縁部の形態は安行3c式を想起させるものであろう。

　1965年の保美貝塚の調査では、「安行ⅢC式」の検出が報告されていた（小林ほか　1966：7）。残念ながら誤植があるようで、文面からはどの土器かは判然としないが、実際に資料をみると、二点が安行3c式といえるであろう（小林ほか　1966：3〈第3図-3・4〉）。本書報告の土器個体番号-[75]・[76]が該当する。それを図3-7（[76]）・8（[75]）に転載する。7は広口壺のような深鉢形土器で、膨らんだ部分に上下に相対する弧線紋が連続し（残存部にはかすかに縄紋施紋がうかがえる）、また、図をみれば分かるように、弧線紋間に三叉紋を伴う入組紋が配置される。8は、緩い波状口縁部で波頂は押圧が加わり二頭状を呈する。晩期中段階例（図3-6）とよく似た波頂部であろう。その波頂部に向かうように、二重の弧線紋が配される（右側の方も二重である）。下方左側には一本の上向きの弧線紋がみえるが、右側は分からない。中央には弧線紋の末端が入組状につながる紋様がある。

　要するに、晩期中段階には、関東の安行3c式が東海地方に広がったことを想定する必要があろう。図3-3が「関東の安行3b式位に似ている様」な土器であるという指摘を尊重するならば、そして、筆者の指摘（大塚　2009）で安行3a式土器[67]が保美貝塚に存在することも斟酌すれば、関東安行式土器は、後期以来（例、伊川津貝塚の帯縄紋系安行2式大波状口縁深鉢形土器・本書研究篇第Ⅰ部第2章図10-93）、継続的に流入しているのかもしれない。

　ただし筆者が指摘したのは、安行3a式土器[67]という帯縄紋系大波状口縁深鉢形土器の存在である。安行3a式には入組文系（横つながり入組紋）精製土器が別に存在するので（大塚　1995、1996、2000など）（図2-4）、保美貝塚、伊川津貝塚、吉胡貝塚をみわたすと小破片でそれらしきものは散見されるようであるが、東北後期瘤付土器以来の伝統である起点終点の入組紋と関東後期安行式以来の伝統である横つながり入組紋との区別がつかないものが多いので、断定的な発言は控えていた。幸い、鳥取県大坪大縄手遺跡のおかげで、入組文系（横つながり入組紋）安行3a式土器が東海地方にあるとみてもかまわないことを、つぎに述べたい。

(2) 大坪大縄手遺跡の晩期初頭

　最近、鳥取県大坪大縄手遺跡で入組文系（横つながり入組紋）安行3a式土器が報告された（濱田　2010）。その土器や関連資料を図4に転載しておく。資料を紹介した濱田は、1と3を大洞B1式の壺形土器とみなすが、3は横つながり入組紋から判断して安行3a式である。それとは別に注目すべき所見がある。1〜4がC7・8区土器溜り出土で、5〜7がC9区土器溜り出土で、前者と後者は間層を介して上下関係があることの確認がなされていることが報告され、だが、濱田本人は前後関係で捉える必要がない旨を強調していたことである（濱田　2010：124左）。

　大坪大縄手の入組文系（横つながり入組紋）安行3a式の件は、当該式の広がりがかなり広いことを想定できる重要土器である。ならば、保美貝塚、伊川津貝塚、吉胡貝塚にみられる三叉紋を有する土器には大洞B式ではなく入組文系（横つながり入組紋）安行3a式土器があると考えていいであろう。伊川津貝塚には典型的な安行2式の大波状口縁深鉢形土器があることとあわせると、安行2式以来安行3c式くらいまでの関東との関わりを念頭において、保美貝塚、伊川津貝塚、吉胡貝塚の土器資料を見直すべきと考えるに至った次第である。

　大坪大縄手遺跡C7・8区土器溜りは、在地系土器群に大洞B1式土器（図4-1）と安行3a式土器（図4-3）が共伴する点で重要だが、橿原式紋様土器（図4-2、4）が伴うことでも興味深い（4は二つの三角形刳込紋の底辺部が向かい合って対になる例である）。筆者は、末永雅夫に倣い（末永ほか　1961）、三角形刳込紋による沈刻部で形成される陽刻部に各種沈線紋が配されるものを橿原式紋様土器とよび、その編年的位置を後期末・晩期初頭と考え、大洞BC式やそれ以降にはならないと主張してき

た（大塚　1995、2000）。Ｃ７・８区土器溜りの内容は筆者の見立てにそった内容と考える。そこでＣ７・８区土器溜りの土器とＣ９区土器溜りの土器に時期差を認めるならば、図４-５〜７は、橿原式紋様土器から三角形刳込紋がぬけたような幾何学的構成の土器と考えられる。つまり、橿原式紋様土器は、三角形刳込紋がぬけるような変遷過程を想定できる点でも大坪大縄手遺跡のデータは重要と考える。

(3)　橿原式紋様土器の変遷

　筆者は、オープンリサーチセンター縄文部会のシンポジウム「山内清男縄文晩期研究と東海地方」（2007年11月10日）で、「亀ヶ岡式精製土器移入・模倣論の構想」と題して発表した際に（大塚　2008）、三角形刳込紋を有する波状口縁の破片（図３-１）について安行３ａ式並行として口頭で触れた。この保美貝塚の三角形刳込紋を有する土器（図３-１［27］）は波状口縁深鉢形土器であるが、筆者の印象では入組紋系安行式３ａ式（図２-４）の波頂部付近の紋様構成とよく似たものと思われる。三角形刳込紋の底辺部には刻紋が並び、三角形刳込紋の頂部の上には円形凹点紋が付随する。三角形刳込紋の底部に刻紋が並び、その頂部の先に円形凹点紋が配されることは、橿原式紋様土器では通有なことである。

　晩期旧Ｂ段階の図３-４は、幾何学的構成の沈線紋の間に弧線紋が加わり、その弧線紋にそって刻紋が並ぶ。その弧線紋に三角形刳込紋の底部がくるように配されれば橿原式紋様土器であろう。逆にいえば、橿原式紋様土器から三角形刳込紋がぬけた例が、この４と考えられるであろう。図３-９［81］は、緩い波状口縁をもつ広口壺形土器で、４とよく似た器形である。９の方は、縦区画沈線間に水平な沈線紋が多数配されたものである。４→９と考えるのが自然であろう。

　図３-９は、同４より後出の土器と考えるが、それをより確かなものとして言い立てるために、遠方で心許ないが、関東地方の資料を援用したい。図３-９によく似た土器として、図５-10の、神奈川県杉田遺跡から検出された杉田Ａ類に含まれる壺形土器（杉原・戸沢　1963：43〈第15図-４〉）をあげたい。胴部縦区画沈線紋間に水平沈線紋が多数配される点でよく似ていると考える。この杉田例は、安行３ｄ式土器（図５-８・９）や大洞Ｃ２式土器（図５-11）と一緒に考えられているようである。しかし、杉田遺跡には量は少ないが安行３ｃ式もあるので、杉田の壺形土器が安行３ｃ式に伴う可能性も否定はできないだろう。杉田例（図５-10）を安行３ｃ式ないし安行３ｄ式くらいの時期に位置づけることは問題ないであろう。保美貝塚例（図３-９）が安行３ｃ式土器（図３-７・８）の段階かあるいはより後出か、そこまでは特定できないが、杉田Ａ類壺形土器例に類似する図３-９が同４の吉胡貝塚例に後出すると考えることは問題ないであろう。

　東海地方において、図３-１→同４→同９という変遷、すなわち、橿原式紋様から三角形刳込紋がぬけ、幾何学的構成の沈線紋土器が出現し、縦区画の中に水平沈線紋が多数配されるものに移行する動きがあるように思われるのである。そうであるならば、幾何学的構成の沈線紋を特徴とする、図５-７の杉田Ｅ類に含まれる鉢形土器（杉原・戸沢　1963：33〈第９図-238〉）は、杉田Ａ類の図５-10の壺形土器の前段階に位置づけられよう。ちなみに、杉原・戸沢（1963）報告以来、図５-10自体を大洞Ｃ２式と考える向きもあるが、筆者はそう思わないことを強調しておく。

　ただし、残念ながら、保美貝塚例（図３-９）と杉田例（図５-10）の晩期安行式細別型式に対する正確な位置づけは未了なので、また、三角形刳込紋がぬけた幾何学的構成の沈線紋土器も細別が可能なので、橿原式紋様土器が安行３ａ式のあと、三角形刳込紋がぬけながらどのような変遷をたどるかその具体的な分析はまだ確定的ではない。

　しかしながら、今後の研究を考えて、つぎに橿原式紋様土器研究を展望しておく必要があろう。くりかえすが、筆者は三角形刳込紋を基調とする橿原式紋様土器を後期末・晩期初頭に位置づけてきた。換言すれば、当該土器は大洞ＢＣ式および後出の時期には位置づけられないと主張してきた。東海地方で

は、たとえば、北裏遺跡（林ほか　1973）の橿原式紋様土器（図 5-1・2、4）や馬見塚 i 地点（増子 1981）の当該土器（図 5-6）を、そのようにみている。

　本節では、大坪大縄手遺跡の C7・8 区土器溜りと C9 区土器溜りの違いを念頭におきながら、橿原式紋様土器の基幹的紋様である三角形刳込紋（図 3-1）に注目し、それがぬけていく幾何学的構成の沈線紋土器の変遷を考えてみた。それに基づくならば、杉田遺跡の他に、関東の東浦遺跡（鈴木　1985）の土器（図 5-3、5）の位置づけも可能となろう。図 5-3 は、三角形刳込紋の頂部に円形凹点紋をもち、それは、保美貝塚例（図 3-1）の三角形刳込紋と頂部の円形凹点紋に近いであろう。図 5-5 は、三角形刳込紋がぬけた、凹点を伴う幾何学的構成の沈線紋土器とみなせるであろう。すなわち、図 5-3 は、安行 3a 式の時期である。他方、同 5 は小片なので特定は難しいが、編年的位置づけに関しては、関東地方の層位的事例を検討した鈴木加津子の所見で問題ないであろうと考え（鈴木 1985）、より後出の安行 3b 式の時期に位置づけたいと思う。

　この東浦二例と先に分析した杉田二例の様相からは、橿原式紋様土器の変遷が東海地方を越えて東日本にもみいだされ、日本列島のかなり広範囲でよく似た変遷が共有されていたように思われる。

3　晩期安行式の流入

　今日東海地方の研究者には利用されることのない、山内による 1952 年の吉胡貝塚晩期編年（晩期旧 A 段階→晩期旧 B 段階→晩期中段階→晩期新段階）の今日的評価を考えてみたい。まだまだ全体的な論評にはほど遠いが、まずは、晩期旧 B 段階では、橿原式紋様土器の変遷を考える上で非常に示唆的な土器（図 3-4）が指摘されていた、といえよう。そして、晩期中段階では、安行 3c 式土器の存在を予見していた、といえる（図 3-6）。実際に、本学教員による 1965 年の保美貝塚調査では、安行 3c 式土器がみいだされたのであった（図 3-7・8）。吉胡貝塚例（図 3-6）は、その後検討の俎上にあがった様子がないが、胴部にみられる I 字状の三叉紋は土版や土偶や石刀などによくみられるものだけに、本例が東海地方にあることは注目しておくべきであった、といいたい。

　分析のところで触れたように、入組文系安行 3a 式の存在も認めてよさそうなので、山内が指摘した安行 3b 式（図 3-3）および安行 3c 式を予見していたといえる土器（図 3-6）と本学調査による安行 3c 式（図 3-7・8）とをあわせて考えるならば、東海地方のみならずより以西の地方も射程に入れて、晩期関東系三叉紋土器（安行 3a 式、安行 3b 式、安行 3c 式）の流入をより主題化して考える必要があろう。ただしその場合に、筆者は、『吉胡貝塚』の第二トレンチ報文中にある、山内の有名な縄紋晩期の総括（以下参照）でいうところの亀ヶ岡式土器が持ち込まれたりさらに模倣されたりするコンテクスト（移入・模倣論）とはやや違うコンテクストで考えてみたい。

縄紋晩期の総括　縄紋式晩期は東北地方の亀ヶ岡式土器とこれに並行する各地の土器を指すものである。昭和初年、亀ヶ岡式又は近似の土器が、関東地方、三河方面を含む中部地方の各地に発見されることが、新しく注目された。そして後には畿内にさえ見出されるに至った。……亀ヶ岡式土器が東北において発達し、その発達の各段階において、他の地方に輸出され、そこで模倣されたという見解の妥当性は認められていった。亀ヶ岡式を輸入し模倣した地方の土着の土器の性質が問題とされ、関東地方では安行式の後半の型式が、これに当り、abc の三型式に細分されるに至った。一方中部及畿内地方では無紋又は條痕の多い粗製土器を主体とする型式が考えられ、更に亀ヶ岡式の伴存は見られないが、この種の土着土器と同様又は近縁のものが中国・九州地方にも存在することが明かとなった。かくして亀ヶ岡式とこれに並行する型式が九州に至るまで存在することが可能となると共に、晩期なる名称がこれら一連の土器に加えられ、後期から分割されたのである。（山内

1952：119）

　後期安行式の場合、帯縄紋系安行式精製土器と入組紋系安行式精製土器は、それぞれ特定の粗製土器製作者集団が作った可能性が高いと考える（大塚　2007）。伊川津貝塚の帯縄紋系安行2式大波状口縁深鉢形土器（本書研究篇第Ⅰ部第2章図10-93）は、製作技法上のクセが関東でみいだされる安行2式の場合と同じである（大塚　2005）。製作技法上の同一性から判断して、筆者は、この伊川津貝塚例が関東から来た土器製作者集団がもたらしたもの、あるいは、移動してきた安行式土器の製作者集団が東海地方で製作したかもしれないと考え、東海地方の在地土器製作者集団の方が模倣したという議論は難しいと考える。晩期安行式の場合、後期からの伝統である粗製土器すなわち紐線紋系粗製土器が安行3b式あたりから消えていくようで、以降粗製土器が別種のものに置き換わるが、筆者は精製土器と粗製土器の製作者集団が異なるようになると考えている。単純化した説明が許されるとすれば、精製の安行3c式土器はその精製土器を専ら作る土器製作者集団の手になるもので、安行3c式精製土器製作者集団は粗製土器を作らない、と考えている。関東地方では担当すべきものが減った、見方を変えれば、移動の自由度を増した土器製作者集団が出現したということであろう。保美貝塚の安行3c式土器（図3-7・8）をみた場合、関東から来た土器製作者集団がもたらしたもの、あるいは、移動してきた安行式土器の製作者集団が東海地方で製作したことをより積極的に考える所以である。橿原式紋様土器やそのあとに続く土器などの土器製作システムに関しても、持ち込まれたりさらに模倣されたりするコンテクスト（移入・模倣論）ではないコンテクストで考えるべきと思う。筆者は、由来を異にする人びとおよび文物の交流を促進させる拠点という意味での"媒介中心性"を有する集落としての評価を、保美貝塚に与えたいと考える。

4　まとめ

　「保美Ⅱ式」にとらわれずに、1965年調査保美貝塚出土土器資料を基にして、各種有効な議論ができることを示した。1965年の調査では層位的にまとまった土器群は全くなく、「単一な型式とは認められず」という調査所見が正しく、増子の「晩期の第2段階に遺跡形成の中心がある」という見立ては大誤認である。したがって、型式制定手続きに大きな瑕疵のある「保美Ⅱ式」は編年単位とはなり得ないのであるから、「保美Ⅱ式」を前提にした議論はできない。では、どうするべきか。

　東海地方晩期研究では、在地型式が狭小な分布圏を呈するという想定がかなり強い。その認識は大事にすべきであろう。しかし、瘤付土器や大洞式以外にも、後期安行式や晩期安行式の登場や橿原式紋様土器の登場など、より以東からの・より以西からの各種異系統土器が交錯するのが、渥美半島の保美貝塚であり、伊川津貝塚であり、吉胡貝塚と考える。しかも、より以東からの・より以西からの各種異系統土器の交錯が東海地方全域にみられるわけでもないのである。したがって、そのような複雑な事象を検討可能にするには正確な編年が不可欠で、瘤付土器や大洞式の編年、後期安行式や晩期安行式の編年との対比を考えながら、異系統土器出現の意味や在地型式の特性を抽出するべきと考える。少なくとも、後期や晩期の安行式の場合、東海地方の類例は、当該土器製作者集団の移動によってもたらされた結果、あるいは、やってきた当該土器製作者集団の現地製作を筆者は考える立場であって、当該土器を出土する東海地方でかつて模倣されたとは考えないのである。

　そのように思い至ると、山内吉胡貝塚晩期編年のコンセプト（移入・模倣論）を理解しつつも、そのコンセプトを含めた当該編年の批判的な再検証こそが喫緊事であることを指摘して擱筆する。

研究篇　第Ⅱ部　さまざまな分析

註
1）『吉胡貝塚』から引用する図番号と図版番号は、ガリ版刷の「吉胡貝塚正誤表」によって修正したものである。

引用文献
大塚達朗　1995　「橿原式紋様論」『東京大学文学部考古学研究室研究紀要』13、79-141頁。
大塚達朗　1996　「縄文時代　土器—山内型式論の再検討より」『考古学雑誌』82 (2)、11-25頁。
大塚達朗　2000　『縄紋土器研究の新展開』同成社。
大塚達朗　2005　「縄紋土器製作に関する理解〜その回顧と展望〜」『考古学フォーラム』18、2-12頁。
大塚達朗　2007　「型式学の射程—縄紋土器型式を例に—」『現代社会の考古学』(現代の考古学1) 184-201頁、朝倉書店。
大塚達朗　2008　「亀ヶ岡式精製土器移入・模倣論の構想」『南山大学人類学博物館オープンリサーチセンター　2007年度年次報告書　付編　研究会・シンポジウム資料』263-278頁、南山大学人類学博物館。
大塚達朗　2009　「保美貝塚の安行3a式と大洞B式：晩期編年の要諦として」『南山大学人類学博物館オープンリサーチセンター　2009年度年次報告書　付編　研究会・シンポジウム資料』90-104頁、南山大学人類学博物館。
紅村　弘　1959　『東海の先史遺跡—三河編—』(東海叢書10)、名古屋鉄道。
小林知生ほか　1966　「保美貝塚」『渥美半島埋蔵文化財調査報告』1-12頁、愛知県教育委員会。
杉原荘介・戸沢充則　1963　「神奈川県杉田遺跡および桂台遺跡の研究」『考古学集刊』2 (1)、17-48頁。
鈴木加津子　1985　「関東北の関西系晩期有文土器小考」『古代』80、258-276頁。
増子康真　1979　「東三河における縄文後期末・晩期文化の再検討(I)」『古代人』35、49-56頁。
増子康真　1980　「東三河における縄文後期末・晩期文化の再検討(II)」『古代人』36、13-25頁。
増子康真　1981　「東海地方西部の縄文文化」『東海先史文化の諸段階　(本文編) 補足改訂版』42-97頁、紅村　弘。
増子康真　1985　『愛知県を中心とする縄文晩期後半土器型式と関連する土器群の研究』、増子康真。
増子康真　2003　「愛知県西部の縄文晩期前半土器型式の推移」『古代人』63、15-47頁。
増子康真　2004　「東三河縄文晩期前半土器群の編年再編」『古代人』64、10-38頁。
向坂鋼二　2004　『三遠後晩期縄文土器研究の今昔』(三河考古学会講演会資料)、三河考古学会。
末永雅雄ほか　1961　『橿原』、奈良県教育委員会。
中沢道彦　2008　「東海地方出土浮線文土器資料と研究史的意義—山内清男の大洞A2式構想とその成立背景—」『南山大学人類学博物館オープンリサーチセンター　2007年度年次報告書　付編　研究会・シンポジウム資料』283-294頁、南山大学人類学博物館。
濱田竜彦　2010　「鳥取県大坪大縄手遺跡の縄文時代晩期土器—大洞B1式並行期の東日本系土器を伴う晩期前葉の土器群—」『古代文化』62 (2)、117-126頁。
林　桂ほか　1973　『北裏遺跡』、可児町北裏遺跡発掘調査団。
山内清男　1930　「所謂亀ヶ岡式土器の分布と縄紋式土器の終末」『考古学』1 (3)、139-157頁。
山内清男　1937　「縄紋土器型式の細別と大別」『先史考古学』1 (1)、29-32頁。
山内清男　1952　「第二トレンチ」『吉胡貝塚』(埋蔵文化財発掘調査報告1) 93-124頁、文化財保護委員会。
山内清男　1964　「縄文式土器・総論」『縄文式土器』(日本原始美術1) 148-158頁、講談社。
山村敏行ほか編　1923a　『渥美郡史』、愛知県渥美郡役所。
山村敏行ほか編　1923b　『渥美郡史　附図』、愛知県渥美郡役所。

図の出典
図1：山内 (1937) 文献より　図2：大塚 (1996) 文献より　図3-1：本書研究篇第Ⅰ部第2章図2より　同図-2〜6：山内 (1952) 文献より　同図-7〜9：本書研究篇第Ⅰ部第2章図5より　図4：濱田 (2010) 文献より　図5-1・2、4：林ほか (1973) 文献より　同図-3、5：鈴木 (1985) 文献より　同図-6：増子 (1981) 文献より　同図-8〜11：杉原・戸沢 (1963) 文献より

第1章　橿原式紋様土器と安行3c式土器からみた保美貝塚（大塚達朗）

縄紋土器型式の大別

	渡島	陸奥	陸前	關東	信濃	東海	畿内	吉備	九州
早期	住吉	(+)	槻木 1 〃 2	三戸・田戸下 子母口・田戸上 茅山	曾根?× (+)	ひじ山 粕畑		黒島×	戰場ヶ谷×
前期	石川野× (+)	圓筒土器 下層式 （4型式以上）	室濱 大木 1 〃 2a,b 〃 3-5 〃 6	蓮田式{花積下 關山 黒濱 諸磯 a,b 十三坊臺	(+) (+) (+) 踊場	鉾ノ木×	國府北白川 1 大歳山	磯ノ森 里木 1	轟?
中期	(+) (+)	圓筒上 a 〃 b (+) (+)	大木 7a 〃 7b 〃 8a,b 〃 9,10	御領臺 阿玉臺・勝坂 加曾利E 〃（新）	(+) (+) (+) (+)			里木 2	曾畑 阿高 出水 } ?
後期	青柳町×	(+) (+) (+) (+)	(+) (+) (+) (+)	堀之内 加曾利B 〃 安行 1,2	(+) (+) (+) (+)	西尾×	北白川 2×	津雲上層	御手洗 西平
晩期	(+)	龜ヶ岡式{(+) (+) (+) (+)	大洞 B 〃 B-C 〃 C1,2 〃 A,A'	安行 2-3 〃 3	(+) (+) (+) 佐野×	吉胡× 〃 × 保美×	宮瀧× 日下×竹ノ内× 宮瀧×	津雲下層	御領

註記　1. この表は假製のものであつて，後日訂正増補する筈です。
　　　2. (+)印は相當する式があるが型式の名が付いて居ないもの。
　　　3. (×)印は型式名でなく，他地方の特定の型式と關聯する土器を出した遺跡名。

図1　山内清男による縄紋土器型式編年研究「縄紋土器型式の大別」(1937)

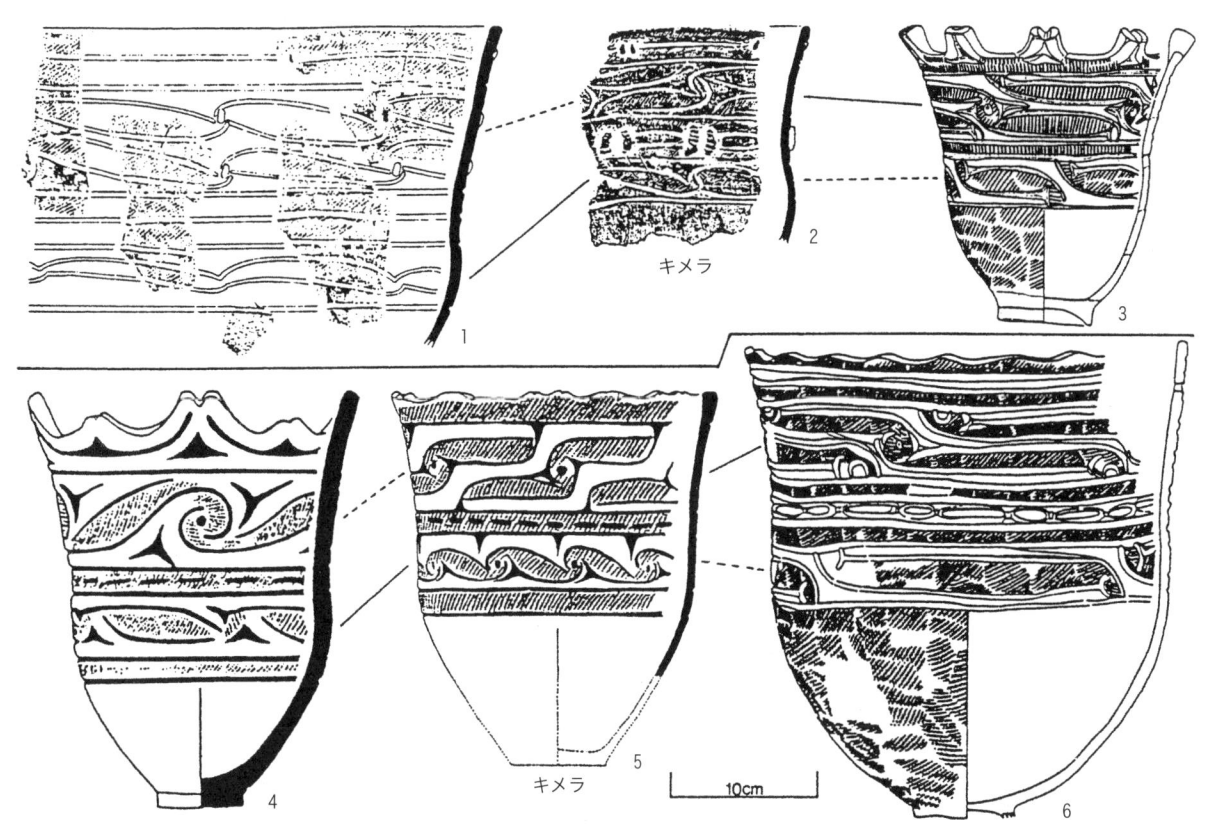

図2　横つながり入組紋（1外塚、4小豆沢）と起点終点入組紋（3田柄、6前田）とキメラ（2広畑、5二月田）
　　　［後期末安行2式：1－キメラ：2－瘤付土器第Ⅳ段階：3、晩期初頭安行3a式：4－キメラ：5－大洞B1式：6］

研究篇　第Ⅱ部　さまざまな分析

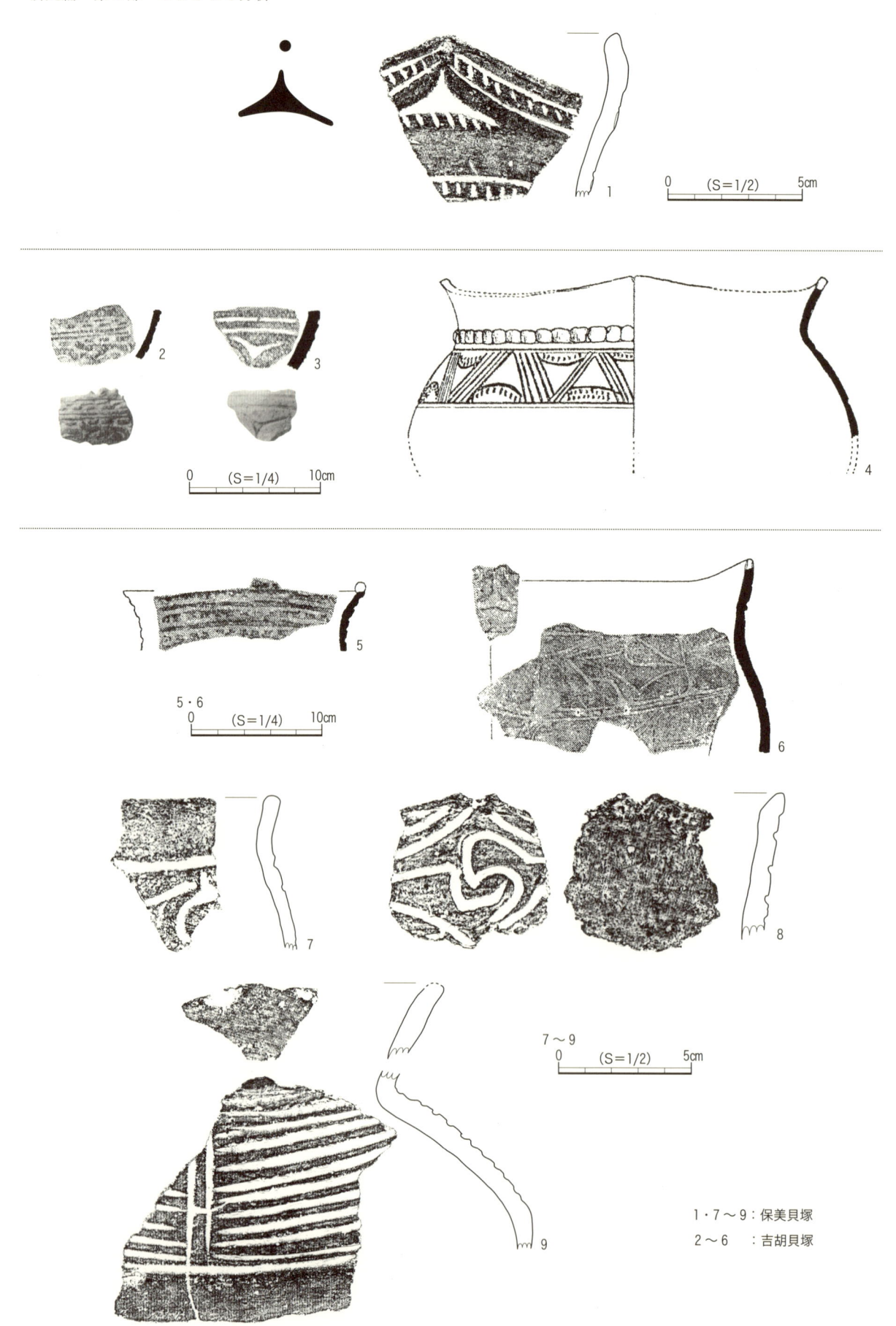

図3　橿原式紋様（三角形刳込紋）の変遷(1)

1・7〜9：保美貝塚
2〜6　：吉胡貝塚

110

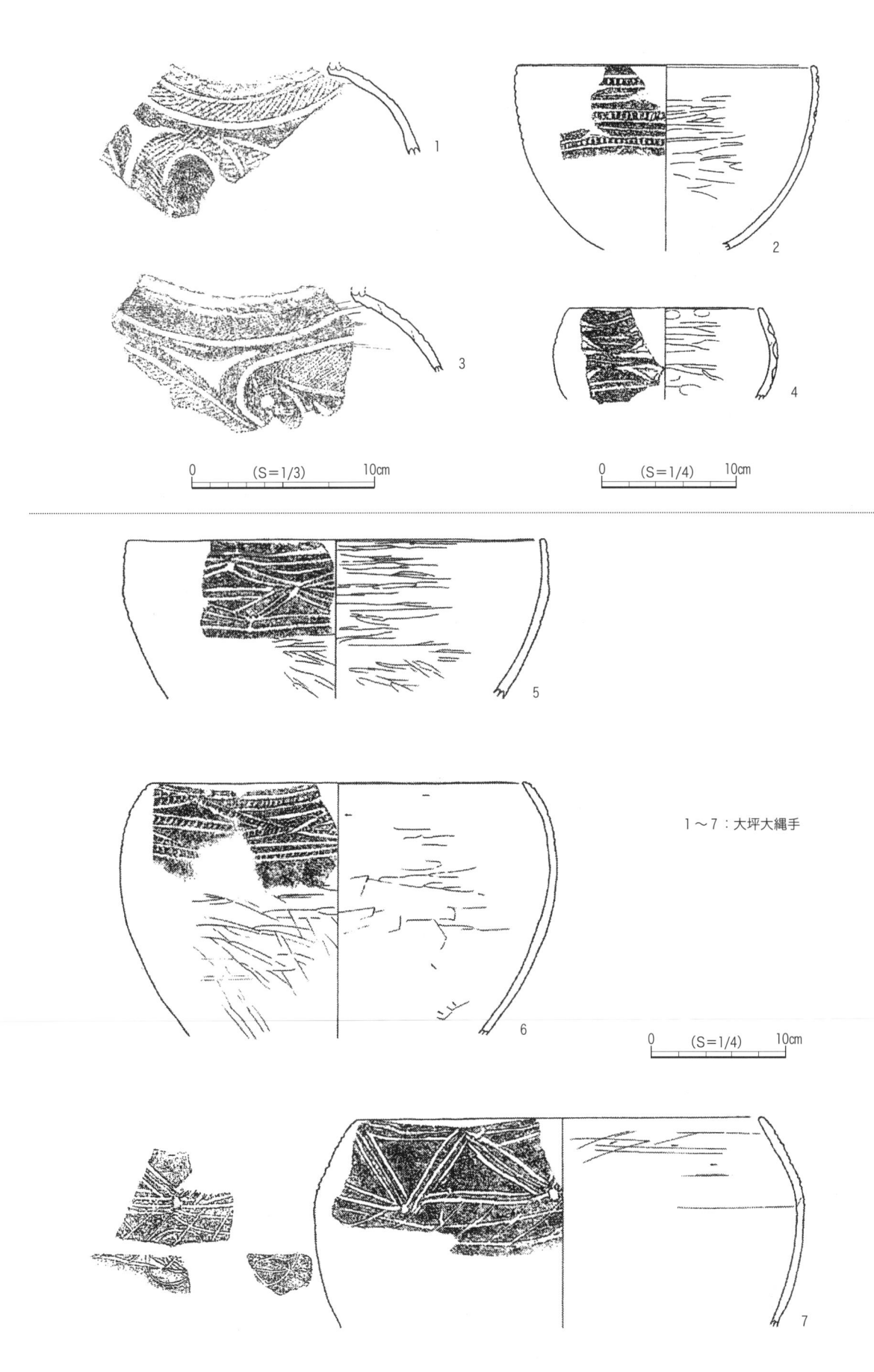

第1章　橿原式紋様土器と安行3c式土器からみた保美貝塚（大塚達朗）

1～7：大坪大縄手

図4　橿原式紋様（三角形刳込紋）の変遷(2)

研究篇 第Ⅱ部 さまざまな分析

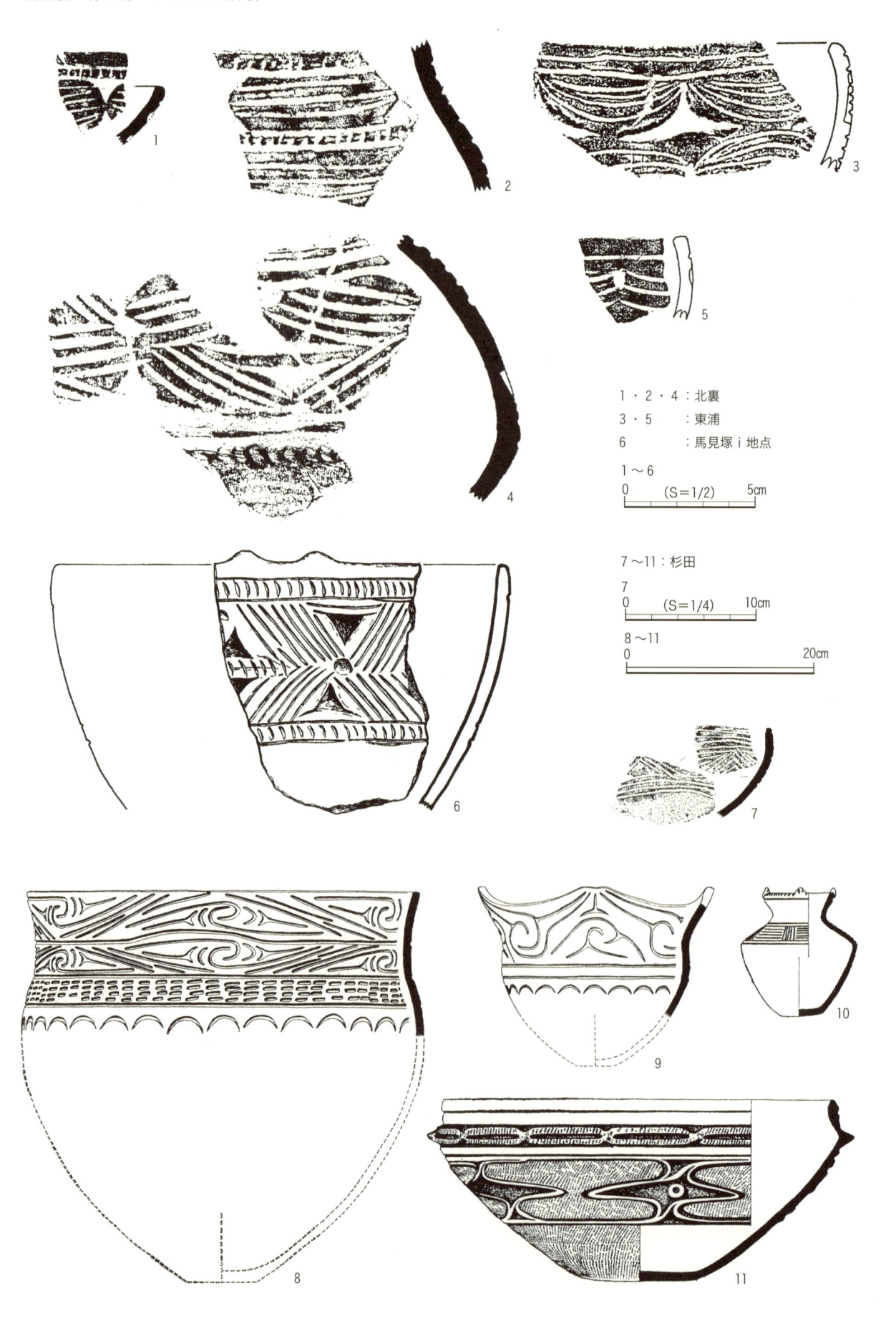

1・2・4：北裏
3・5　　：東浦
6　　　：馬見塚ⅰ地点

1〜6
0　　(S=1/2)　　5cm

7〜11：杉田

7
0　　(S=1/4)　　10cm

8〜11
0　　　　　　　　20cm

図5　橿原式紋様（三角形刳込紋）の変遷(3)

112

第2章　小型石棒類からみた保美貝塚

長　田　友　也

1　東海地方における小型石棒類概観

　東海地方における小型石棒類については、これまで体系立てて研究されることはほとんどなく、全国的な俯瞰の中での指摘や発掘調査における事実記載などで触れられるにとどまってきた。その全国的な俯瞰を行った後藤信祐氏によれば、東海地方では晩期に北陸・飛騨地方を中心に盛行した橿原型石刀a類、小谷型石刀など石刀が主体であり、これに無文の石剣類が一定量みられるとされる。その後、晩期後半には日本海側では早くも小型石棒類が消滅するのに対し、太平洋側である東海地方では晩期後半にも小型石棒類がみられ、一部は弥生時代にまで残存するとされる（後藤　1986・1987）。

　近年、その晩期後半における小型石棒類については、隣接する近畿地方において概要が明示され（小林編　2000ほか）、近畿地方において晩期後半期に石棒類が増加するとの指摘（品川　2004）をはじめ、弥生時代へと続く縄文時代的な要素として注目されている（秋山　2002など）。そうした研究の趨勢は東海地方においてもみられ、弥生時代の大型集落である朝日遺跡の総括において、寺前直人氏は尾張地方の小型石棒の検討を行っている（寺前　2007）。寺前氏によれば、一宮市馬見塚遺跡に代表されるように晩期後半に長径5cmを越える「大形品」が出現し、それらが製作痕や部分的な研磨など粗雑な作りであることから、近畿地方における「大形粗製石棒」（中村　2000）に類似し、何らかの影響関係にあったことが指摘されている。

　このように東海地方における小型石棒類が縄文・弥生移行期の研究課題として注目される一方で、縄文時代研究側からの小型石棒類に対する研究は決して盛んであるとは言えず、寺前氏が指摘するように、体系立てた小型石棒類の研究が望まれる。筆者もこれまで、三重県伊勢地方における小型石棒類製作とその展開について触れ（長田　2006）、さらに前稿では保美貝塚出土資料を中心に、その動態に対する予察を行った（長田　2009b）。そこで本稿では、これら研究史における問題点を踏まえ、前稿において予察を行った小型石棒類の動態について、保美貝塚出土の小型石棒類を中心に検討を行い、小型石棒類の動態を明示するとともに、小型石棒類の精神文化的構造について言及する。

2　小型石棒類の分類

　小型石棒類の分類については、現在においてもその明確な定義を含め決着をみていない。小型石棒類および、中期にみられる大型石棒の分類に関する研究史については、中村耕作氏によって詳しくまとめられており（中村　2001）、これらを参考に本稿で扱う石棒類の範囲について明示する。

　一般に石棒類は大きく石棒・石剣・石刀に三分されるが、この分類基準は八幡一郎氏によって提示された体部断面形状による分類であり（八幡　1934）、単純な分類基準であるため現在においても石棒・石剣（両刃）・石刀（片刃）の呼びわけには、概ねこの分類が一般的に用いられている。その一方で、三者には中間的な形態のものも多いため漸移的な変化と理解され、総じて"石棒"と称し、同義のもの

として扱う研究も多く、現在でも主流派を占めている。

　これらのうち後晩期に盛行する石棒は、後藤信祐氏が胴部径が5cm以下の精製・半精製の石棒を対象としたことから、胴部径5cmというのが一つのメルクマールになっている（後藤 1987）。これら胴部径5cm以下の石棒（以下、小型石棒とする）は、石剣・石刀との明確な区分が難しく、また配石遺構などから共伴する事例もみられ3者を総じて検討されることが多い。本稿においてもこれらを「小型石棒類」と総称する。さらに小型石棒類については、後藤信祐氏・角田真也氏によって詳細な形態分類がなされ、いくつかの「型式」が設定されている。これは小型石棒類にも型式が存在し、変遷・系譜を広域に検討できることを示唆しており（後藤前掲）、型式間での形態変遷や、型式と石材の関連性についても指摘がなされている（角田 1995）。こうした石棒型式の再設定・細分は鈴木素行氏により実践されており、「新たな分類視点の記述」として、形態的特徴、文様、頭部形態、精製・粗製の存在、石材との関連性により「小野型石棒」を設定している（鈴木 2002）。筆者も近年、新潟県の小型石棒類をまとめるに当たって、型式変遷の試論を提示した（長田 2009a）。

　これらの研究史から、小型石棒類には型式が存在し、型式の分布は時間的・地域的にまとまる傾向が指摘されている。さらに角田・鈴木氏により、特定の小形石棒類型式は特定の石材と関連する傾向にあり、生産地（製作遺跡）と消費地（消費遺跡）の関係が存在するとされる。筆者も石棒類の製作遺跡の検討から、特定の石棒類製作遺跡では、決まった型式の石棒類を製作する傾向にあることを確認している（長田 2000・2005・2006）。これら小型石棒類製作遺跡と、消費遺跡との関係から小型石棒類の型式設定については、その製作過程を踏まえた上で行われるのが望ましく、小型石棒類製作遺跡を中心とした型式設定がなされるべきと考える（長田 2009a）。

　以上のような研究を踏まえ、現状における石棒類の範囲を整理したものが図1である。これらには漸移的な部分、分離不能な部分なども含まれるが、本稿で扱う範囲は概ね網掛けをした円の内部に含まれる部分とする。これらの定義をもとに、保美貝塚出土の小型石棒類について概観する。

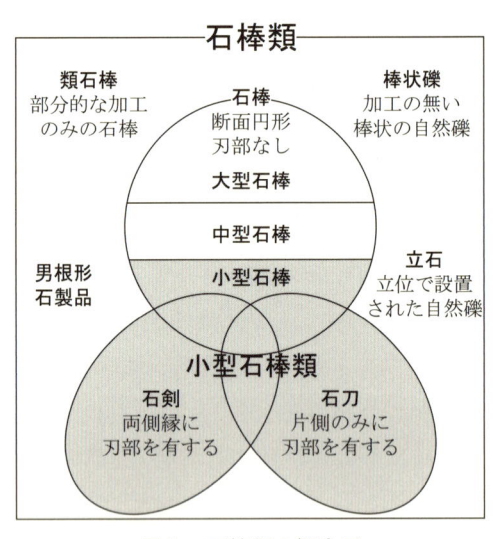

図1　石棒類の概念図

3　保美貝塚出土の小型石棒類について

　南山大学人類学博物館収蔵の保美貝塚出土小型石棒類は、小型石棒1点、石刀14点の計15点である（表1）。このうち、形状のわかる9点を図示した（図2参照）。

　石材　小型石棒類に用いられる石材は、先に触れたように小型石棒の型式と密接に関係することが想定され、重要な属性である。

　石材は大きく緑泥石片岩製のものと、凝灰質片岩製の2種類に大別される。緑泥石片岩は愛知県東部を走る中央構造線の外帯側にあたる三波川変成帯に由来し、三波川変成帯を特徴づける石材である。その産出地は、静岡県浜名湖北部地域および、三重県伊勢地方にかけてである。

　凝灰質片岩は、中央構造線以外の変成帯に基づく石材である。これらについて、飛騨外縁帯に由来する変成岩である可能性を指摘した（長田 2009a・b）。これは凝灰質片岩製の小型石棒類が北陸地方から岐阜県飛騨地方にかけて多いこととも合致しており、この飛騨外縁帯が分布する地域において小型石

第2章　小型石棒類からみた保美貝塚（長田友也）

表1　南山大学収蔵・保美貝塚出土小型石棒類一覧表

番号	挿図番号	調査次数	出土地区	出土状況	分類	現存状況	長さ	幅	厚さ	重さ	石材	石材詳細	石器詳細	備考
1	図2-1	S25年調査			石刀？	頭部破片	(2.3)	(3.9)	(1.0)	10.4	凝灰質片岩	飛驒外縁帯産	頭頂部研磨による平坦面、頭部に横位沈線文、頸部括れ明瞭。	
2	図2-2	S25年調査			小型石棒	胴部片	(15.3)	(4.4)	(3.8)	494.9	緑泥石片岩	三波川変成帯産	丁寧な研磨仕上げ、胴部に敲打使用痕。	敲石に転用
3	図2-3	S25年調査	A区	表土	石刀	胴部片	(8.3)	(4.9)	2.2	115.0	結晶片岩	三波川変成帯産	刃関を有し、背・刃ともに明瞭、被熱顕著。	全面被熱
4	図2-4	斎藤氏採集資料		表採	石刀	胴部片	(14.0)	2.3	2.9	168.5	緑色片岩	−	背・刃ともに明瞭、刃部に敲打のあと？	
5	図2-5	S40年調査			石刀	胴部片	(15.7)	2.4	(1.2)	54.7	凝灰質片岩	飛驒外縁帯産	背不明瞭、刃やや明瞭。	旧報文掲載資料図版二上段左1列目上、2片接合
6	図2-6	S40年調査			石刀	胴部片	(6.7)	(2.5)	(1.5)	−	緑色凝灰質片岩	飛驒外縁帯産	背やや不明瞭。	旧報文掲載資料図版二上段左2列目上
7	図2-7	斎藤氏採集資料		表採	石刀	胴部片	(8.7)	2.8	(1.2)	−	凝灰質片岩	飛驒外縁帯産	背不明瞭。	
8	図2-8	S25年調査			石刀	胴部片	9.1	2.8	1.0	35.0	緑泥石片岩	三波川変成帯産	背・刃あり、線状痕あり。	
9	図2-9	S40年調査	3区東北	既掘削後	石刀	胴部片	(6.3)	2.8	2.7	41.6	凝灰質片岩	飛驒外縁帯産	背・刃ともに明瞭、被熱により変色。	旧報文掲載資料図版二上段左2列目上、全面被熱
10	−	斎藤氏採集資料		表採	石刀	胴部破片	(3.4)	(2.4)	1.7	19.4	凝灰質片岩	飛驒外縁帯産	背・刃ともにやや不明瞭。	
11	−	S25年調査			石刀	胴部破片	(3.0)	(1.9)	(1.2)	10.6	粘板岩	飛驒外縁帯産	背・刃ともに明瞭。	
12	−	S25年調査			石刀	胴部破片	(3.6)	2.4	(0.9)	14.1	凝灰質片岩	飛驒外縁帯産	背・刃ともにやや不明瞭。	
13	−	S25年調査			石刀	胴部破片	5.0	4.4	4.1	16.9	緑泥石片岩	三波川変成帯産	背・刃あり、線状痕あり。	
14	−	S25年調査			石刀	胴部破片	8.1	3.4	1.8	85.7	緑泥石片岩	三波川変成帯産	背・刃やや不明瞭、折損後に端部を敲打使用か？	
15	−	斎藤氏採集資料		表採	石刀？	胴部破片	(6.9)	(2.6)	(1.3)	38.6	緑色片岩		わずかに背・刃を作り出すか？自然石の可能性もあり。	

棒類製作が想定される。しかし現状では、当該地域で小型石棒類製作遺跡が明らかになっておらず、製作遺跡を中心とした小型石棒類の動態について不明な点が多い。

本資料群においては、点数が少なく傾向を読み取ることは難しいが、1点のみの小型石棒には緑泥石片岩が用いられており注目される。石刀には凝灰質片岩が多用されるも、緑泥石片岩が用いられるものも4点（結晶片岩製のものを含む）あり、やや多様性が読み取れる。

製作技法　小型石棒類すべて完成品であり未製品は出土しておらず、保美貝塚では小型石棒類製作は行われていなかったことが明らかである。したがって保美貝塚から出土する小型石棒類は、すべて搬入品であったものと考えられる。

完成品については、全面が研磨されているため製作痕跡が残っておらず、工程をたどれるような資料はない。研磨加工は全体に丁寧であるが、3・4ではやや平坦面が発達している。この他の資料も、詳細に観察すると複数の平坦面が連続することで曲面を成しており、研磨具として平坦な砥面をもつ砥石（面砥石）を用いていたと考えられる[1]。

形態　小型石棒類の型式を考える上で、最も重要な要素が形態である。先学においても、小型石棒類の型式を決める要素として、断面形態、頭部（把頭部）形態、胴部の湾曲、刃関部分の有無、先端部形状、そして彫刻文様が基準となっており、小型石棒型式と形態は密接な関係にあるといえよう。

このうち断面形態による分類は、胴部径や厚みにより細分されることもあるが、概ね小型石棒（刃なし）・石剣（両刃）・石刀（片刃）の三分を基準としており、本資料群では先に触れたとおり石刀が大半を占める。頭部の作り出しは最も労力を有する部分[2]であり、小型石棒類において最も精緻に製作される重要な部位と考えられる。このことは頭頂部に彫刻文様による装飾が多いことからも明らかである。また頭部形状は平面形態にも関係し、頭部と刀身の境となる刃関も同様に頭部作出だけでなく平面形態を決定する要素である。胴部（刃部）の湾曲、刃関の有無、先端部の形状は、小型石棒類の機能的な要素であるが、その多くはやはり小型石棒類の平面形態を決定する要素と考えられ、小型石棒においては、平面形態が重視される傾向にあったといえよう。この他に、頭頂部の形態、刃部や背部の稜、下端部（切先部分）の作り出しなど、特徴的な形態観察の項目も存在する。これらを踏まえ、形態さらには小型石棒類の型式について述べるが、本資料群においては全体形状が明らかなものがないため、断片的な観察しかできず、明確な型式細分は困難である。

1は本資料群において唯一の頭部形状がわかる資料であるとともに、唯一文様を有する資料である。頭部断面から頭部形態を復元すると、円筒形の頭部形状が想定され、北陸・飛驒地方に多い小谷型石刀

研究篇　第Ⅱ部　さまざまな分析

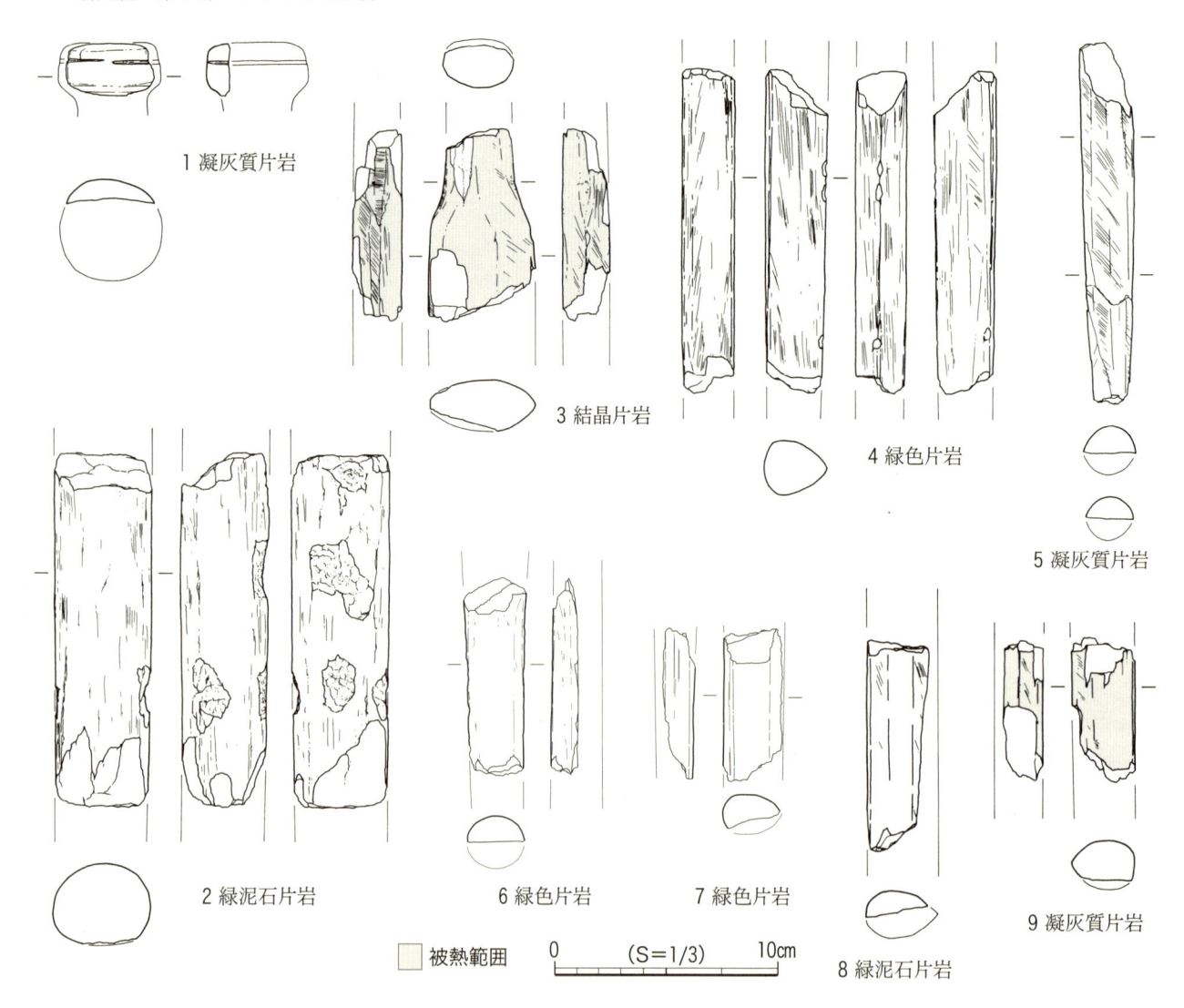

図2　保美貝塚出土小型石棒類1（南山大学所蔵資料）

（後藤前掲）や小丸山型石刀（長田　2009a）など、石刀類の頭部片の可能性が高い。凝灰質片岩製である。2は全面が丁寧な研磨により仕上げられ、やや楕円形の断面形状を有する小型石棒である。3は把握部である刃関付近の胴部片である。上部の刃関部分は細くなり刃は無く、中央下から膨らんだ下部に明瞭な刃部（左側縁）と、わずかに平坦面をなす背部（右側縁）がある。また本資料は、後述するように全面被熱している。4は刃部・背部共に明瞭に作り出された石刀胴部片であり、まっすぐな刀身を有する。5・6は正面のみ残存した胴部片であり、左側縁のみわずかに刃部があることから石刀と判断した。7はやや丸みを有した背部を有する石刀である。8・9ともに胴部の細片であるが、刃部・背部の一部が明瞭に残っており、4のような石刀であると判断される。以上のように、本資料群においては型式が明らかなものはないが、文様ある頭部片の1についてのみ、石刀の頭部片である可能性を指摘しえた。

　出土状況　本資料群については、明確な出土情報の記録はなく、複数の注記・シールなどから出土状況を推定するにとどまっている。資料は大きく、①南山大学昭和25年調査（B貝塚）、②同40年調査（B貝塚およびC貝塚との中間地域）、および③斎藤氏採集資料からなる。①の資料は1・2・3・8であり、3が表採資料である以外は不明である。この調査では、貝層からは刻目突帯文土器が多く出土し晩期後半を主体とするが、晩期前葉・寺津式や中葉大洞C式も出土していることから、明確な時期比定は難しい。②の資料は、5・6・9であり、これらは報告書図版に掲載されている（小林ほか　1966、図

116

版二上左側）が、出土状況に関する記載はない。この調査でも晩期前葉を主体としながらも、後期後葉から晩期後半までの幅広い土器が出土しており、同様に時期比定は難しい。③については採集資料であり、採集地点を含め詳細は不明である。これらのことから、本資料群は晩期に含まれると考えられるものの、詳細な時期比定は困難な状況にある。

使用痕　小型石棒類の使用痕についても先学により様々な指摘がなされている（山田　1994など）が、本資料には小型石棒類の儀礼的使用に伴うと考えられる使用痕は確認できない。しかし、3・9の2点の石刀が全面被熱している。折断面には被熱痕（赤変）が無いことから、完形のまま火にくべられて被熱し、その後に折損した過程が考えられる。また2には、敲打痕が4箇所以上みられ、折損後に敲石に転用されたものと考えられる。その使用痕からは、棒状部分を把握し振りかざすように敲いた敲打具としての使用が想定され、さらに敲打痕自体の観察から比較的硬質なものを敲いたことが明らかである。具体的には、石器剥片などの両極剥離などに用いられた敲打痕と類似しており（小島　1997）、そうしたハンマーストーンとして転用が読み取れよう。

4　既存の保美貝塚出土小型石棒類

南山大学収蔵資料はすべて破片資料であり断片的な情報しかえられないため、既存の保美貝塚出土の小型石棒類について検討する。保美貝塚では、これまで数次の調査が行われおり（小野田・増山・増子 2010）、過去の調査においても多くの小型石棒類が出土している。これらのうち今回確認しえた資料は、田原市教育委員会所蔵の小型石棒1点、石刀8点の計9点である（表2、図3）。田原市教育委員会所蔵資料（以下・田原資料）は、複数次にわたる調査資料および採集資料からなり、全体形状のわかる優品が多い[3]。

1・2は典型的な橿原型石刀（後藤前掲）である。いずれも頭部は沈線区画により作出され、さらに沈線による区画を施し、1は二つの区画内に交差する斜行沈線文を、2は三つの区画内に2条の対弧線を施す。1は刃部・背部共に明瞭であるが、頭頂部は自然の節理面を利用した平坦面である。2は刃部以下が不明であるが、頭頂部は研磨による平坦面をなす。1は凝灰質片岩製、2は粘板岩製であり、いずれも飛騨外縁帯産の石材を用いている。3は頭部破片であるが、明瞭なくびれ部により円筒形の頭部を作出している。頭部には横位沈線を施し、その上に対向するT字状沈線文を施す。凝灰質片岩製である。4は唯一の完形資料であり、両端部に頭部を有する両頭石棒である。全体に粗雑な作りであり、製作時の剥離痕を残す。上端部は自然礫面をわずかに研磨し、下端部は製作時の折損面を研磨している。5はやや粗雑な石刀頭部片であり、刃部・背部は比較的明瞭なものの、研磨が不十分であるため正面に製作

表2　田原市教育委員会所蔵・保美貝塚出土小型石棒類一覧表

番号	挿図番号	調査次数	出土地区	出土状況	分類	現存状況	計測値 (cm、g) 長さ	幅	厚さ	重さ	石材	石材詳細	石器詳細	備考
田原市・1	図4-1	-	-	-	石刀	3/4残	(28.0)	2.3	2.2	-	凝灰質片岩	飛騨外縁帯産	沈線により頭部作出。頭頂は自然節理面、頭部に2箇所の沈線区画があり、交互の斜行沈線を充填。刃部・背部友に明瞭、全体に線条痕もみられる。頭部付近の刃部に敲打痕あり。	
田原市・2	図4-2	S40年渥美町調査	B貝塚	貝層上層1区	石刀	頭部片	(13.6)	2.6	2.2	-	粘板岩	飛騨外縁帯産	沈線により頭部作出。頭頂は研磨による平坦面。頭部に沈線区画があり、内部に2条ずつの対弧線を充填。	
田原市・3	図4-3	-	保美A1拡-c	貝層	石刀?	頭部破片	(7.0)	2.9	2.9	-	凝灰質片岩	飛騨外縁帯産	明瞭なくびれ部により頭部作出。頭部に横位沈線により区画し、その間に対抗するT字状沈線文を施す。	
田原市・4	図4-4	川合氏採集資料	-	表採	両頭石棒	完形	31.9	5.1	3.2	-	緑泥石片岩	三波川変成帯産	やや不明瞭ながら、上下両端部に頭部を作出する両頭石棒。くびれ部には浅い沈線文が施される。全体に粗雑な整形であり、製作時の剥離痕を部分的に残す。	
田原市・5	図4-5	昭和52年渥美町教委	C貝塚・田中BトレンチIV	-	石刀	1/2残	(16.7)	4.0	1.9	-	緑泥石片岩	三波川変成帯産	頭頂部研磨による平坦面、刃部やや明瞭、背部明瞭、全体にやや粗い整形であり、製作時の剥離痕を残す。	
田原市・6	図4-6	-	-	-	石刀	胴部片	(14.3)	3.5	1.9	-	緑泥石片岩	三波川変成帯産	刃部明瞭、背部不明瞭。刀身やや内反りとなる。全体に粗い整形であり、製作時の剥離痕を残す。	
田原市・7	図4-7	-	-	-	石刀	胴部片	(7.2)	3.1	1.7	-	凝灰質片岩	飛騨外縁帯産	刃部・背部友に明瞭。刀身やや内反りとなる。全面を被熱（折損前被熱なし）	全面被熱
田原市・8	図4-8	川合氏採集資料	-	表採	石刀	2/3残	(29.8)	3.0	2.6	-	緑色凝灰質片岩	飛騨外縁帯産	刃部明瞭、背部不明瞭。刀身はほぼ直刀であるが、側面観においてやや反る。全体に丁寧な整形であり、線状痕が顕著であるも、下端部には製作時の剥離痕がわずかに残る。下端部は丸みを帯びた自然礫面。	
田原市・9	図4-9	-	IK-表採188	-	石刀	1/2残	(23.8)	(3.1)	1.8	-	緑泥石片岩	三波川変成帯産	刃部やや明瞭、背部不明瞭。石剣の可能性もあるが、片側のみ刃部がやや明瞭なことから石刀とする。全体に丁寧な整形であり、線状痕が顕著である。下端部は研磨による平坦面。	

研究篇　第Ⅱ部　さまざまな分析

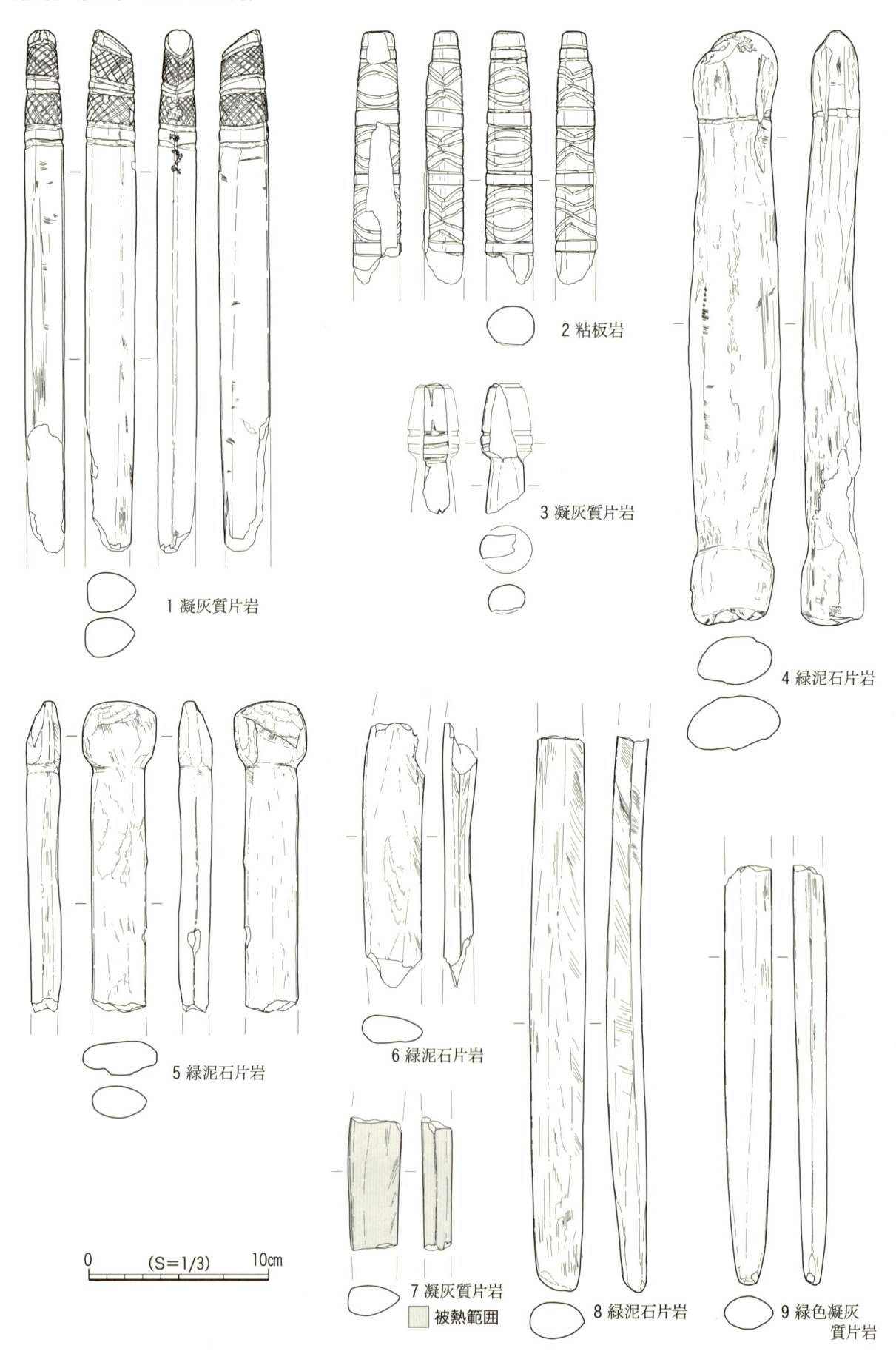

1 凝灰質片岩
2 粘板岩
3 凝灰質片岩
4 緑泥石片岩
5 緑泥石片岩
6 緑泥石片岩
7 凝灰質片岩
被熱範囲
8 緑泥石片岩
9 緑色凝灰質片岩

0　(S=1/3)　10cm

図3　保美貝塚出土小型石棒類2（田原市所蔵資料）

時の剥離痕をわずかに残す。6もやや粗雑な内反りの石刀胴部片であり、背部は不明瞭となる。4～6は緑泥石片岩製である。7は精緻な作りの石刀胴部片であり、刃部・背部ともに明瞭である。全面を被熱している。凝灰質片岩製。8は石刀胴下半部片であり、2/3近く残存すると考えられる。丁寧な研磨を施し刃部は明瞭であるが、背部はやや不明瞭である。緑泥石片岩製。9も石刀胴部下半片であり、丁寧な研磨を施す。飛騨外縁帯に伴う緑色凝灰質片岩製である。

　これら田原市所蔵資料は、南山大学収蔵資料と同様に石刀が多く大半が破片資料であるが、完形資料や頭部形態が明確なものもあり、石棒型式の判別が可能である。1・2のような橿原型石刀は愛知県内でも名古屋市雷貝塚・牛牧遺跡、岡崎市真宮遺跡などで出土しているが、1のように全体形状がほぼ明確な資料は枯木宮貝塚例など少数しか出土していない。橿原型石刀は、北陸・飛騨地方から近畿地方に分布しており、こうした地域との関係が指摘される[4]。また破片資料ではあるが対向するT字状文を施す3や、刃部・背部ともに明瞭な刃部を有する7には小谷型石刀・小丸山型石刀であり、同じく北陸・飛騨地方に分布するものである。これらの石刀は、いずれも飛騨外縁帯に由来する凝灰質片岩を用いており、分布地域との整合性がみられる。しかし、これらの資料はいずれも出土状態や共伴する土器が不明瞭であり、明確な時期比定は難しく、晩期前半から後半という幅のある時期でしかとらえられない。

5　小型石棒類からみた保美貝塚

　以上、南山大学収蔵資料を中心に保美貝塚出土の小型石棒類について、検討を行った。その結果、①保美貝塚では小型石棒類は製作されておらず、そのすべてが搬入品である。②小型石棒に用いられる石材には、三波川変成帯に由来する石材と、飛騨外縁帯に由来する石材のものがあり、両地域で製作された小型石棒類が搬入されたと考えられる。③小型石棒類は大半が石刀であり、先学による東海地方晩期の様相の指摘に合致する。④石刀のうち、頭部形態・文様などから橿原型石刀と小谷型石刀・小丸山型

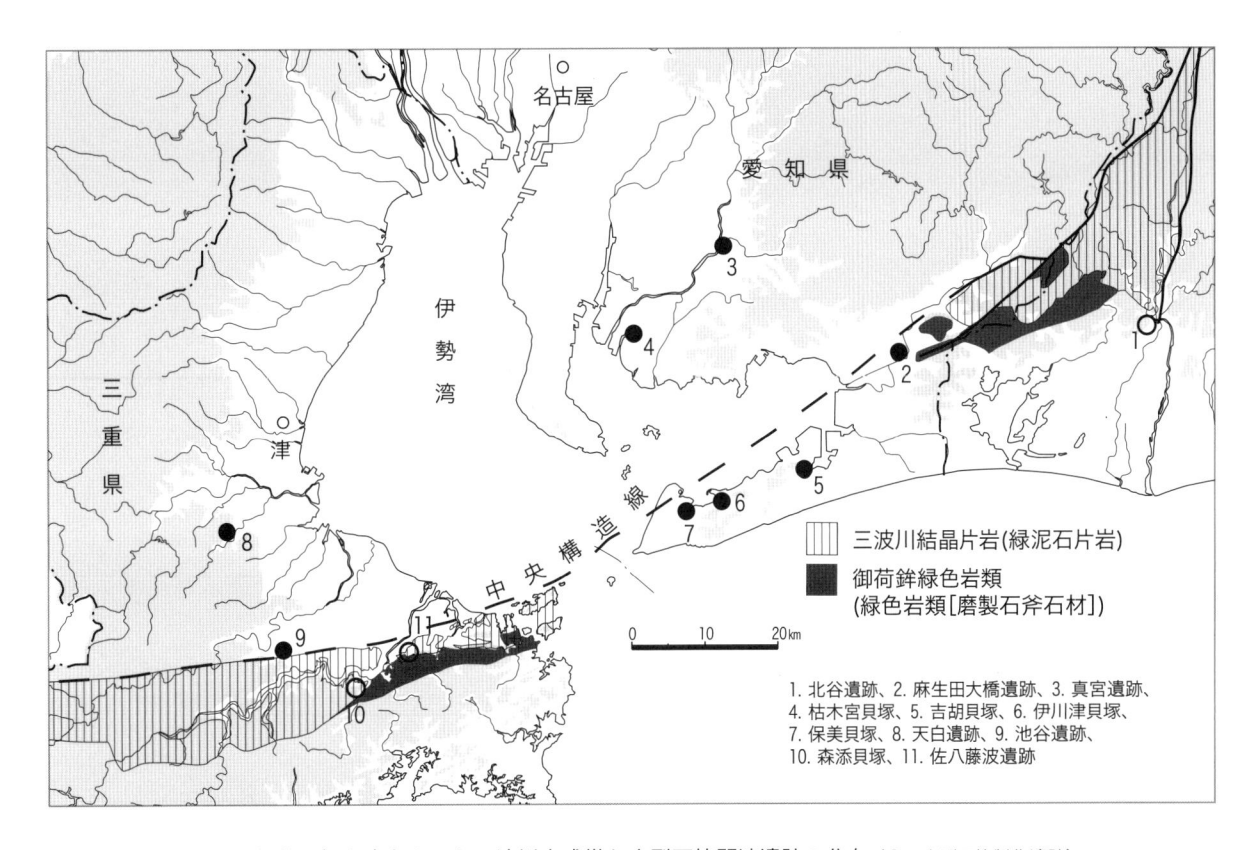

図4　保美貝塚を中心とした三波川変成帯と小型石棒関連遺跡の分布（○：小型石棒製作遺跡）

1. 北谷遺跡、2. 麻生田大橋遺跡、3. 真宮遺跡、4. 枯木宮貝塚、5. 吉胡貝塚、6. 伊川津貝塚、7. 保美貝塚、8. 天白遺跡、9. 池谷遺跡、10. 森添貝塚、11. 佐八藤波遺跡

石刀がある。⑤これら石刀各型式は、北陸・飛騨地方を中心に分布しており、石材産地とも合致し、先に指摘したように小型石棒型式と石材の関係性を追認した。⑥遺跡内の状況としては、確認した保美貝塚出土小型石棒類24点のうち、完形品は両頭石棒1点のみであり、小型石棒類の多くが破損あるいは破壊された後に廃棄されたものと考えられる。これらの観察からは、使用に伴う折損というよりも強い力で折られたものが多く、3点のみではあるが全面被熱したものがあったことを加味すれば、使用に伴う破損というよりも意図的な破壊行為であったと考えられ、廃棄に伴う破壊行為などが存在したことは明らかである。

①・②さらには④・⑤からは、保美貝塚における周辺地域との関係性が読み取れる。

小型石棒石材産地の一つである三波川変成帯は、豊川から渥美半島を経て伊勢地域へと伸びる中央構造線の外帯（南側）にあり、小型石棒の石材として用いられる緑泥石片岩・結晶片岩は、浜名湖北部および伊勢地域にかけて広がっており、こうした地域では緑泥石片岩を用いた小型石棒製作遺跡が存在する（松井　2004・2005、長田　2006、図4）。しかし両地域ともに小型石棒を製作していた時期は明確ではなく、後期末〜晩期の時間幅でしかとらえられず、どの段階にどういった小型石棒をどの程度製作していたかは必ずしも明確ではない。

もう一つの石材である凝灰質片岩については、中央構造線の外帯に由来するものではなく、別の広域変成帯に伴う変成岩類である。これらを用いた小型石棒類の分布をみると（図5）、北陸・飛騨地域に

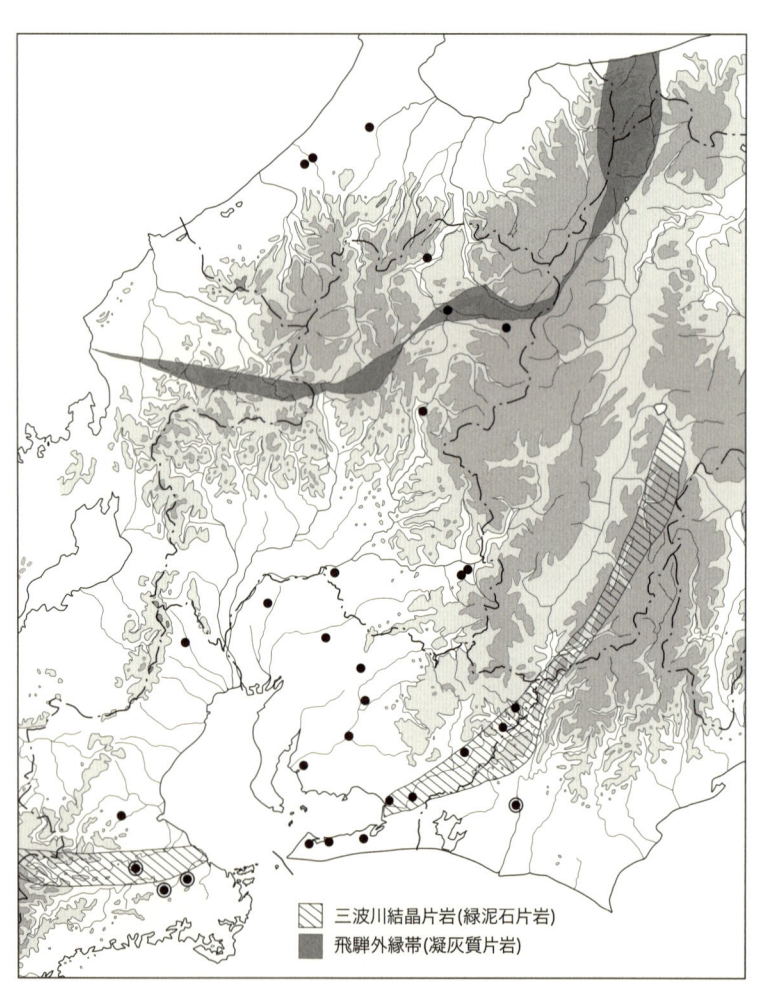

図5　飛騨外縁帯・三波川変成帯と晩期小型石棒類主要出土遺跡の分布
（◎は製作遺跡）

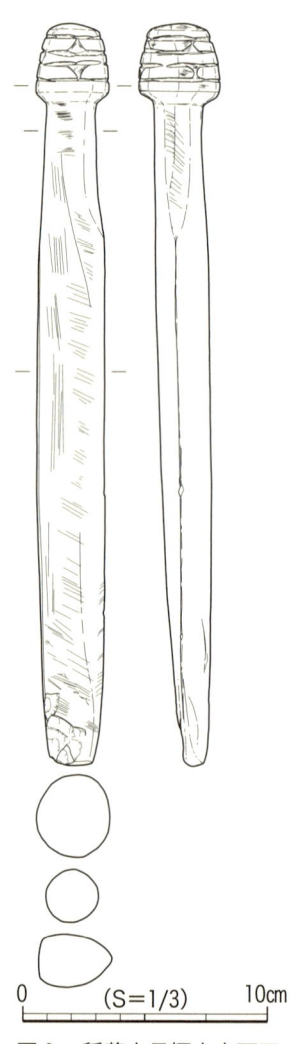

図6　稲荷山貝塚出土石刀
（明治大学蔵、緑色凝灰質片岩製）

集中しており、産出する石材の状況を加味し、凝灰質片岩としている変成岩は飛騨外縁帯に由来する可能性が考えられる（長田　2009a・b）。現状では、小型石棒類製作遺跡は確認されていないが、出土分布・石材傾向からみても、こうした地域で製作されたものと考えてよいであろう。これらの地域では、後期前半段階から石刀が用いられる特殊な地域性を示すが、特に晩期前半以降に小谷型石刀・小丸山型石刀が増加する。さらに橿原型石刀もみられ、これら石刀類が晩期前半期に盛行したものと考えられる。その後、晩期後半になると小型石棒類は極端に減少し、ほとんどみられなくなる。

　保美貝塚出土の小型石棒類は、石刀が24点中22点と大半を占めており、さらにその石材には三波川変成帯産の緑泥石片岩を用いたものは15点で、これらには凝灰質片岩など飛騨外縁帯に由来する変成岩が用いられている。また両石材の石刀を比較すると、凝灰質片岩製のものが文様施文や刃部・背部などを明瞭に作り出すなど精緻な作りであるのに対し、緑泥石片岩製のものはすべて無文で刃部・背部などの稜が不明瞭であるなど粗雑な作りであり、両者の間には製品における精粗の差が存在する。これらのことから、保美貝塚では晩期前半を中心に北陸・飛騨地方で製作された石刀が流入しており、これに客体的に近接する三波川変成帯産の緑泥石片岩製で製作された石刀など小型石棒類が用いられていたものと考えられる。こうした状況は保美貝塚以外でも確認され、豊川下流に位置する稲荷山貝塚では、晩期中葉以前の包含層から完形の小谷型石刀が出土している（図6）。

　一方で保美貝塚では、三波川変成帯産の石材で製作された磨製石斧（緑色岩類）・打製石斧（結晶片岩類）などの石器が多用されており、これらからは豊川流域などの地域と密接な関係性がみられ、遠隔地から流入する小型石棒類の在り方は、保美貝塚全体からみれば特異であるといえよう。遠隔地からもたらされるものとしては、石鏃に用いられるサヌカイト・下呂石といった石材があるが、これらは利器として優れた材質への探求とも考えられ、儀器である小型石棒類と同義とすることは難しい。したがって、日常利器である石器と、精神文化的活動に用いられる儀器とでは、その入手方法・経路などの相違が想定される。

図7　保美貝塚出土土偶
（南山大学収蔵）

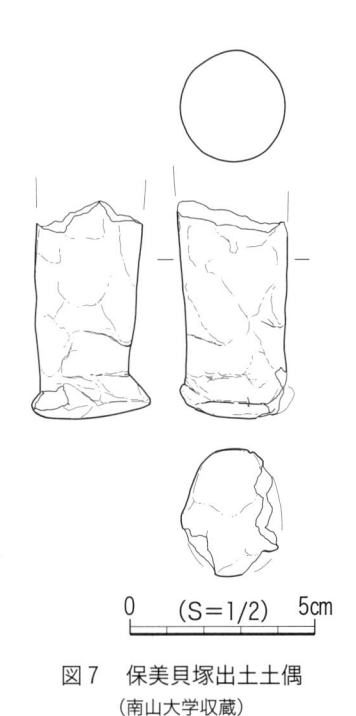

図8　保美貝塚出土石冠1
（大山　1923より転載、縮尺約1/3）

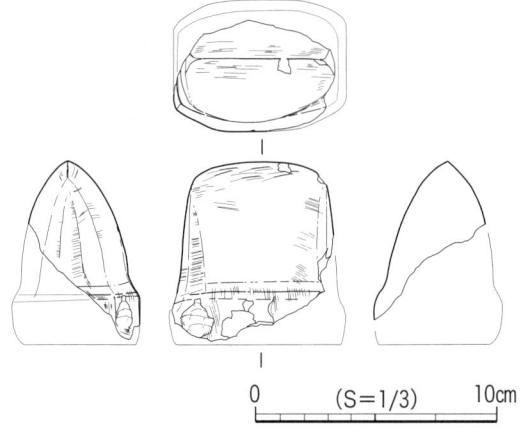

図9　保美貝塚出土石冠2
（南山大学収蔵）

ここで小型石棒類以外の儀器をみると、南山大学収蔵資料の土製品では土偶の存在が知られている（図7）。この土偶は、斎藤氏採集資料の右脚部片であり、脚端内側も一部欠損している。全体に成形時の指頭痕が顕著であり、部分的に粘土接合痕も観察される。保美貝塚では、これまで後期〜晩期に属する土偶頭部片3点をはじめ、数点の土偶が出土している（大野　1905、大山　1923、前田　1989）。本資料は脚部片であり文様も無く採集資料であり、出土状況や共伴遺物なども不明なため、詳細は不明である。土偶の胎土は、土器に用いられる胎土に近似しており、指頭痕を残すなど粗雑な成形であることから、保美貝塚およびその周辺において製作された可能性が高い。

石製品では、石冠が注目される。保美貝塚では、小金井良精氏らの調査の際に人骨頭部付近より出土した石冠（図8）が著名であるが、このほかにも渥美町教育委員会に2例が保管されている（名古屋市博　1982）[5]。全国的に石冠の検討を行った中島栄一氏の分類（中島　1983）によれば、これらはすべてIII類とされる頭部〜基底部が一体化したものに含まれる。南山大学収蔵資料では、石冠の頭部片が1点存在する（図9）。本資料も斎藤氏による採集資料であり、出土状況・地点などは不明である。本資料は、中島氏の分類でII類とされるものであり、頭部が斧形形状となるものに含まれる。全体に丁寧な研磨で仕上げており、くびれ部は明瞭ではないが、基底部は明瞭な段を有する。頭頂部は刃部状に研磨されており、ほぼ直刃をなす。下端部は欠損しているため不明であるが、残存部から隅丸長方形であったと考えられる。石材には先の三波川変成帯に付帯する緑色岩類が用いられており、やや重みのある質感である。

愛知県内の石冠については、齋藤基生氏による集成があり（齋藤　2002）、これによれば愛知県内では約30遺跡60点出土しているとされ、石冠の全国的な分布の中心である飛騨地方に近い尾張平野部ではなく、東三河から渥美半島にかけて類例が多い点が指摘され、飛騨と東三河、その中でも海岸部との結びつきの強さをうかがわせるとしている。また石材についても、愛知県富山村（旧豊根村）宮嶋遺跡、田原市伊川津貝塚において、肉眼観察ではあるが、岐阜県飛騨市（旧宮川村）で産出する黒雲母流紋岩質熔結凝灰岩（通称・塩屋石）で作られたと思われるものがある点を指摘している。この露頭近くには、石棒製作遺跡として著名な塩屋金清神社遺跡（林ほか　2000）があり、報告書においても同遺跡では石棒製作だけでなく石冠や御物石器にも、塩屋石が利用されることが指摘され、同じ流域の飛騨市（旧宮川村）宮ノ前遺跡での塩屋石製石冠の出土事例について言及している[6]。これら塩屋石製の石冠については、小型石棒類同様に広域に流通する可能性も考えられるが、現状では少数例のみであり、小型石棒類に比べれば圧倒的に少ない。また本例を含め、先の中央構造線外側の三波川変成帯に付帯する緑色岩類を用いた石冠も散見され、飛騨地域産ではない石材で製作された石冠も多く存在し、比較的近隣の在地系石材を用いることが一般的であったと考えられる。

このほかの儀器としては、岩版（川添　2010）が知られているが、やはり小型石棒類のように遠距離を経てもたらされたものとは考えにくく、比較的近隣の在地性石材を用いて製作されたものと考えられる。これらのことから、小型石棒類以外では在地的な在り方を示す儀礼行為が中心であったと考えられ、小型石棒類のあり方は異質であるといえよう。また儀器ではないが、新潟姫川産の硬玉製垂飾が出土しており（藤巻・神取　2000）、石器素材以外での唯一明確な遠隔地よりもたらされたものである。しかし現状では1点のみであり、積極的な評価は難しい[7]。

以上のことから、小型石棒類は儀器においても異質な存在であり、他の儀器とは異なった性格を有する儀器であった可能性が考えられる。すなわち流通を前提とし、石材産地に近い製作遺跡において集中的に製作され、さらに遠隔地にある消費遺跡へともたらされる。消費遺跡では、そうした小型石棒類を複数所持し、最終的に小型石棒類の機能を奪うように、細片にまであるいは赤変するほど熱するなど、

執拗なまでの破壊を伴う廃棄を行う。こうした在り方は、小型石棒類を用いた直接的な儀礼行為を想定するよりも、小型石棒類が流通しそれを保持することこそが目的であったと考えられ、小型石棒類が単なる儀器ではなく流通を前提とした交換財や、保持することに意味を見出す威信財であった可能性が考えられる。こうした在り方は、他地域においても指摘でき（長田 2010）、流通を前提とする小型石棒類全般にみられ、縄文時代後・晩期における列島規模での在り方と考えられる。また、流通を前提とした儀器の体系的な在り方は、小型石棒類を用いた儀礼行為に至る前に、製作・流通・消費という過程において、複雑な様相が存在したことをも示している。そうした複雑な背景をもち、かつ単なる儀器だけではない機能が想定される小型石棒類は、縄文時代晩期の社会を象徴する装置としても位置づけることができよう。

　これら小型石棒類を複数所持した保美貝塚は、貝層を伴う生業空間や、埋葬人骨にみられる墓域だけではなく、他地域との交流を前提とした社会的な空間でもあったと考えられる。すなわち、保美貝塚の人々が自給自足的に単独で生活・社会を営んでいたのではなく、周辺地域さらには広域な範囲の集団との交流によって、生活・社会が営まれていたものと考えられ、高度で複雑な社会が存在したものと考えられる。

　今後は、小型石棒類の帰属時期を含め、詳細な出土状況等を加味した上での検討が望まれる。これにより、保美貝塚における小型石棒類の具体的な変遷が明らかになるともに、小型石棒類の系統立てた理解が可能になるものと考える。

註
1）実際に小型石棒類を含め、磨製石器の製作遺跡で用いられる研磨具は、面砥石が圧倒的に多い。平坦な研磨面からなる面砥石は、強い力で大きな面を研磨可能なため、研磨具として優れているが、曲面を形成することが難しい。小型石棒類を含め曲面をなす磨製石器の多くが、研磨対象物の角度を細かく変えることにより、曲面を形成している。
2）小型石棒類を含め石器の製作は、基本的に素材を減じて（剥がす、削る、潰す、磨くなど）成形するため、頭部を作り出すには、頭部の下にあたる頸部を最低限度減じる必要がある。細くなった頸部は物理的にも壊れやすく製作失敗の原因になるなど、最も労力を有する製作箇所であった。中には沈線などを頭部境とし労力を減じるもの（橿原型石刀など）もあるが、小型石棒類全体では圧倒的に頸部を有するものが多い。このことからも、小型石棒類において頭部は重要な意味を有する部位であったといえよう。
3）これら以外の資料として、2009年に行われたＣ貝塚の発掘調査において、小型石棒類が15点出土している（坂口ほか 2010）。現在、概要報告のみで正式報告書作成に向け整理中であるが、掲載写真では頭部に文様を施した優品もあり、注目される。
4）2009年に京都市上里遺跡が調査され、晩期中葉～後葉の土器に伴って橿原型石刀の未製品が大量に出土し、橿原型石刀の製作遺跡が明らかとなった（高橋ほか 2010）。
5）このうち1例は海浜石であり、堆積岩が自然の水磨によりくびれをもった自然石であると考えられる。
6）同様に塩屋石製の可能性については、筆者らも岐阜県郡上市店町遺跡間名藪地点出土の石冠について、やはり肉眼観察ながら塩屋石を用いた石冠を紹介している（奥美濃地域研究会 2006）。
7）これ以外に、先にも触れた2009年度調査において、硬玉製とされる垂飾が2点出土している（坂口ほか前掲）。

引用・参考文献
秋山浩三　2002　「弥生開始期以降における石棒類の意味」『環瀬戸内海の考古学―平井勝氏追悼論文集―』上巻、197-224頁、古代吉備研究会。
大野延太郎（雲外）　1905　「愛知県下旅行調査報告」『東京人類学会雑誌』20 (230)、344-351頁。
大山　柏　1923　「愛知県渥美郡福江町保美平城貝塚発掘概報」『人類学雑誌』38 (1)、1-25頁。
小野田勝一・増山禎之・増子康眞　2010　「渥美半島：保美貝塚の研究」『渥美半島の考古学―小野田勝一先生追悼論文集―』125-178頁、田原市教育委員会。
長田友也　2000　「石棒の製作遺跡」『季刊考古学』73、60-64頁。
長田友也　2005　「福島県飯舘村稲荷塚Ｂ遺跡における石剣・石刀の製作技法」『福島考古』46、25-32頁。
長田友也　2006　「三重県伊勢市における縄文時代晩期の石棒類製作―伊勢市佐八藤波遺跡出土資料を中心に―」『縄文

　　　　時代』17、215-230頁。
長田友也　2009a　「新潟県における石棒・石剣・石刀の変遷」『新潟県の考古学Ⅱ』227-246頁、新潟県考古学会。
長田友也　2009b　「石剣・石刀の新所見」『保美貝塚出土資料の再整理から縄文晩期研究を展望する』南山大学人類学
　　　　博物館オープンリサーチセンター縄文部会公開研究会。
長田友也　2010　「石製品からみた正面ヶ原A遺跡の精神文化」『正面ヶ原A遺跡から垣間見る縄文社会』津南町叢書第
　　　　13輯、43-51頁、新潟県津南町教育委員会。
奥美濃地域研究会　2006　「岐阜県奥美濃地域の遺跡紹介-2-　郡上市立明宝歴史民俗資料館収蔵資料の紹介その2」『美
　　　　濃の考古学』9、57-78頁、美濃の考古学刊行会。
片山　洋　1993　「第Ⅳ章遺物　第Ⅱ節2期の遺物　4石製品」『麻生田大橋遺跡発掘調査報告書』、豊川市教育委員会。
川添和暁　2010　「縄文後晩期の岩偶岩版類について―東海地域の事例を中心に―」『研究紀要』11、1-24頁、愛知県
　　　　埋蔵文化財センター。
小島　隆　1997　「凹石・多孔石考」『三河考古』10、67-90頁。
小林青樹編　2000　『縄文・弥生移行期の石製呪術具』1（考古資料集成12）。
小林知生ほか　1966　「保美貝塚」『昭和40年度渥美半島埋蔵文化財調査報告』、愛知県教育委員会。
後藤信祐　1986・87　「縄文後晩期の刀剣形石製品の研究(上)・(下)」『考古学研究』33 (3・4)、31-60頁・28-48頁。
齋藤基生　2002　「第3章集成　第1節特殊石器　3石冠」『愛知県史　資料編1　考古1　旧石器・縄文』691-697頁、
　　　　愛知県。
坂口　隆ほか　2010　『保美貝塚発掘調査概要報告書』、二友組。
品川欣也　2004　「土偶と石棒からみた縄文祭祀のゆくえ」『季刊考古学』86、40-43頁。
鈴木素行　2002　「ケンタウロスの落とし物―関東地方東部における縄文時代晩期の石棒について―」『婆良岐考古』
　　　　24、15-38頁。
髙橋　潔ほか　2010　「上里遺跡」『長岡京右京二条三坊一・八町跡、上里遺跡』京都市埋蔵文化財研究所発掘調査報告
　　　　2009-9。
角田真也　1995　「細形石棒の研究」『國學院大學考古学資料館紀要』14、127-176頁。
寺前直人　2005　「弥生時代における石棒の継続と変質」『待兼山考古学論集―都出比呂志先生退任記念―』120-148頁、
　　　　大阪大学考古学研究室。
寺前直人　2007　「第Ⅳ部総括　1尾張地域における石棒の行方」『朝日遺跡Ⅶ（第3分冊　総括）』2-10頁、愛知県埋
　　　　蔵文化財センター。
中島栄一　1983　「石冠・土冠」『縄文人の精神文化』（縄文文化の研究9）149-169頁、雄山閣出版。
中村耕作　2001　「石棒類の形態分類史覚書」『STARK』1、30-40頁、先史精神文化研究会（HPにて公開　URL
　　　　http://www.jomongaku.net/　現在移行中）。
中村　豊　2000　「近畿・東部瀬戸内地域における結晶片岩製石棒の生産と流通」『縄文・弥生移行期の石製呪術具』1
　　　　（考古資料集成12）、小林青樹編。
林直樹ほか　2000　『塩屋金清神社遺跡A地点発掘調査報告書』、宮川村教育委員会。
藤巻悦子・神取龍生　2000　「保美貝塚採集資料紹介―叉状研歯を模したと思われるヒスイ玉製品―」『三河考古』13、
　　　　84-89頁。
前田清彦　1988　「縄文晩期終末期における土偶の変容―容器形土偶成立前後の土偶の様相―」『三河考古』創刊号、9-23
　　　　頁。
松井一明　2004　「第4章特論　北谷遺跡は石器製作工場か」『浜北市史』資料編　原始・古代・中世、627-642頁。
松井一明　2005　「付載　北谷遺跡出土の土器・石器」『北谷遺跡』30-41頁、浜北市教育委員会。
山田康弘　1994　「石棒の摩滅痕」『筑波大学先史学・考古学研究』5、85-92頁。
八幡一郎　1934　『北佐久郡の考古学的調査』信濃教育会北佐久教育部。

第3章　保美貝塚出土動物遺体

新 美 倫 子・蜂須賀敦子

はじめに

　保美貝塚は、愛知県田原市にある縄文時代晩期の遺跡であり、これまで人骨が多数発掘されていることでよく知られている（本書研究篇第Ⅰ部第1章参照）。南山大学人類学博物館には、この保美貝塚出土の動物遺体資料がコンテナ（内寸55cm×34.5cm×15cm）に約7.5箱分収蔵されている。これらのうち、7箱分が1950年の南山大学教授（当時）中山英司による発掘調査の際に出土したものであり、残りの0.5箱分が1965年の小林知生らの発掘資料である。当貝塚ではこれまでに何度も発掘調査が行われているが、出土した動物遺体の内容が定量的に報告されたことはなく、これらの南山大学人類学博物館収蔵資料についても、出土内容はほとんど明らかにされてこなかった。

　しかし、当貝塚は現在すでに遺跡のかなりの部分が破壊されたと考えられており、このような状況下では、過去の調査で出土した資料からも可能な限り多くの情報を引き出す必要があるだろう。そこで、本論では南山大学人類学博物館収蔵の動物遺体の内容を報告したい。

1　1950年調査出土資料について

　中山英司による1950年の保美貝塚調査ではB貝塚の一部が発掘され、6～11体分の改葬と思われる人骨が集積した状態で出土したとされる（紅村　1963）。しかし、この調査では出土した動物遺体の内容は報告されていない。また、一部の動物遺体資料の袋に「表土」と書かれたラベルが入っているものの、それ以外に動物遺体の出土地点や層位・所属時期などに関する情報は残されていない。けれども、この調査で出土したとされる土器片の大部分が縄文晩期後半（五貫森式などの突帯文土器期）のものであることから、動物遺体についても多くはこの時期に属するであろうと推測される。なお、南山大学人類学博物館には動物遺体以外に、この調査で出土した人骨が上述のコンテナに3箱分収蔵されているが、これについてはここでは扱わない。

　動物遺体について、出土した動物種名を表1に、出土内容を表2～7、9・10、13～15に示した。ここでは、骨の保存状況から見て最近のものと思われる資料や「表土」と記載があるなど、縄文時代晩期のものではないと思われる資料については、出土内容は記載したが出土種名表には含めていない。また、動物遺体の所属時期の手がかりとするため、アシカ遺体3点について加速器質量分析法（AMS法）による放射性炭素年代測定を行った。

(1)　貝類（表2）

　貝類は38種、244点が採集されている。巻貝は芯を、二枚貝は左右の殻の殻頂部を数えたが、カキ類については左殻の殻頂部のみを数えた。そのため、右殻のみが出土したイタボガキは出土種名表にはあるが、出土内容の表には記載されていない。

　アサリ・ハマグリなどの砂泥性の種とカキ類・イガイ類など岩礁性の種の両方が出土しており、スガ

イが93点と最も多くみられた。次いでアサリが78点、ハマグリ25点、アカニシ15点、マガキ・オキシジミが各13点、オニアサリ9点、ツメタガイ類8点、イボニシ類5点、シオフキ・マテガイが各4点と続く。アサリは殻長4〜5cmの個体がほとんどであった。

　上記以外の28種については、出土数はいずれも3点以下であった。そして、これら少量のみ採集された種はいずれも大型の個体が多い。つまり、表2に示した種ごとの出土量は必ずしも遺跡の貝層の構成を反映しているわけではなく、発掘調査時には意図的にそれぞれの種で大型の個体が数点ずつ選択されて採集されたのであろう。

⑵　**魚類**（表3）

　魚類は172点の資料が採集されており、そのうち100点はマダイの大きな前上顎骨や歯骨などである。次いで多いのはクロダイで21点見られ、サメ類15点、スズキ11点、フグ類8点、ヘダイ4点と続く。サメ類はすべて椎骨で、アオザメタイプのものが多いが、エイラクブカに類似したものも見られた。フグ類はすべて歯板である。他にマグロ類・ブリ類・タイ類・ハタ類・カレイ類・エイ類が見られた。資料のほとんどはかなり大型のものであり、発掘時に目立った大型の魚骨が拾われたのであろう。小型の資料はほとんど採集されておらず、サンプリングのバイアスは非常に大きいと考えられる。

⑶　**爬虫類・鳥類**（表4）

　爬虫類では、ウミガメ類の背甲片3点、腹甲片1点、指骨3点とイシガメの腹甲片2点が見られた。イシガメは表土から出土しており、その保存状況から見て現代のものと思われる。

　鳥類は46点採集されており、種を同定できた資料ではカモ類13点、キジ類3点、ウ類2点、アホウドリ類1点、ニワトリ1点が見られた。カモ類には、ミコアイサ程度の大きさの資料からオナガガモよりひとまわり大きなものまで含まれていた。ニワトリは表土出土のシャモと思われる大きな資料であり新しい時代のものであろう。

⑷　**哺乳類**

　a．シカ（表5〜7）

　哺乳類の中で最も多く見られ、570点が出土した。各部位の出土数を表5に、上顎骨の出土内容を表6に、下顎骨の出土内容を表7に示した。570点のうち92点は角破片や角座骨などであり、これらを除いた出土量は478点である。最小個体数は下顎骨から見て若獣7個体、成獣8個体の計15個体である。角の付いた角座骨と角の落ちた角座骨と袋角の破片が出土しているが、シカの1年間の角の成長・脱落のサイクルを考えると、角の付いた角座骨は秋〜冬、角の落ちた角座骨は春、袋角破片は春〜夏に死亡した個体のものだと考えられる。

　また、後臼歯の萌出状態から死亡季節を査定するために、若獣の下顎骨のうち後臼歯の萌出段階（表8）が明らかな右下顎骨6点について、表7の備考欄にその萌出段階を記載した。6点の内訳は、Ⅱ-2またはⅡ-3段階の資料が3個体、Ⅱ-3段階が1個体、Ⅲ-2またはⅢ-3段階が1個体、Ⅲ-4段階が1個体となった。歯槽骨の破損のために4個体の資料では所属する萌出段階を1つに限定できず、2段階にまたがってしまった。死亡年月日既知の現生エゾシカ下顎骨を用いた分析からは、Ⅱ-2・Ⅱ-3段階は0歳〜1歳の4〜8月、Ⅲ-2・Ⅲ-3段階が1歳〜2歳の11〜6月、Ⅲ-4段階は1歳〜2歳の4〜11月にあたることがわかっている（図1）。エゾシカはニホンジカの中で北海道に生息する1亜種であるが、その後臼歯の萌出状態と死亡季節の対応関係を愛知県のシカにも適応できるとすれば、上述の6個体のうち4個体は春〜夏（4〜8月）、1個体は初冬〜初夏（11〜6月）、1個体は春〜初冬（4〜11月）に死亡した個体と考えられる。

　つまり、角や角座骨からは「秋〜冬」・「春」・「春〜夏」に死亡した個体の存在が確認でき、下顎後臼

歯の萌出段階からは「春～夏」・「初冬～初夏」・「春～初冬」に死亡した個体の存在が明らかである。少なくとも保美貝塚のシカ猟はある季節にのみ行われているわけではなく、いろいろな季節に行われていることがわかる。もっとも、死亡季節を狭い範囲に絞り込める資料が少ないことと、当遺跡のシカ資料にどの程度のサンプリングエラーが存在するのか不明であるため、具体的にどの季節にシカがどの程度捕獲されていたかについてはよくわからない。

　b．イノシシ（表5、9・10）

　イノシシはシカに次いで多く、510点出土した。各部位の出土数を表5に、上顎骨の出土内容を表9に、下顎骨の出土内容を表10に示した。最小個体数は下顎骨から見て幼獣4個体、若獣2個体、成獣6個体である。他にブタまたはイノシシの幼獣の右上腕骨1点が見られた。

　イノシシについても後臼歯の萌出状態から死亡季節を査定するために、幼獣・若獣の下顎骨のうち後臼歯の萌出段階（表11）が明らかな左右下顎骨7点について、表10の備考欄にその萌出段階を記載した。7点の内訳は、左下顎骨のⅡ-1段階の資料が1個体、右下顎骨のⅡ-1段階が4個体、Ⅲ-4段階が1個体、Ⅲ-5段階が1個体となった。これらのうちⅡ-1段階の左下顎骨1点はⅡ-1段階の右下顎骨と同一個体の可能性があるので、右下顎骨のみを用いて死亡季節査定を行うこととし、これらと新美（1991）による12月・1月・2月死亡の現生イノシシ下顎骨の萌出段階分類結果を表12に示した。

　表12を見ると、冬（12～2月）に捕獲された現生イノシシ資料のうち後臼歯の萌出が完了していない幼獣・若獣は、Ⅱ-1付近・Ⅲ-1付近・Ⅲ-4付近に集中して分布していることが明らかである。保美貝塚でもⅡ-1・Ⅲ-4・Ⅲ-5の資料が出土していることから、少なくとも冬を中心とした季節にイノシシ猟が行われていたことがわかる。ただし、当遺跡のイノシシ資料にどの程度のサンプリングエラーが存在するかは不明であり、それ以外の季節にイノシシが捕獲されなかったのかについてはよくわからない。

　c．イヌ（表13）

　イヌは139点の資料が出土した。これらのうち、一つの袋に収納されておりまとまって出土したと思われる点や資料の形質から見て同一個体と判断した資料については、表13で①～④の番号を付けて示した。出土状況の図面などの記録は残っていないが、もともと埋葬犬だった資料が多いのであろう。

　同一個体①は成獣で、左下顎第1後臼歯の長さは17.3mmである。完存の上腕骨から復元した体高は35.4cmと小型のイヌである（山内　1958）。同一個体②も成獣で、左下顎第1後臼歯の長さは17.3mmである。完存の右脛骨から復元した体高は35.4cmと小型のイヌであり（山内　1958）、右下顎骨の第3前臼歯～第2後臼歯部分の骨体頬側部分には病変が見られる。

　同一個体③は幼獣の資料が表土から一括して出土しており、現代のものかもしれない。同一個体④は日本狆のような矮小犬の左右の寛骨であり、新しい時代に属する資料と思われる。右寛骨は腸骨中央部に骨折の跡があるが治癒しており、寛骨臼部分にも病変が見られる。

　表13で同一個体としなかった資料の成獣の四肢骨では、筆者所有の現生柴犬標本よりひとまわり大きな上腕骨遠位部が1点だけあるが、それ以外はすべて現生柴犬標本と同程度またはそれよりひとまわり小さな資料であった。若獣の右大腿骨でケガまたは病変で近位端が欠損している資料や、成獣左脛骨で骨折後に骨がそのまま癒着して治癒した資料も見られた。

　d．その他の陸獣類（表14）

　シカ・イノシシ・イヌ以外の陸獣類では、タヌキ・ウサギ・キツネ・アナグマ・サル・オオカミ・テン・ネズミ類・シカ類・ネコ・ウシ・ウシまたはウマが見られた。タヌキは39点とこれらの中で最も多く出土し、ウサギは遊離歯3点を含む9点、キツネは6点、アナグマは5点が出土している。タヌキ

は39点中の32点は下顎骨であり、キツネも6点中の5点が、アナグマも5点中の3点が下顎骨であった。これらの種では四肢骨の出土量は少なく、意図的に下顎骨が多く採集されているように思われる。サルは雄成獣の下顎骨と右尺骨が見られた。オオカミは左下顎骨1点が見られたが、骨体の保存状況は悪い。第1後臼歯の長さは27.4mmであった。テンは左下顎骨1点が見られた。ネズミ類は現生ドブネズミと同程度の大きさの脛骨であり、貝塚形成よりも後に入り込んだものかもしれない。

シカ類とした資料は、成獣でありながらシカよりも明らかにふたまわりほど小さいが、形はヤギやヒツジではなくシカ類と考えられる骨である。貝層の形成時期よりも新しい時期に属する資料であると推測されるが、その由来はよくわからない。ネコ・ウシ・ウシまたはウマは表土から出土しており、骨の保存状態から見ても最近のものであろう。

e．海獣類（表15）

アシカとイルカ類、クジラ類が見られた。アシカは雄成獣が7点と雌成獣が2点見られ、最小個体数は雄成獣2個体、雌成獣1個体の3個体である。海獣類とした資料22点も大部分はアシカのものと思われる。イルカ類は椎骨が10点、クジラ類は大型クジラの破片が9点見られた。

2　1950年出土アシカ遺体の年代について

1950年出土動物遺体に含まれていたアシカ資料9点の中で、雄右尺骨2点、雌左脛骨1点の3点について加速器質量分析法（AMS法）による放射性炭素年代測定を行った。この3点は互いに別個体である。3点の資料からのコラーゲンの抽出は、国立歴史民俗博物館において金憲奭氏（総合研究大学院大学博士課程）が透析法を用いて行った。試料調整と放射性炭素年代測定は株式会社パレオ・ラボに委託した。較正年代はIntCal09・Marine09の較正曲線に基づき、OxCal4.1を用いて求めた。測定及び較正の結果を表16に示した。表16の測定番号PLD-16575（HB-2）が雄右尺骨、PLD-16963（HB-S1）が雄右尺骨、PLD-16964（HB-S3）が雌左脛骨である。

アシカは海に生息する哺乳類で魚類を食べて生活しており、海産動物の中でも食物連鎖の比較的上位に位置する。そのため、測定値にはある程度の海洋リザーバ効果が含まれていると考えられ、この点を考慮して暦年較正を行う必要がある。測定値をMarine09で較正した1σ暦年代範囲を見ると、雄右尺骨2点が1008BC-920BCと1116BC-1006BCであり、雌左脛骨が972BC-885BCである。北部九州では950BC頃に弥生時代が始まるとされるが、東海地方では弥生時代の始まりが北部九州よりも若干遅れるとすると、これらのアシカ遺体の年代は縄文晩期の後半～終わり頃と考えられる。

3　1965年調査出土資料について

南山大学の小林知生らが1965年に愛知県教育委員会の委嘱を受けて行った発掘では、B貝塚の一部とC貝塚の東端近辺が調査されている。その際には動物遺体も少量採集されているが（小林ほか1966）、それらの出土した層位や所属時期などについてはよくわからない。この調査で出土したとされる土器の多くは縄文晩期前半から中頃のものであるので、おそらく動物遺体もこの時期に属するものが多いと思われる。

出土した動物種名を表17に、出土内容を表18～22に示した。貝類（表18）ではアサリが左殻と右殻あわせて130点と最も多く見られ、殻長4～5cmのものが多い。次いで多いのはアカニシで27点見られ、殻高は5～7cmの個体が多い。他にはスガイが12点、オキシジミが11点、ハマグリが7点、ツメタガイ類・オニアサリ・サルボウ・マガキが各3点、シオフキ・カガミガイが各2点、ダンベイキサゴ？・イボニシ類が各1点見られた。種不明とした巻貝は壊れて芯のみになった資料である。魚骨は7点が見

られ、その内訳はエイ類椎骨1点、スズキ鰓蓋骨左1点、マダイ前上顎骨右1点、クロダイ前上顎骨右1点、フグ類歯板上左1点・歯板破片1点、マグロ類前鰓蓋骨右1点である。鳥類は見られなかった。

哺乳類では、シカ・イノシシ・アシカ・イルカ類・イヌ・ヒトが見られた。シカとイノシシの出土内容を表19・20に示した。シカは28点が出土し、推定最小個体数は右上顎第1後臼歯あるいは左中手骨近位端出土数から見て3個体である。イノシシは18点が出土し、推定される最小個体数は2個体である。イノシシの頭蓋骨片1点と下顎骨片1点には解体痕が見られ、雄の下顎犬歯には加工痕が見られた。アシカは雌成獣の下顎左犬歯が1点見られ、イルカ類は上顎骨破片が1点見られた。

イヌは17点確認された（表21）。出土状況は不明だが、左右の下顎骨や左右の上腕骨・脛骨など同一個体のものと思われる資料が含まれていることから、もとは埋葬犬であった可能性が高い。最小個体数は2個体であり、いずれの資料にも解体痕は見られない。またこれらの他に種不明の陸獣破片が119点出土している。ヒトは14点見られ、うち7点は焼けていた（表22）。頭蓋骨焼破片1点には白字で「89」と注記されており、椎骨破片1点には白字で「ホビ89」と書かれている。

4 まとめ

保美貝塚から出土した動物遺体の内容はこれまで長い間不明であったが、今回の分析ではその内容を初めて定量的に明らかにすることができた。そして、動物遺体の中心となるシカ・イノシシについては、狩猟の行われた季節も明らかにすることができた。

本論で分析対象とした動物遺体は、1950年・1965年という古い時期に発掘された資料であるため、これらには当然ある程度のサンプリングエラーが存在することが予想された。そして、少なくとも貝類や魚類遺体の内容を見る限り、かなり選択的に資料が採集されていることは確実である。また、鳥類や哺乳類の内容を見ると、縄文晩期の資料が大部分を占めるものの、明らかに貝層形成時よりも新しい時期に属する資料も含まれている。このような資料のサンプリングエラーと所属時期に関する問題は、動物遺体だけでなく、石器・骨角器など同時に採集された他の遺物についても存在していると思われる。つまり、1950年・1965年調査出土の保美貝塚資料については、遺物の種類によらず上記の問題を考慮すべきであり、数量的な検討を行う場合にはその限界に留意する必要があるだろう。

引用文献

紅村　弘　1963　『東海の先史遺跡　綜括編』（東海叢書13）、名古屋鉄道。
小林知生ほか　1966　「保美貝塚」『渥美半島埋蔵文化財調査報告』1-12頁、愛知県教育委員会。
新美倫子　1991　「愛知県伊川津貝塚出土ニホンイノシシの年齢及び死亡時期査定について」『国立歴史民俗博物館研究報告』29、123-148頁。
新美倫子　1997　「シカの死亡時期査定に関する予報―エゾシカの場合―」『動物考古学』9、21-31頁。
山内忠平　1958　「犬における骨長より体高の推定法」『鹿児島大学農学部学術報告』7、125-131頁。

（分担　動物遺体の分類・集計については新美・蜂須賀が協力して行い、原稿は新美が執筆し、文責は新美が負うものである。本稿作成において、種同定全般に関して国立歴史民俗博物館西本豊弘教授よりご教示をいただき、魚類の同定について山梨県立博物館植月学氏よりご教示をいただいた。）

研究篇　第Ⅱ部　さまざまな分析

表1　1950年出土動物種名

I．貝類
1 メガイアワビ
2 イシダタミ
3 サザエ
4 スガイ
5 カワニナ
6 ツメタガイ類
7 カコボラ
8 ボウシュウボラ
9 ヤツシロガイ
10 アカニシ
11 イボニシ類
12 バイ
13 サトウガイ
14 サルボウ
15 ハイガイ
16 ベンケイガイ
17 ムラサキイガイ
18 イガイ類
19 アズマニシキガイ
20 イタヤガイ
21 シャコガキ
22 イワガキ
23 マガキ
24 イタボガキ
25 カキ類
26 カタハガイ
27 ウチムラサキ
28 ハマグリ
29 カガミガイ
30 オキシジミ
31 オニアサリ
32 アサリ
33 オオスダレガイ？
34 シオフキ
35 ミルクイ
36 マテガイ
37 ウチムラサキ
38 オオノガイ

II．魚類
1 サメ類
2 エイ類
3 スズキ
4 ハタ類
5 ブリ類
6 マダイ
7 ヘダイ
8 クロダイ
9 タイ類
10 マグロ類
11 カレイ類
12 フグ類

III．爬虫類
1 ウミガメ類

IV．鳥類
1 キジ類
2 アホウドリ類
3 ウ類
4 カモ類

V．哺乳類
1 ニホンザル
2 ノウサギ
3 ネズミ類
4 ホンドタヌキ
5 ホンドキツネ
6 イヌ
7 ニホンオオカミ
8 ホンドテン
9 ニホンアナグマ
10 ニホンイノシシ
11 ニホンジカ
12 ニホンアシカ
13 クジラ類
14 イルカ類

表2　1950年貝類出土内容

種	出土量	計
スガイ	87、フタ6	93
アサリ	左41、右37	78
ハマグリ	左14、右11	25
アカニシ	15	15
マガキ	左13	13
オキシジミ	左7、右6	13
オニアサリ	左3、右6	9
ツメタガイ類	8	8
イボニシ類	5	5
シオフキ	右4	4
マテガイ	左2、右2	4
サザエ	フタ3	3
カガミガイ	左1、右2	3
オオノガイ	左2、右1	3
カワニナ	3	3
イガイ類	左1、右1	2
ミルクイ	左1、右1	2
シャコガキ	左2	2
アズマニシキガイ	左1、右1	2
バイ	2	2
サルボウ	左1、右1	2
メガイアワビ1、イシダタミ1 ヤツシロガイ1、カコボラ1 ボウシュウボラ1、ハイガイ右1 ベンケイガイ左1、イワガキ左1 ムラサキイガイ右1、カキ類幼1 ウチムラサキ左1、イタヤガイ左1 オオスダレガイ？左1 カタハガイ右1、サトウガイ左1		15
種不明巻貝9、巻貝芯22		31
計		244

註　左：左殻、右：右殻、幼：幼貝。巻貝は芯を、二枚貝は殻頂部を数えた。カキ類は左殻のみを数えた。

表3　1950年魚類出土内容

種	部位・出土量	計
マダイ	前上顎骨左11、右9 上顎骨左4、右7 歯骨左22、右15 関節骨左1、右4、方骨右1 前鰓蓋骨左1、右3 鰓蓋骨左1、右2 頭頂骨8、破片2 前頭骨左3、破片7	100
クロダイ	前上顎骨左7、右7 上顎骨左1、歯骨右6	21
サメ類	椎骨15	15
スズキ	歯骨左2、右2、関節骨左1 方骨右1、鰓蓋骨左4、右1	11
フグ類	歯板左上1、下2、右上5	8
ヘダイ	前上顎骨左1、右2 歯骨左1	4
マグロ類	椎骨3	3
ブリ類	椎骨3	3
タイ類	椎骨2	2
ハタ類	方骨右1	1
カレイ類	椎骨1	1
エイ類	尾棘1	1
種不明	椎骨2	2
計		172

表4　1950年鳥類出土内容

種	部位・出土量	計
カモ類	上腕骨左上1、下1、右下2 尺骨左1、右下1 中手骨左1、左下1 烏口骨左上1、右上2 大腿骨左1、脛骨左下1	13
キジ類	烏口骨左、左上1 大腿骨左1	3
ウ類	烏口骨右1、脛骨左上1	2
アホウドリ類	烏口骨右1	1
ニワトリ	中足骨右中1	1
種不明	脛骨左下1、複合仙骨破片3 椎骨1、四肢中間破片21	26
計		46

註　上：近位部、下：遠位部、上・下のないものは完存。

表5　1950年シカ・イノシシ出土内容

部位	種	シカ	イノシシ
頭蓋骨		側頭骨下顎関節窩部右1、後頭顆左4、右3、破片8	側頭骨下顎関節窩部分右1、後頭顆左2、右2、破片53
上顎骨		左6、右7、破片2	左25、右20、破片5
下顎骨		左24、右15、関節突起のみ左2、右3、破片23	左14、右16、連合部4、関節突起のみ左1、右2、破片39
遊離歯		上左12、右24、下左15、右25、歯破片4	上左20、右16、下左29、右26、歯破片17
環椎		2	7
軸椎		3	
肩甲骨	左	7	4
	右	4	8、1若
上腕骨	左	上1若、中6、下10、1焼、1若	中4、下5
	右	中4、下7	上1、中2、下1
橈骨	左	1、上5、中2、下1、1若	上2、中2
	右	1、上5、1若、下5、1若	上1
尺骨	左	2、上3	2、上3、1焼
	右	3、下1	2、上1
寛骨	左	3、腸4、座1、1若、腸+座2	2、腸+座、破片3
	右	3、腸1、腸+恥1	2、腸+座2、恥3
大腿骨	左	上2若、中2、1焼、下1、2若	上1、中4、下2、1若
	右	上4、3若、中1、下1	中4、下1、1若
脛骨	左	上1、1若、中6、下4、1若	中1焼、下2、2若	腓骨破片1
	右	上1、2若、中2、下4、1若	中1、下5、3若	
距骨	左	13	4、1焼
	右	7、焼1	4
踵骨	左	3	6
	右	11、1若	3、1若
中手骨	左	1若、上14、上破片2、中2、下3	6、2若、上30、中1、下17、3焼、3若
	右	1、上10、下1	
中足骨	左	上6、上破片4	
	右	上11、上破片3	
中手・中足骨		中1焼、下5、1焼、2若、1若焼	
指骨		基節骨19、上1若焼、下6 中節骨16、1若焼、下1、末節骨15	基節骨13、1焼、下6、1焼、4若、1若焼 中節骨9、3焼、下1、末節骨8、1焼
計		478	510
その他		シカ角座骨+角左6、左右不明1、角座骨（角座骨直下で切断）左1、右1、角座骨（落角）左1、落角座6、落角座破片2 角破片72、1焼、角破片（袋角）3、シカorイノシシ椎骨22、42若、肋骨23、手足根骨8、破片123、焼破片4	

註　上：近位部、中：中間部、下：遠位部、上・中・下のないものは完存。幼：幼獣、若：若獣、幼・若のないものは成獣。
　　腸：腸骨部分、坐：坐骨部分、恥：恥骨部分。焼：焼けた資料。

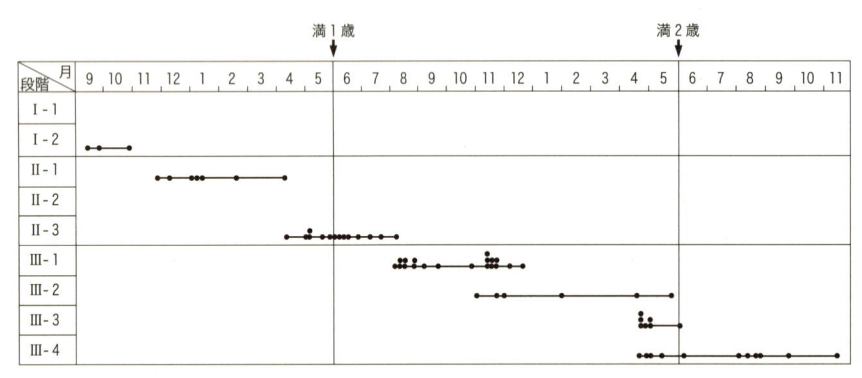

図1　エゾシカ下顎後臼歯の萌出段階と死亡月日（新美　1997）

註　黒丸1個が各段階に含まれる1個体を表し、黒丸の位置がその個体の死亡した月日を示す。満年齢は個体が6月1日生まれとした場合のもの。

第3章　保美貝塚出土動物遺体（新美倫子・蜂須賀敦子）

表6　1950年シカ上顎骨出土内容

残存部位	年齢	備考
左（×P2）		
左（×P2）		P2かなり摩滅
左（×P3M1）		M1第2咬頭まで摩滅
左（P3M12）		M2第2咬頭まで摩滅
左（×M123）	成	M3第2咬頭わずかに摩滅
左（M12）	成か	M12ともかなり摩滅
右（P123×）		P123ともかなり摩滅
右（×P3M12）		M2第2咬頭まで摩滅
右（P3M1×）		M2萌出完了と思われる
右（×M12）	成か	M12ともかなり摩滅
右（M2）	若	M3萌出途中と思われる
右（M23）	成	M3第2咬頭まで摩滅
右（M3）	成	M3第2咬頭わずかに摩滅

註　I：切歯、C：犬歯、P：前臼歯、M：後臼歯、i：乳切歯、c：乳犬歯、m：乳臼歯、I・P・M・i・mに伴う数字は歯の順番を示す。（　）は顎骨があることを示し、×は歯が脱落していることを示す。

表7　1950年シカ下顎骨出土内容

残存部位	年齢	備考
左（××××）		I1～C部分
左（×m2）		
左（m123）		
左（m12×）		未出のP3あったと思われる
左（×××××m2×）		未出のP3あったと思われる
左（P1）		
左（×）		P1部分
左（××）		P12部分
左（××××P12）		P12とも磨滅
左（×P23）		M1萌出完了と思われる
左（P123M1）		M2萌出完了と思われる
左（P23M1）	成か	M1磨滅著しい
左（P3M12）		
左（×M12）		M2第2咬頭まで磨滅
左（M1）		M1第2咬頭まで磨滅
左（M12）	若	M3萌出途中と思われる
左（×××××P23M123）	成	M3第2咬頭まで磨滅
左（P123M123）	成	M3第3咬頭まで磨滅
左（P123M12×）	成	M3萌出完了
左（×××M123）	成	M3第3咬頭まで磨滅
左（×P3M123）	成	M3第3咬頭まで磨滅
左（M123）	成	M3第3咬頭まで磨滅
左（M23）	成	M3第3咬頭まで磨滅
左（×）	成	M3部分
右（m123）		
右（m123）	若か	M1萌出完了と思われる
右（m3M1②⊗）	若	M2第2咬頭萌出途中、M3未出、II-3
右（m3M1）	若	M2萌出途中か、II-2 or 3
右（P③M12③）	若	P3萌出始め、M3萌出始め～途中、III-2 or 3
右（M1）	若	M2萌出始めか、II-2 or 3
右（×M1）	若	M2萌出途中と思われる、II-2 or 3
右（×P23M12⊗）	若	M3は萌出途中か
右（M2③）	若	M3第2咬頭萌出始め、III-4
右（×）		P1部分
右（P12×）	成か	P12ともかなり磨滅
右（××P3M1）	成か	全体にかなり磨滅
右（M123）	成	M3第3咬頭まで磨滅
右（M23）	成	関節突起あり
右（M2×）	成	M3萌出完了

註　表6に同じ。○のついた歯は未出または萌出途中であることを示す。

表10　1950年イノシシ下顎骨出土内容

残存部位	年齢	備考
左（m3M1②）	幼	M2未出歯槽開く、II-1
左（×××C×P34××）		♂
左（××）		P23部分、P2萌出途中、♂
左（××××××）	若	P2～M3部分、M3萌出途中と思われる
左（P34）		かなり磨滅
左（×P4M12）		
左（P4）		かなり磨滅
左（×××）		P4～M2部分
左（P34M123）	成	M3第4咬頭まで磨滅
左（M123）	成	M3第3咬頭まで磨滅
左（×M23）	成	M3第3咬頭まで磨滅
左（M2×）	成	M2激しく磨滅
左（M23）	成	M3第4咬頭まで磨滅
左（M3）	成	M3第4咬頭まで磨滅
右（×××）		i1～3部分、同一
右（××）		
右（××××）		i1～c部分、同一
右（×××C）		同一、♀
右（I1）		同一、♀
右（I1××C）		
右（×）		C部分、♂
右（××m2）		
右（m3M1×）	幼	M2未出歯槽開く、II-1
右（×M1②）	幼	M2未出歯槽開く、II-1
右（×M1）	幼	M2未出歯槽開く、II-1
右（M②）	幼	M2未出歯槽開く、※とは別個体、II-1
右（P②34××）		P2萌出始め
右（×××）		P2～M1部分
右（×）		P2部分
右（×M③）	若	M3第3咬頭萌出開始、III-4
右（×M③）	若	M3第4咬頭萌出開始、III-5
右（×××M1×）	成か	M1全面かなり磨滅
右（×M1）	成か	M1全面かなり磨滅
右（M3）	成	M3第4咬頭まで磨滅
右（M3）	成	M3第4咬頭まで磨滅

註　表7に同じ。

表8　シカ後臼歯の萌出段階（新美　1997）

I	第1後臼歯の萌出が完了するまでの段階
I-1	第1後臼歯が未萌出のもの
I-2	第1後臼歯が萌出途中のもの
II	第1後臼歯の萌出が完了した段階
II-1	第2後臼歯が未萌出で、歯槽が開いているもの
II-2	第2後臼歯の第1咬頭が萌出を開始してから、第2咬頭が萌出を開始するまでのもの
II-3	第2後臼歯の第1咬頭が萌出を開始してから、完了するまでのもの
III	第2後臼歯の萌出が完了した段階
III-1	第3後臼歯が未萌出で、歯槽が開いているもの
III-2	第3後臼歯の第1咬頭が萌出を開始してから、第2咬頭が萌出を開始するまでのもの
III-3	第3後臼歯の第2咬頭が萌出を開始してから、第3咬頭が萌出を開始するまでのもの
III-4	第3後臼歯の第3咬頭が萌出を開始してから、ほぼ完了するまでのもの
IV	第3後臼歯の萌出が完了した段階

註　「第2後臼歯の第1咬頭」とは、第2後臼歯の前方から数えて1対目の咬頭を指す。

表9　1950年イノシシ上顎骨出土内容

残存部位	年齢	備考
左（××）		I12部分
左（××）		I12部分
左（×××）		I1～3部分
左（×××）		I1～3部分
左（×××）		I1～3部分
左（×P1×）		♀
左（××P234）		かなり磨滅、♀
左（CP1234M12）		M2第2咬頭まで磨滅、♀
左（m1）		
左（m12×）		未出のP4あったと思われる
左（×m23×）	幼	M1萌出途中か。M2は未出、歯槽わずかに開く
左（×P4M1）		M1第2咬頭まで磨滅
左（××M12）	若か	M2第2咬頭磨滅なし
左（P4M123）	成	M3第3咬頭まで磨滅
左（P4M123）	成	磨滅著しい
左（P4M123）	成	M3第3咬頭まで磨滅
左（M1）	幼	M1完了直後、M2未出
左（M12）	成か	磨滅著しい
左（M12③）	若	M3萌出始め
左（M12③）	若	M3第3咬頭萌出途中、M1は破損
左（×M23）	成	磨滅著しい
左（M2）	若	M3未出
左（M3）	成	M3第3咬頭まで磨滅
左（M3）	成	磨滅著しい
左（M3）	成	磨滅著しい
右（×）		I1部分
右（××）		I12部分
右（×××）		I1～3部分
右（×××）		I23部分
右（I2×）		I3部分
右（×）		
右（××××P1234M1）		M1第2咬頭まで磨滅、♀
右（××P2）		♀
右（××P234×）		P4全面磨滅、♀
右（m123）	幼	M1は未出か萌出始めと思われる
右（××m2×）		未出P4あったと思われる
右（×m23M①）	幼	M1完了直前
右（××m3×）		
右（m3）		
右（P23）		♂
右（P34M1）	成か	M1著しく磨滅
右（P4M123）	成	M3第3咬頭まで磨滅
右（×M123）	成	M3破損
右（M3）	成	磨滅著しい

註　表7に同じ。

表11　イノシシ後臼歯の萌出段階（新美　1991）

I	第1後臼歯の萌出が完了するまでの段階
I-1	第1後臼歯が未萌出のもの
I-2	第1後臼歯が萌出途中のもの
II	第1後臼歯の萌出が完了した段階
II-1	第2後臼歯が未萌出で、歯槽が開いているもの
II-2	第2後臼歯の第1咬頭が萌出を開始してから、第2咬頭が萌出を開始するまでのもの
II-3	第2後臼歯の第2咬頭が萌出を開始してから、完了するまでのもの
III	第2後臼歯の萌出が完了した段階
III-1	第3後臼歯が未萌出で歯槽が開いているもの
III-2	第3後臼歯の第1咬頭が萌出を開始してから、第2咬頭が萌出を開始するまでのもの
III-3	第3後臼歯の第2咬頭が萌出を開始してから、第3咬頭が萌出を開始するまでのもの
III-4	第3後臼歯の第3咬頭が萌出を開始してから、第4咬頭が萌出を開始するまでのもの
III-5	第3後臼歯の第4咬頭が萌出を開始してから、ほぼ完了するまでのもの
IV	第3後臼歯の萌出が完了しているが、エナメル質の摩耗が、第4咬頭まで及ばない段階
V	第3後臼歯の萌出が完了し、エナメル質の摩耗が第4咬頭まで及んでいる段階
V-1	第3後臼歯の第1咬頭で摩耗のために象牙質が現れたもの
V-2	第3後臼歯の第2咬頭で摩耗のために象牙質が現れたもの
V-3	第3後臼歯の第3咬頭で摩耗のために象牙質が現れたもの
V-4	第3後臼歯の第4咬頭で摩耗のために象牙質が現れたもの

註　「第2後臼歯の第1咬頭」とは、第2後臼歯の前方から数えて1対目の咬頭を指す。

表12　萌出段階区分による現生資料と保美貝塚出土資料の分類結果（新美　1991を改変）

歯の萌出・摩耗			現生資料				保美貝塚出土資料
			12月	1月	2月	計	
I　M1未出（全て乳歯）～萌出途中	I-1	M1全く出ず					
	I-2	M1萌出途中		1		1	
II　M1萌出完了	II-1	M2歯槽開く		2	4	6	4
	II-2	M2の1出る					
	II-3	M2の2出る					
III　M2萌出完了	III-1	M3歯槽開く	7	13	1	21	
	III-2	M3の1出る		1		1	
	III-3	M3の2出る					
	III-4	M3の3出る		4		4	1
	III-5	M3の4出る		2		2	1
IV　M3萌出完了（4に摩耗なし）			1	3	1	5	
V　M3萌出完了（4に摩耗あり）	V-1	M3の1まで象牙質出る	1			1	
	V-2	M3の2まで象牙質出る	1	2		3	
	V-3	M3の3まで象牙質出る		2	1	3	
	V-4	M3の4まで象牙質出る					
計			10	30	7	47	6

註　M1：第1後臼歯、M2：第2後臼歯、M3：第3後臼歯。「M3の2出る」の2の数字は「第2咬頭」の意。

研究篇　第Ⅱ部　さまざまな分析

表13　1950年イヌ出土内容

部位・出土量	計	
側頭骨下顎関節窩部分左1、右1 上顎骨左（P4M1）、頭蓋骨破片2 下顎骨左（M12×）、下顎関節突起右1 環椎1、軸椎1、上腕骨右1 橈骨左上1、尺骨左1、右中1 脛骨左上1、中手・中足骨2、椎骨6	23	同一①
側頭骨下顎関節窩部分左1、右1 前頭～頭頂骨左1、右1、頭蓋骨破片7 上顎骨左（×P4M12） 　　　右（××M12）、上犬歯右1 下顎骨左（P234M12×） 　　　右（P2×P4M12×）病変あり 上腕骨下下1、橈骨右中1 尺骨下下1、右下1 寛骨（座）右1、大腿骨左上1、右中1 脛骨左1、右1、肋骨1	26	同一②
肩甲骨右1幼、上腕骨右1幼 尺骨右1幼、脛骨右1幼、右下1幼	5	同一③
寛骨左1、右1（骨折痕、病変あり）	2	同一④
頬骨左1、頭蓋骨破片7、2幼 上顎骨右（P34M1）、上犬歯左1、右1 下顎骨左（CP①⊗③）すべての歯萌出途中 環椎1、上腕骨左1、2幼、下2、右下1幼 橈骨下下1、破片1 尺骨左1幼、破片1、右2幼、下1 寛骨（腸）右1、椎骨5、肋骨23 大腿骨左上2、1若、中2、右上1若、中3、1若 脛骨2、上1、下2、1若、右上1、中1 踵骨2、右1、中手・中足骨3、上2	83	
計	139	

註　表5・7に同じ。

表14　1950年その他の陸獣出土内容

種	部位・出土量	計
タヌキ	上顎骨右後半のみ1 下顎骨左11、左前半のみ2、左後半のみ2 　　　右10、右前半のみ2、右後半のみ5 環椎2、上腕骨下下1 尺骨左1、右1、寛骨左1	39
ウサギ	下顎骨右1、上顎骨上1、寛骨右1 大腿骨左下1、1若、踵骨左1 切歯1、臼歯2	9
キツネ	側頭骨下顎関節窩部分左1、右1 右、右前半のみ1	6
アナグマ	下顎骨左3、脛骨左中1、踵骨左1	5
サル	下顎骨1♂、尺骨右1♂	2
オオカミ	下顎骨左1	1
テン	下顎骨左1	1
ネズミ類	脛骨右1	1
シカ類	下顎骨左破片1、上腕骨右中1、橈骨左上1	3
ネコ	上腕骨左上1、尺骨右1、大腿骨左1	3
ウシ	基節骨1、中節骨1	2
ウシ or ウマ	四肢骨片1	1
中小陸獣	中手・中足骨9、上2、下1 椎骨4、肋骨片2、四肢中間破片1	19
陸獣	破片74	74
計		166

註　表5に同じ。

表15　1950年海獣類出土内容

種	部位・出土量	計
アシカ	上犬歯左1♂、下犬歯右1♂ 肩甲骨右1♂、橈骨左中1♂ 尺骨右下1♀、破片1♀ 脛骨左上1♀、踵骨左1♂	9
海獣類	中手・中足骨上2、指骨3、上1焼 椎骨1、肋骨片8、破片7	22
イルカ類	椎骨10	10
クジラ類	破片9	9
計		50

註　表5に同じ。

表16　放射性炭素年代測定及び暦年較正の結果

測定番号	δ¹³C (‰)	暦年較正用年代 (yrBP±1σ)	¹⁴C 年代 (yrBP±1σ)	¹⁴C年代を暦年代に較正した年代範囲 (較正曲線データ：IntCal09)		¹⁴C年代を暦年代に較正した年代範囲 (較正曲線データ：Marine09)	
				1σ暦年代範囲	2σ暦年代範囲	1σ暦年代範囲	2σ暦年代範囲
PLD-16575 (HB-2)	-11.79±0.19	3140±21	3140±20	1437BC（68.2%）1405BC	1491BC（2.4%）1480BC 1456BC（91.8%）1384BC 1332BC（1.2%）1325BC	1008BC（68.2%）920BC	1067BC（95.4%）887BC
PLD-16963 (HB-S1)	-12.24±0.23	3207±26	3205±25	1499BC（68.2%）1447BC	1522BC（95.4%）1427BC	1116BC（68.2%）1006BC	1185BC（95.4%）966BC
PLD-16964 (HB-S3)	-11.81±0.21	3103±23	3105±25	1417BC（53.0%）1379BC 1336BC（15.2%）1322BC	1431BC（95.4%）1313BC	972BC（68.2%）885BC	1007BC（95.4%）833BC

表17　1965年出土動物種名

Ⅰ．貝類
1 ダンベイキサゴ？
2 スガイ
3 ツメタガイ類
4 アカニシ
5 イボニシ類
6 サルボウ
7 マガキ
8 ハマグリ
9 カガミガイ
10 オキシジミ
11 オニアサリ
12 アサリ
13 シオフキ

Ⅱ．魚類
1 エイ類
2 スズキ
3 マダイ
4 クロダイ
5 マグロ類
6 フグ類

Ⅲ．哺乳類
1 イヌ
2 ニホンイノシシ
3 ニホンジカ
4 ヒト

表18　1965年貝類出土内容

種	出土量	計
アサリ	左66、右64	130
アカニシ	27	27
スガイ	12	12
オキシジミ	左7、右4	11
ハマグリ	左4、右3	7
ツメタガイ類	3	3
オニアサリ	左1、右2	3
サルボウ	左1、右2	3
マガキ	左3	3
シオフキ	左1、右1	2
カガミガイ	左1、右1	2
ダンベイキサゴ？	1	1
イボニシ類	1	1
種不明	小型巻貝1 巻貝芯6	7
計		212

註　表2に同じ。

表19　1965年シカ出土内容

部位・出土量	計
上顎骨左（m3M12）、右（M123） 上第1後臼歯右2、頭蓋骨左2 下顎骨破片1、角骨片4	8
環椎1、肩甲骨右1 大腿骨左中1、脛骨左中1、下2 踵骨右1、中手骨左上2、上1若 中足骨左上1、右1 中手・中足骨破片4 基節骨1、末節骨1、椎骨1	20
計	28

註　表5・7に同じ。

表20　1965年イノシシ出土内容

部位・出土量	計
上顎骨左（×××）I1～3部分 　　　左（×××）♀C～P3部分 　　　左（P4M12）、右（×××××P2×）♀ 下顎骨右（M123） 上右犬歯1♂、下右犬歯1♂、臼歯破片1 頭蓋骨破片2、上顎骨破片1 下顎骨破片3	14
橈骨左上1、中手・中足骨上1、椎骨2	4
計	18

註　表5・7に同じ。

表21　1965年イヌ出土内容

部位・出土量	計	
上顎骨右（×）I3部分 下顎骨左（××欠P34M1××） 　　　右（××欠P34M1××） 下右第3前臼歯1	4	同一個体
環椎1、肩甲骨左1 上腕骨左1、下1、右下2 橈骨左上2、右下1若、尺骨左1、右1 大腿骨左1、右1若、下1 脛骨左1、上1若、下1、1若、中1 　　　右上1、下1 寛骨左1、踵骨右1、中手・中足骨2 椎骨2、1若、肋骨13	44	
計	48	

註　表5・7に同じ。

表22　1965年ヒト出土内容

部位・出土量	計
頭蓋骨破片2、焼4 橈骨上破片1焼 尺骨左1焼 中手Ⅴ左1 中足骨Ⅴ右1、上1 椎骨破片1 不明骨片1、1焼	14

註　表5に同じ。

第4章　特論——保美貝塚出土土器付着炭化物の絶対年代

山本直人・佐野　元・奥野絵美

1　遺跡の位置と概要

　保美貝塚は愛知県田原市（旧渥美町）に所在し、渥美半島先端部付近に位置する縄文時代の貝塚遺跡である。現在の標高は約6m前後であり、貝塚の東側には免々田川が位置している。

　保美貝塚は、縄文時代の人骨が多く出土することで古くからその名を知られていた。本格的な発掘調査は、1903年の大野延太郎によるものが最初であり（大野　1905）、現在もなお継続中である（田原市教育委員会・二友組　2010、山田　2010）。遺跡の形成は縄文時代後期後葉にはじまり、ピークが縄文時代晩期後葉頃であったことが明らかとなっている（本文研究篇第Ⅰ部第1章参照）。

（奥野絵美）

2　試料と方法

⑴　分析試料

　今回 AMS 炭素14年代測定を行う試料は、保美貝塚から出土した縄文時代後期～晩期に属する土器に付着した炭化物である。南山大学で2006年から開始された保美貝塚の資料整理の際、1950年に中山英司を中心として行われた発掘調査で出土した遺物の中から数点の土器付着炭化物が見つかり、そのうちから6点を大塚・奥野とで年代測定試料として選定した。土器が出土したのは旧八幡社付近と思われるが、詳細な出土地点は不明である。

（奥野絵美）

⑵　土器観察からみた試料の相対編年的位置づけ

　今回、分析試料として選定された炭化物付着土器は口縁部ではないために、既存の型式名には比定しにくい。そこで、器面調整の特徴からみた編年的位置づけについて検討する。まず、各資料の特徴を記述し、次にそれらの位置づけについてまとめたい。

- HB014-1は、深鉢の胴部片で、外面には左上方向の二枚貝条痕調整がみられ、内面には調整方向不明ながら精緻なナデ調整がみられる。外面調整の二枚貝の肋脈は間隔が広い。
- HB015は、鉢類の底部近くの胴部片である。外面には縦方向のケズリ→左上方向のケズリの後、底部付近にのみ横方向のナデがみられる。内面は横方向の粗いケズリ様のナデ調整がみられる。
- HB016-2は、深鉢の底部近くの胴部片で、外面には左上方向の巻貝条痕調整がみられ、内面には左上方向の条痕調整後に調整方向不明ながら粗いナデ調整がみられる。
- HB017-12は、深鉢の底部片で、胴部外面に縦方向の調整がみられ、ケズリか条痕（原体不明）と思われる。底部外面は無調整。底部～胴部内面は調整方向不明のナデ調整ではあるが、凹凸がありやや粗い。
- HB017-13は、深鉢の胴部片で、外面には左上方向の巻貝条痕調整がみられ、内面にも左上方向の

研究篇　第Ⅱ部　さまざまな分析

巻貝条痕調整がみられる。
・HB031は、浅鉢の底部片で、底部脇に横方向のナデ調整がみられ、底部外面は無調整。内面には、調整方向不明ながらナデ調整がみられる。

今回の分析対象である炭化物の付着した土器片は、胴部片や底部片のみであり、型式学的にその年代観を狭く絞り込むことは、非常に難しいといわざるを得ない。しかしながら、器面調整の在り方からおおよその傾向を指摘することはできよう。

ここでは、できるかぎり客観的に記述すると以下のようになる。

まず、これらの資料は、後期末以降の位置づけとなることは前提として考えられよう。また、伊勢湾東岸域においては、外面における条痕調整は、巻貝によるものは晩期中葉以前の資料にみられ、二枚貝によるものは晩期中葉以降に多くみられる傾向がある。このことから、A：後期末（瘤付土器第Ⅳ段階）から晩期中葉以前（大洞BC式以前）に位置づけられるHB016-2、HB017-13、B：晩期中葉以降に位置づけられるHB014-1、HB017-12、C：位置づけが後期末から晩期におさまること以外は、特定できないものHB015、HB031の3つに群別できると思われる。なお、今回の分析対象は、1950年の中山英司調査資料からのもので、中山資料全体の土器の様相をみた場合、突帯文深鉢によって特徴付けられる晩期後葉の資料がその多くを占め、晩期中葉の資料は極めて少ない。

このことを考慮に加えれば、Bについては晩期後葉（大洞C2式）以降晩期末（大洞A式）までの位置づけとなる可能性が高い。

（佐野　元）

(3) 分析方法

試料の前処理およびAMS炭素14年代測定は、名古屋大学年代測定総合研究センターに依頼した。測定試料の処理・調整は以下の手順で行われた（中村　2001・2003）。まず、土器表面から削り落とした試料を実態顕微鏡で観察し、試料に混入した混入物を可能な限り取り除いた後、秤量した。その後、土器が土中に埋没しているうちに、生成・混入したフミン酸や炭酸塩などを溶解・除去するため、超音波洗浄の他に酸性―アルカリ―酸性（AAA）処理が行われた。洗浄処理後、試料を燃焼して二酸化炭素に変え、さらに処理後の試料を鉄触媒を用いて水素に還元してグラファイトに変えた。試料のAMS炭素14年代測定については、名古屋大学年代測定総合研究センターのタンデトロン加速器質量分析計（High Voltage Engineering Europe社製 Model 4230-AMS）で行われた。

（奥野絵美）

表1　保美貝塚から出土した土器付着炭化物のAMS^{14}C年代測定結果一覧

試料番号	種類	時期	δ13CbyTandeⅡ/‰	^{14}C年代（BP）	NUTA2-
HB014-1	土器付着炭化物	晩期後葉〜晩期末	−18±1	2990±30	13567
HB015	土器付着炭化物	後期末〜晩期	−25±1	2730±30	13568
HB016-2	土器付着炭化物	後期末〜晩期中葉以前	−25±1	2980±39	13577
HB017-12	土器付着炭化物	晩期後葉〜晩期末	−26±1	3050±30	13571
HB017-13	土器付着炭化物	後期末〜晩期中葉以前	−26±1	2960±30	13581
HB031	土器付着炭化物	後期末〜晩期	−25±1	2560±30	13582

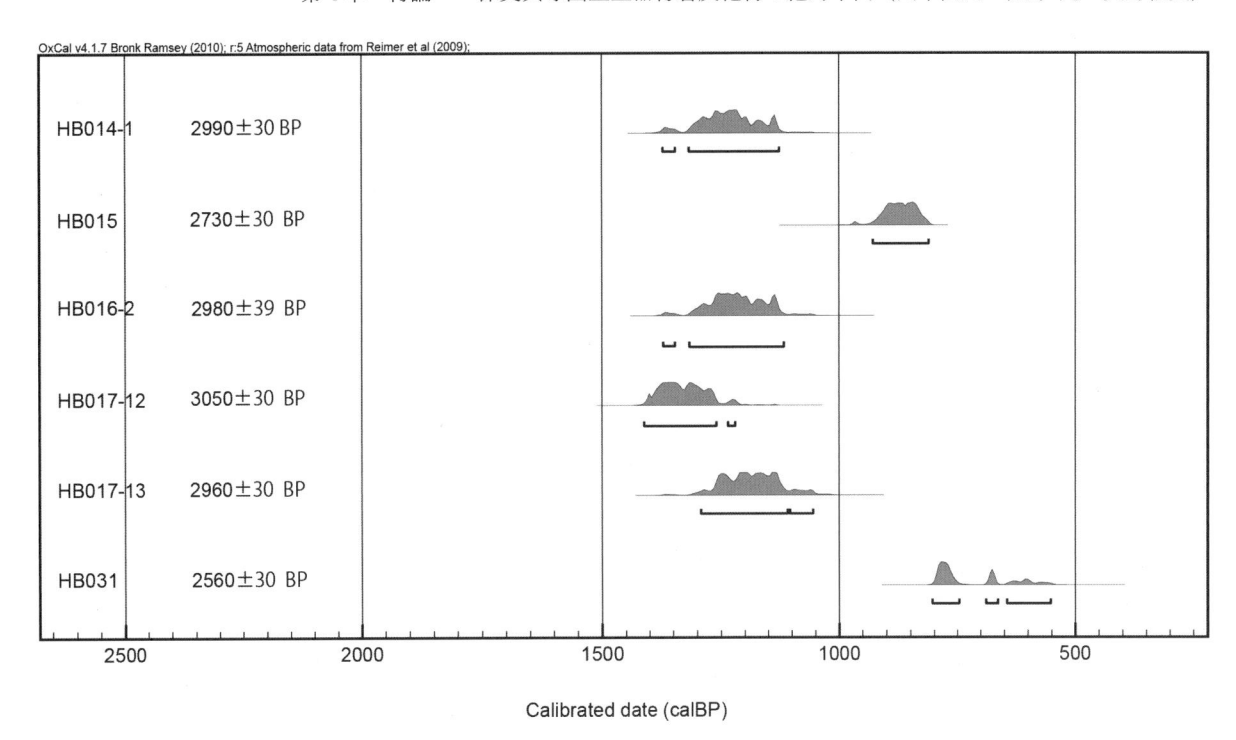

第4章　特論——保美貝塚出土土器付着炭化物の絶対年代（山本直人・佐野 元・奥野絵美）

OxCal v4.1.7 Bronk Ramsey (2010); r:5 Atmospheric data from Reimer et al (2009);

試料番号	炭素14年代
HB014-1	2990±30 BP
HB015	2730±30 BP
HB016-2	2980±39 BP
HB017-12	3050±30 BP
HB017-13	2960±30 BP
HB031	2560±30 BP

Calibrated date (calBP)

図1　土器付着物の較正年代　較正曲線は Intcal09（Reimer et al., 2009）を使用した。

3　分析結果と考察

　山本は1996年から土器型式が明確な縄文土器に付着した炭化物を加速器質量分析（AMS）による炭素14年代測定をすすめ、1999年からは小田寛貴とともに炭素14年代を暦年代に較正して土器型式の較正年代を提示する研究をすすめてきた（山本 2007）。研究に着手した当時から、東海地方の縄文時代後晩期の土器付着炭化物をもちいた測定に腐心してきたが、良好な試料にめぐまれなかったため、当地方では土器付着炭化物を試料としたAMS炭素14年代測定数はひじょうに少なく、後晩期の土器型式の較正年代をあきらかにできていない。このような状況のもと、2008年11月に開催された日本考古学協会愛知大会では、縄文時代晩期～弥生時代前期の広域編年を参考に愛知県の縄文晩期の各土器型式に東北地方の較正年代（小林 2008）を付与し、晩期愛知の土器型式の較正年代を報告した（山本 2008）。その後も測定例は増加しておらず、状況はほとんどかわっていないので日本考古学協会愛知大会のときにしめした較正年代を若干変更して提示しておきたい。

　　伊川津Ⅱ式・下別所式（大洞Ｂ１式並行）1270-1170 cal BC
　　吉胡ＢⅠ式・寺津式（大洞Ｂ２式並行）1170-1100 cal BC
　　保美Ⅱ式・雷Ⅱ式（大洞ＢＣ式並行）1100-1000 cal BC
　　稲荷山式（大洞Ｃ１式並行）1000-900 cal BC
　　西之山式（大洞Ｃ２式並行）900-780 cal BC
　　五貫森式（大洞Ａ１式並行）780-640? cal BC
　　馬見塚式（大洞Ａ２式並行）640?-500? cal BC

　なお、大洞Ａ１式と大洞Ａ２式に細分された形で東北地方の較正年代が提示されていないため、愛知大会では五貫森式と馬見塚式の較正年代については両者とも780-500? cal BCとしていた。本稿では780-500? cal BCの280年間を単純に二分割し、五貫森式は780-640? cal BC、馬見塚式は640?-500? cal BCとしている。この点が変更した点である。

つぎに、今回測定された6点の土器付着炭化物の較正年代について検討をくわえていきたい。6点の縄文土器ついては前述のように佐野元が編年的位置づけをあたえており、HB016-2とHB017-13の2点は「A：後期末（瘤付土器第Ⅳ段階）から晩期中葉以前（大洞BC式以前）」、HB014-1・HB017-12の2点は「B：晩期後葉（大洞C2式）以降晩期末（大洞A式）まで」、HB015とHB031の2点は「C：後期末から晩期におさまること以外は、特定できない」としている。これらに上記の土器型式の較正年代にあてはめると、HB016-2・HB017-13 (A) は c. 1300–1100 cal BC、HB014-1・HB017-12 (B) は 900–500? cal BC、HB015・HB031 (C) は c. 1300–500? cal BC になると推察することができる。今回測定された6点では、HB016-2・HB017-13の2点(A)とHB015・HB031の2点(C)は予想された較正年代の範囲にはいっており、妥当な年代値である。問題となるのは佐野がBに分類するHB014-1・HB017-12の2点である。これらは900–500? cal BC の範囲の較正年代になると考えられるにもかかわらず、c. 1390–1130 cal BC という年代値をしめし、大幅にずれてしまっている。その原因としては、HB014-1は加速器質量分析計2号機による炭素安定同位対比が－18±1‰になることから海洋リザーバー効果による影響を推測することができる。HB017-12が予想よりも古い較正年代になった原因は不明である。

（山本直人）

引用文献
邦 文
大野延太郎　1905　「愛知県下旅行調査報告」『東京人類学会雑誌』230、344-351頁。
小林謙一　2008　「縄文時代の暦年代」『歴史のものさし—縄文時代研究の編年体系—』（縄文時代の考古学2）257-269頁、同成社。
田原市教育委員会・二友組　2010　『保美貝塚発掘調査の概要』（現地説明会資料）。
中村俊夫　2001　「放射性炭素年代とその高精度化」『第四紀研究』40 (6)、445-459頁。
中村俊夫　2003　「加速器質量分析（AMS）による環境中およびトレーサー放射性同位体の好感度測定」『Radioisotopes』52 (3)、145-171頁。
西本豊弘編　2007　『縄文時代から弥生時代へ』（新弥生時代のはじまり2）、雄山閣。
春成秀爾・藤尾慎一郎・坂本　稔　2003　「弥生時代の開始年代」『日本考古学協会第69回総会研究発表要旨』65-68頁、日本考古学協会。
山田康弘　2010　「保美貝塚にみる墓制の様相」『南山大学オープンリサーチセンター縄文部会シンポジウム　縄文晩期社会—渥美半島保美貝塚遺跡の研究より—　発表要旨集』41-44頁、南山大学人類学博物館。
山本直人　2007　「年代測定学と考古学の融合研究」『文理融合の考古学』1-98頁、高志書院。
山本直人　2008　「絶対年代」『日本考古学協会　2008年度愛知大会研究発表資料集』19-24頁、日本考古学協会2008年度愛知大会実行委員会。

英 文
Bronk Ramsey C.　1995　Radiocarbon calibration and analysis of stratigraphy: the OxCal program. *Radiocarbon* 37 (2): 425–30.

Bronk Ramsey C.　2001　Development of the radiocarbon calibration program. *Radiocarbon* 43 (2A): 355–63.

Reimer PJ, Baillie MGL, Bard E, Bayliss A, Beck JW, Bertrand CJH, Blackwell PG, Buck CE, Burr GS, Cutler KB, Damon PE, Edwards RL, Fairbanks RG, Friedrich M, Guilderson TP, Hogg AG, Hughen KA, Kromer B, McCormac G, Manning S, Bronk Ramsey C, Reimer RW, Remmele S, Southon JR, Stuiver M, Talamo S, Taylor FW, van der Plicht J, Weyhenmeyer CE.　2004　IntCal04 terrestrial radiocarbon age calibration, 0–26 cal kyr BP. *Radiocarbon* 46 (3): 1029–58.

総　括

総　括

大　塚　達　朗

（1）

　南山大学人類学博物館オープンリサーチセンター縄文部会は、南山大学人類学博物館に収蔵ないし展示されている縄紋時代遺跡の考古資料の再検討を通じて、日本列島の狩猟採集民のもつ物質文化の多様なあり方についての研究プロジェクトを担ってきた。本書『保美貝塚の研究』は、その成果をまとめたものである。

　南山大学人類学博物館には、東海地方縄紋晩期を代表する保美貝塚・伊川津貝塚・吉胡貝塚の考古資料が収蔵ないし展示されているが、残念ながら、三貝塚調査の詳細を記した記録類は無いに等しかった。とはいえ、南山大学人類学博物館に収蔵ないし展示されている吉胡貝塚の考古資料に関しては、1952年に文化財保護委員会から刊行された『吉胡貝塚』を参照することで、資料の来歴は理解できた。また、南山大学人類学博物館に収蔵ないし展示されている伊川津貝塚に関しても、1972年に渥美町教育委員会（当時）から刊行された『伊川津貝塚』を参照することで、資料の来歴は理解できた。それらに比して、南山大学人類学博物館に収蔵ないし展示されている保美貝塚の考古資料は、量も多く種類も多様であるが、調査や資料にかかわる情報の方は極端に少なかった。

　南山大学人類学博物館に収蔵ないし展示されている保美貝塚・伊川津貝塚・吉胡貝塚の考古資料のうちで量や種類は最も多いが、最も知られていないのが保美貝塚の考古資料である。南山大学人類学博物館オープンリサーチセンター縄文部会では、そのような保美貝塚の考古資料を分析・検討することを通して、日本列島の狩猟採集民のもつ物質文化の多様なあり方についての研究を果たすこととした次第である。

（2）

　南山大学人類学博物館に収蔵ないし展示されている保美貝塚考古資料に関して、最も基本的な問題は、いつの発掘調査で得られた資料なのか、あるいは表採など発掘調査以外の手段でえられたものかなどの問題であった。

　幸いにも、1965年に南山大学教授（当時）小林知生が保美貝塚を調査した際の記録類（1966年報告書刊行）が、完全とはいえないが、南山大学人類学博物館に残されていることが分かった。また、外部記録を点検することで、1950年に南山大学教授（当時）中山英司が保美貝塚を調査したことの手がかりが得られた。そして、1923年に刊行された『渥美郡史』・『渥美郡史　附図』や山内清男の著名な1930年論文「所謂亀ヶ岡式土器の分布と縄紋式土器の終末」などを参照することで、1950年中山調査資料と1965年小林知生調査資料以外の来歴も見当がつくこととなった。遺物注記の分析と1965年調査時の記録類および外部記録の点検などを総合することによって、資料一点一点について、1950年南山大学中山英司調査資料、1965年南山大学小林知生調査資料、そのほかの資料（1923年刊行『渥美郡史

附図』掲載資料など）の大きく三つに仕分けることができた。

　次いで基本的な問題は、南山大学が実施した二回の発掘調で得られた資料の時期的な帰属問題であった。調査時の記録類がある、1965年小林知生調査資料は、土器型式で判断すると、後期後半瘤付土器第Ⅱ段階から晩期後半の凸帯紋土器の時期に及ぶことが判明した。小林資料は、量的には、晩期前半の在地土器（寺津式、蜆塚Ｂ式、元刈谷式など）が一番多く、晩期前半の異系統土器（橿原式紋様土器、安行３ａ式、大洞Ｂ２式、大洞ＢＣ式）も比較的まとまることが分かったが、より後出の安行３ｃ式や橿原式紋様土器に後続する土器（安行３ｃ式期ないしは安行３ｄ式期並行）も確認できたことから、一括性のよい土器資料は全くみいだされなかったという1965年調査時の所見も再確認できた。

　1965年調査時の所見を再確認できたところで、1965年調査資料に基づいて、東海地方縄紋晩期の第２段階（大洞ＢＣ式並行）として「保美Ⅱ式」が設定され流布していること、つまり、人類学博物館収蔵資料が「保美Ⅱ式」の標識資料であることから、その是非の検討が三番目の基本的な問題であった。

　検討結果は、残念ながら、今流布している「保美Ⅱ式」が成り立たないことを多方面から論じることとなった。「保美Ⅱ式」のような誤った型式が提唱されたことは、さまざまな原因が考えられるが、少なくとも、1952年に刊行された『吉胡貝塚』の中で山内清男が定義した晩期の意味を正しく理解しようとしなかったことと、該書で山内によって提唱された東海地方晩期編年（吉胡旧Ａ段階→吉胡旧Ｂ段階→吉胡中段階→吉胡新段階〈凸帯紋土器〉）を真剣には検証しようとしなかったことと、1966年に刊行された報告書に述べられた所見を尊重しないままに主観的な判断を最優先させたこと（編年研究の"タコ壺化"）の三点は、指摘せざるを得ない。その一方、1950年中山英司調査資料の方は、小林調査資料に比べればまとまりが良く、土器型式で判断すると、今日、五貫森式とよばれる凸帯紋土器を中心とした縄紋晩期後半の時期に属すると判断した（大洞Ａ式並行浮線紋系土器も確認できた）。

　以上、序説、研究篇第Ⅰ部第２章、研究篇第Ⅱ部第１章を参照のこと。

（３）

　三つの基本的な問題が検討されたことを以上で述べたが、遺跡としてみた場合、保美貝塚はＡ～Ｃの三つの貝塚からなり、20世紀初頭からこれまで主として人骨検出などの調査がおこなわれてきたことやどのような埋葬方法があったかなどが、研究篇第Ⅰ部第１章において、調査地点の図示を含めて克明に記述されている。保美貝塚の調査の歴史をまとめたものとしては、研究篇第Ⅰ部第１章の記述が、はじめて本格的なものといえよう。研究篇の巻頭論文にふさわしいものであり、多くの参照を望む次第である。

　1950年中山英司調査地点と1965年小林知生調査地点に関しては、本書の中で興味深い所見が得られている。中山調査地点はＢ貝塚の一部を調査したもので、既述したように、凸帯紋土器や動物遺存体や埋葬された人骨が比較的多く得られている。本書では、特に、動物遺存体の分析がなされた。貝類、魚類、爬虫類・鳥類、哺乳類が定量的に分析されている上に、動物遺存体の中心となるシカ・イノシシについては、狩猟季節も明らかにされた。これらのことは、著名な保美貝塚に関しては、実は、初めての生業研究成果なのである（研究篇第Ⅱ部第３章）。

　1965年小林知生調査地点は、貝層のみられない遺跡の中央部分（第１トレンチ）とＣ貝塚の東端近く（第２トレンチ）とＢ貝塚（第３・４トレンチ）とを調査したものである。第１トレンチからは小ピットが検出され、第２トレンチのところは撹乱であった。第３トレンチからは小ピットが検出され、第４トレンチからは焼土と小ピットと土坑が検出された。既述した時期比定とこれらのこととこれまでの調査史に照らして、場所の利用状況が検討され、保美貝塚の遺跡形成は、縄紋時代後期後半に始まるが、

該期と晩期前半の活動痕跡は全体的に希薄であり、むしろ晩期後半凸帯紋土器期にピークがあることが強調され、あわせて、伊川津貝塚と吉胡貝塚とは遺跡形成のピークが大きく異なることが述べられた点も重要である（研究篇第Ⅰ部第1章）。

（4）

ところで、保美貝塚の特徴的な遺物は何かと問われれば、貝輪が第一にあげられるべきであろうと考える（カラー写真図版1上）。貝輪の素材となる貝の種類やそれに基づいた特上製品（オオツタノハ製貝輪）から並製品までの変異の存在および貝輪製作工程が明らかにされ、また、貝輪製作に用いられる石器が特定されるなど、多くの成果が得られたといえる（研究篇第Ⅰ部第3章）。

次には、小型石棒類が特徴的な遺物としてあげられるべきであろう（カラー写真図版2）。小型石棒類を多用した儀礼行為が明らかにされた点と、当該遺物が遠隔地製作の儀器であることから、他地域との複雑な交流関係を有した社会の存在を説いた点が大きな成果といえる（研究篇第Ⅱ部第2章）。

第三にあげるべき特徴的な遺物は、異系統土器としての安行3c式と橿原式紋様土器に後続する土器である。異系統土器を精査してみると、保美貝塚は、従来からいわれてきた東北地方との関係以外にも、関東地方との関係、関西地方との関係それぞれを有していたことを想起する必要があるわけで、広域に目配せする必要とそのための視点などが説かれている（研究篇第Ⅱ部第1章）。在地土器型式の地域性に関して、"尾張的"か"三河的"かがことさら議論される東海地方晩期研究の現状では不十分といわざるを得ないのである。

要するに、貝輪や小型石棒類および異系統土器は、保美貝塚にかかわる社会的脈絡を解き明かすための重要な手がかりといえるのである。ただし、本書ではじめて明らかにされたような生業内容の理解なくしては、妥当な議論に到達できないであろうと考える。

なお、考古資料の放射性炭素年代測定値に関しては、1950年調査で得られた獣骨の中からアシカを選定しその骨から析出したコラーゲンを対象にした年代測定値は、ほぼ妥当な値となったが、他方、1950年調査で得られた土器破片の表面に付着した炭化物を対象にした年代測定値は、妥当な値を示さないものもあったことを述べておく（研究篇第Ⅱ部第3・4章）。

（5）

資料的な制約のために必ずしも十分な内容とはいえないが、まとまった先行研究所見のない保美貝塚についてであるだけに、『保美貝塚の研究』を刊行できたことは、縄文部会としては感無量である。正に、関係各機関・関係各位のご助力・ご教示の賜である。文末ではあるが、ここに掲げて謝意を表したい（敬称略、順不同）。

東京大学総合研究博物館、國學院大學伝統文化リサーチセンター、やしの実博物館、早川正一、西本豊弘、増子康真、都築暢也、増山禎之、百瀬長秀、大野　薫、佐藤由紀男、千葉　豊、山田康弘、小林圭一、中沢道彦、村田章人、永井宏幸、豆谷和之、濵田竜彦、岡田憲一、植月　学、宮地聡一郎、伊藤正人、岩瀬彰利、吉田泰幸、小栗康寛。

Summary

This volume presents archaeological studies of the Hobi Shell Mound, which were carried out as a part of an open research program, a project of the Anthropological Museum of the Nanzan University conducted from 2006 to 2010. The study site, located on the western tip of Atsumi Penisula, Aichi, Japan, is well known as the Final Jomon shell midden site associated with a large number of burials. Facing the Pacific Ocean, the marine environment of Ise Bay has always been rich in shellfish and sea mammals, consequently the maritime hunter-gathers who settled in the area developed a remarkably complex culture, particularly during the Late and Final Jomon. The site, consisting of three Locations A, B and C, while it has a long history of excavation, hasn't always been recognized as archaeologically significant due to the paucity of published archaeological reports.

The studies presented here represent current archaeological interpretations regarding site formation processes, occupation history, and the subsistence economy of the Hobi Shell Mound, based on artifacts and faunal remains excavated by the Department of Anthropology at the Nanzan University in 1950 and 1965. The main areas excavated in 1950 and 1965 are located in Location B. Chronological analysis of the Final Jomon pottery suggests that the location on the Trench 4 (1965 excavation) was mainly occupied during the first half of the Final Jomon (ca. 3120 BP–2850 BP), while the area excavated in 1950 was mainly occupied during the latter half of the Final Jomon (ca. 2850 BP–2600 BP). In addition to the archaeological data obtained by the Department of Anthropology at the Nanzan University, summaries of other studies are referred to, so offering a comprehensive overview of a possible chronology respecting occupation of the site. Our chronological model, based on unearthed pottery, indicates a peak in occupation during the latter half of the Final Jomon, preceded by an occupation phase from the latter half of the Late Jomon (ca. 3550 BP–3120 BP) to the first half of the Final Jomon, and decline in the first half of the Yayoi Period (ca. 2600 BP–2420 BP).

Final Jomon pottery recovered from the Trench 4 contains both local (Teratsu and Shijimizuka-B Types) and non-local remains (Obora-B, Angyo-3 and Kashihara Types), indicating that the pottery produced was used in interchanges over a wide area during the first half of the period.

The majority of faunal remains recovered from the 1950 excavation are deer (*Cervus nippon*) and wild boar (*Sus scrofa leucomystax*) in addition to fish bones, suggesting that Jomon hunter-gatherers who occupied the Hobi Shell Mound while having a maritime based economy also engaged in inland hunting.

While in the main theirs was a subsistence economy, the studies offered here show exchanges for political purposes or to sustain certain ritual activities. For example, analysis of shell rings unearthed (mainly of *Glycymeris (Veletuceta) albolineata* or *G. (V.) vestita* exploited along the Pacific coast 3.6 km at minimum distance) suggests that during the peak occupation period the inhabitants at the site focused on shell ring manufacturing for exchange. Stone "swards" (*sekito*) imported as prestige goods from Hida (180 km at minimum distance) and Hamakita (70 km at minimum distance) are key elements for understanding ritual activities carried out at the site. This geographically large-scale exchange network is shown to have become increasingly complex and of wider reach during the Final Jomon period.

It is our belief that by exploring the increasing complexity of the subsistence economy, the political economy, and ritual activities of the Final Jomon period, this volume contributes valuable insights for archaeological research of the Jomon period.

写真図版

写真図版1・保美貝塚

C貝塚遠景（南から）

B貝塚近景（西から）

B貝塚近景（西から）

写真図版2・保美貝塚

B貝塚遠景（南から）

B貝塚遠景（南から）

第1・第2トレンチ調査風景（南から）

第3・第4トレンチ調査風景（東から）

第3・第4トレンチ調査風景（南東から）

第3・第4トレンチ調査風景（南から）

写真図版3・保美貝塚

写真図版4・保美貝塚

C貝塚調査風景（南から）

第1・第2トレンチ調査風景（西から）

第2トレンチ調査風景（西から）

第3・第4トレンチ調査風景（北から）

第3トレンチ調査風景（東から）

第4トレンチ調査風景（東から）

第4トレンチ調査風景（東から）

第4トレンチ調査風景（東から）

写真図版5・保美貝塚

保美貝塚出土縄紋土器1

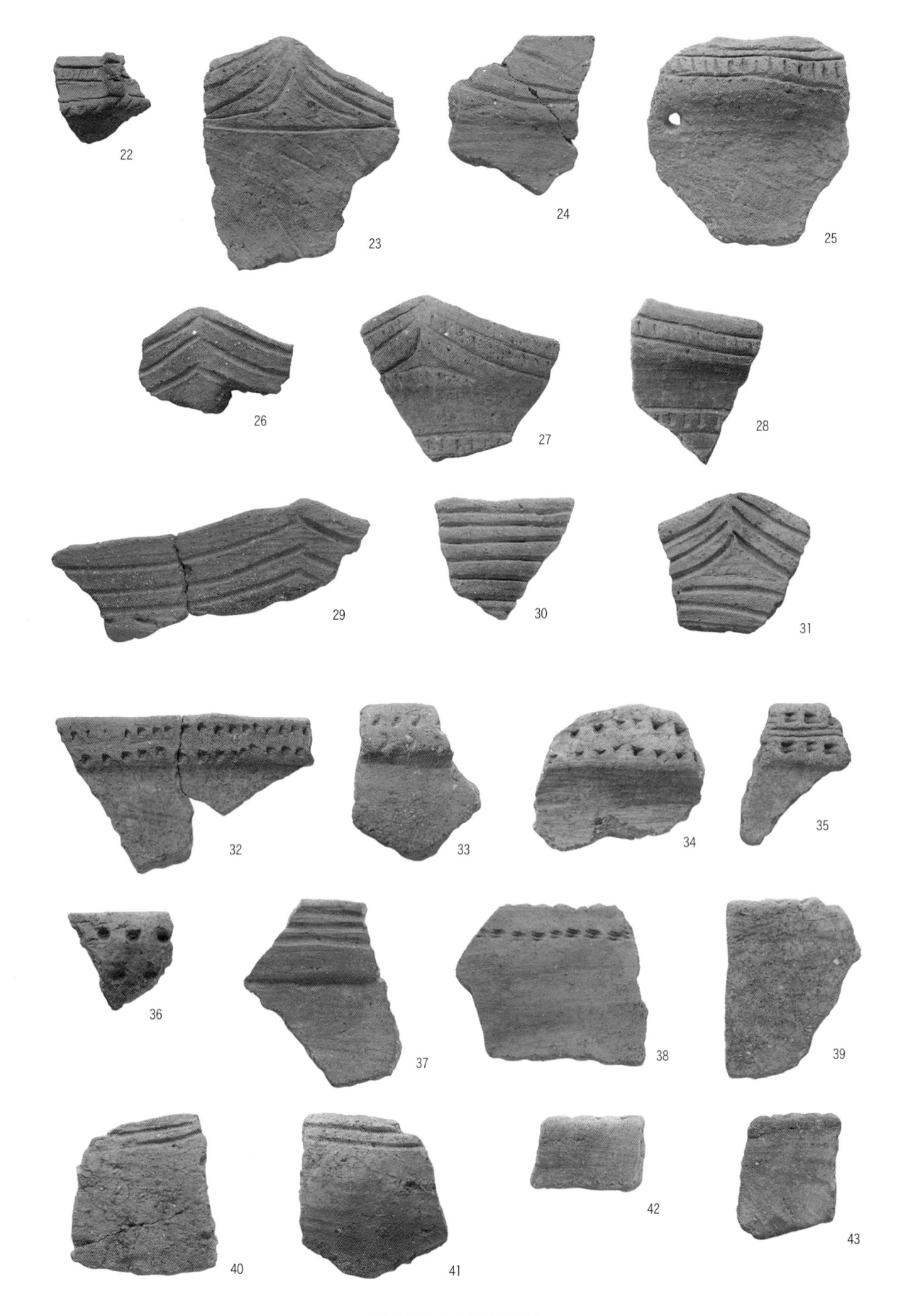

写真図版6・保美貝塚

保美貝塚出土縄紋土器2

保美貝塚出土縄紋土器 3

写真図版8・保美貝塚

保美貝塚出土縄紋土器4

写真図版9・保美貝塚

保美貝塚出土縄紋土器5

写真図版10・保美貝塚

116
117
118
119

保美貝塚出土縄紋土器6

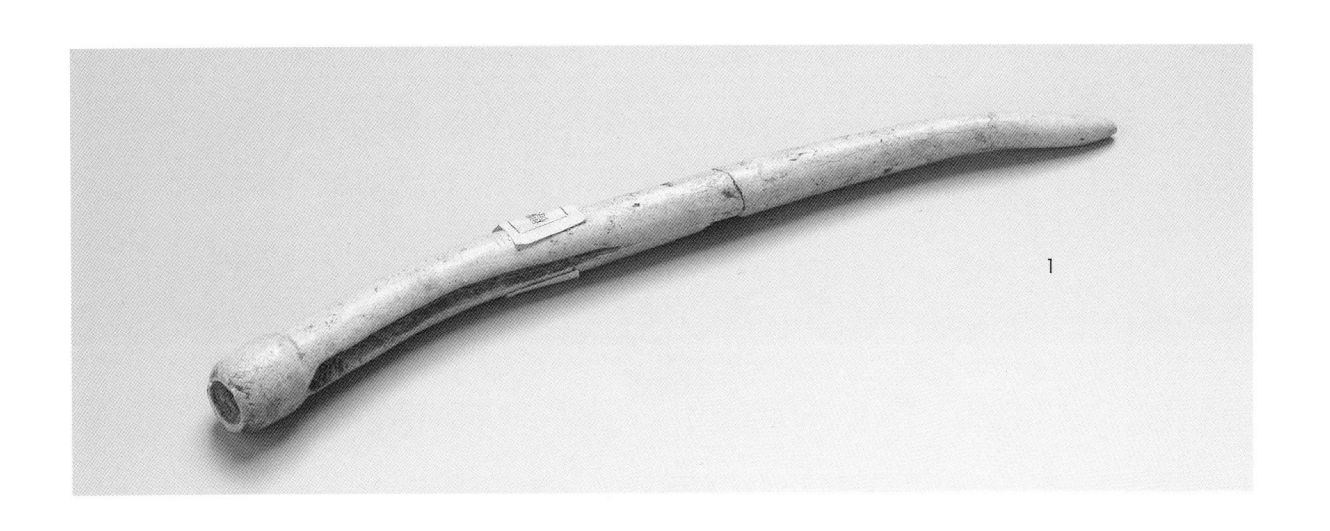

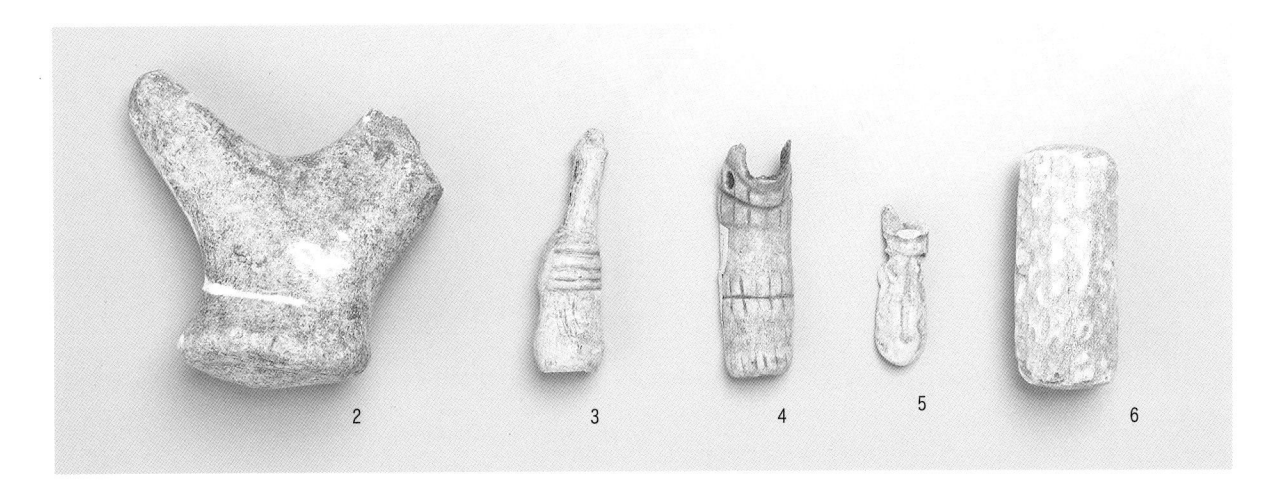

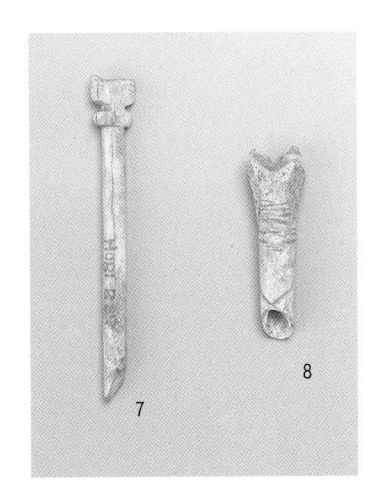

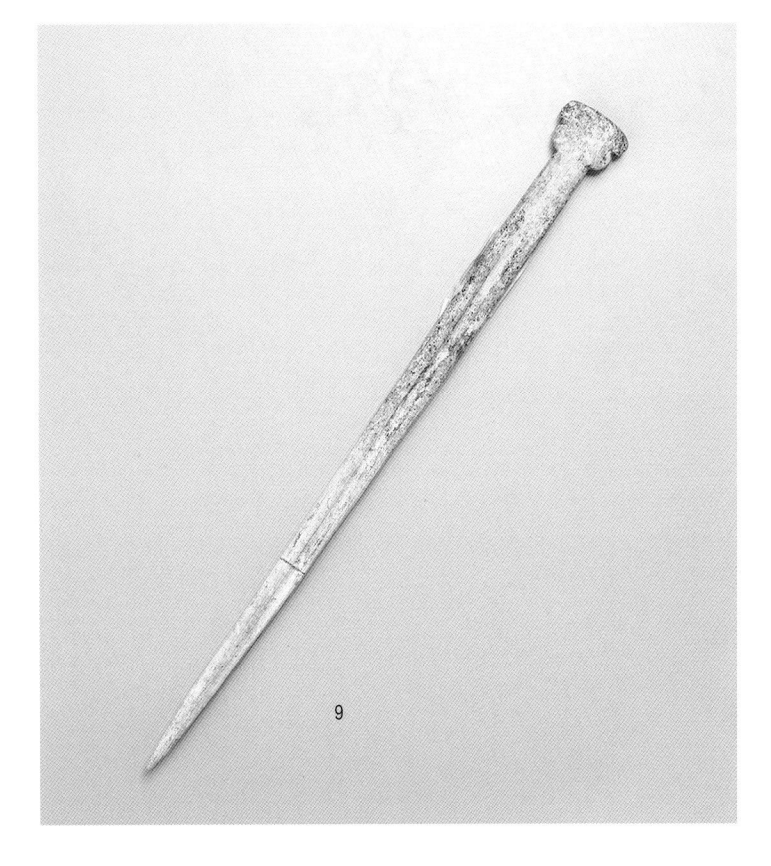

写真図版11・保美貝塚

写真図版12・保美貝塚

本書は南山大学人類学博物館の許可を得て増刷したものである。

南山大学人類学博物館オープンリサーチセンター研究報告第3冊
保美貝塚の研究

2011年9月1日　初版発行

編　者　　大塚　達朗
発行者　　八木　環一
発行所　　株式会社　六一書房
　　　　　〒101-0051　東京都千代田区神田神保町2-2-22
　　　　　TEL　03-5213-6161　　FAX　03-5213-6160　　振替　00160-7-35346
　　　　　http://www.book61.co.jp　　E-mail info@book61.co.jp
印　刷　　勝美印刷株式会社

ISBN 978-4-86445-009-6 C3021　　Ⓒ南山大学人類学博物館 2011　　　　　　　　　Printed in Japan